W0056387

FOOD & HARMONY

FOOD & HARMONY

KREATIVE VEGANE KÜCHE

LEE WATSON

Fotos von Alistair Richardson

Für die deutsche Ausgabe:
Programmleitung Monika Schlitzer
Redaktionsleitung Caren Hummel
Projektbetreuung Melanie Haizmann
Herstellungsleitung Dorothee Whittaker
Herstellungskoordination Arnika Marx
Herstellung Inga Reinke

Titel der englischen Originalausgabe:
Peace & Parsnips

Die Originalausgabe erschien 2015 in
Großbritannien bei Michael Joseph, ein
Unternehmen der Penguin Random House Group

Copyright © Lee Watson, 2015
Copyright Fotos © Alistair Richardson

The author has asserted his moral rights.

© der deutschsprachigen Ausgabe by
Dorling Kindersley Verlag GmbH, München, 2018
Ein Unternehmen der Penguin Random House Group
Alle deutschsprachigen Rechte vorbehalten.

Jegliche – auch auszugsweise – Verwertung,
Wiedergabe, Vervielfältigung oder Speicherung,
ob elektronisch, mechanisch, durch Fotokopie
oder Aufzeichnung, bedarf der vorherigen schrift-
lichen Genehmigung durch den Verlag.

Übersetzung Scriptorium GbR
Lektorat Julia Bauer
Druck und Bindung Leo Paper Products, China

Fonts Lulo One Bold und Veneer Extras Regular
© Yellow DesignStudio – www.yellowdesignstudio.com

ISBN 978-3-8310-3415-4

Besuchen Sie uns im Internet
www.dorlingkindersley.de

Hinweis
Die Informationen und Ratschläge in diesem Buch sind
sorgfältig erwogen und geprüft, dennoch kann eine Garantie
nicht übernommen werden.
Eine Haftung der Autoren bzw. des Verlags und seiner
Beauftragten für Personen-, Sach- und Vermögensschäden
ist ausgeschlossen.

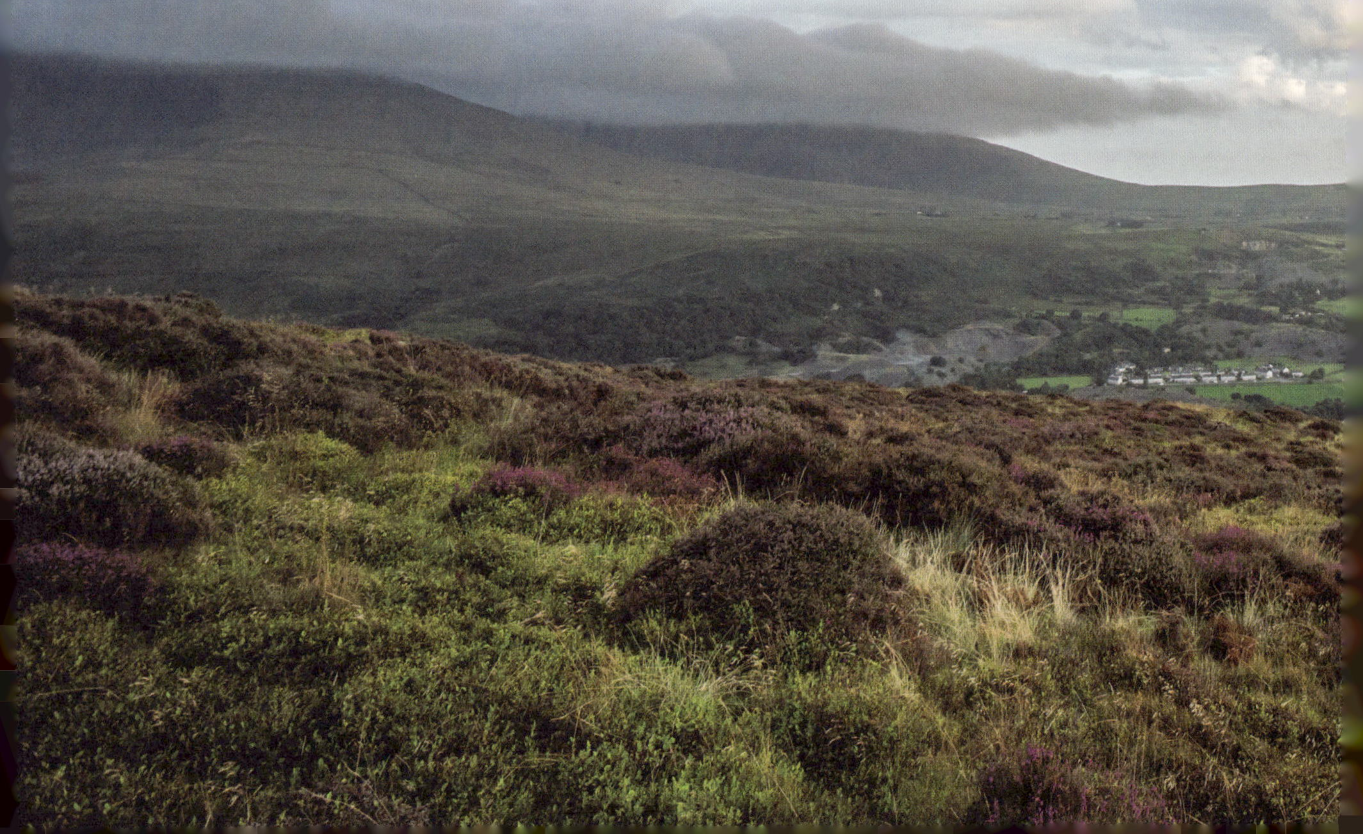

INHALT

Für Sweet Jane und für meine kleine
(Carol, John, Laura und Paul)
und meine große Familie
(ihr alle). xxx

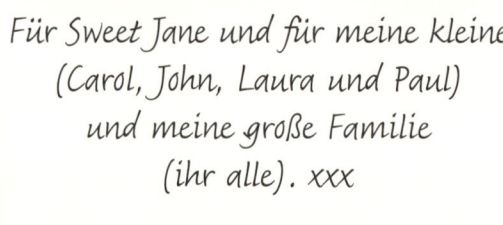

WELCOME TO THE
BEACH HOUSE

Einleitung

»Behandle die Liebe und das Kochen mit rücksichtsloser Hingabe.«
Seine Heiligkeit, der Dalai Lama

Kreativität ist der Kern der veganen Küche. Sie steckt voller Überraschungen, neuen Techniken und Möglichkeiten im Umgang mit Zutaten. Jeder kann vegan leben. Selbst ich – der größte Karnivor unter der Sonne – habe es geschafft. Und seht mich an: Nach fünf Jahren ohne Fleisch auf dem Teller fühle ich mich lebendiger, glücklicher und gesünder als je zuvor. Seitdem reise ich um die Welt, suche nach neuen Gerichten, stöbere auf Lebensmittelmärkten, hänge mit Einheimischen ab und stelle fest, dass vegane Küche eigentlich schon immer der globale Hype war. Viele der hier gesammelten Gerichte habe ich in meine Heimat Wales mitgenommen und sie in der Beach House Kitchen serviert, wo ich am häufigsten koche und meinen Blog (http://beachhousekitchen.com) schreibe. Was wir essen, sagt so viel darüber aus, wer wir sind, und die vegane Küche legt viel Wert auf tolle, frische Produkte, Lebensmittel voller Energie und generell auf eine friedvollere Lebenseinstellung.

Vegane Küche hat viel mehr zu bieten als Tofu und gummiartige Nuss-Koteletts. Ich möchte Ihnen zeigen, wie Sie mit wenig Aufwand aus Alltagszutaten Gerichte zubereiten können, die sowohl den überzeugten Veganer als auch den Neuling überzeugen werden. Ich bringe die Wunder des Veganismus in Ihre Küche und zeige Ihnen, wie Sie Ihre Lieblingsgerichte neu entdecken können. Ich wecke Ihre Kreativität und verwandle mit Ihnen Eintöpfe in Gemüsefüllungen, Suppen in Saucen oder dicke Smoothies in tolle Desserts. So viel Freiheit sorgt für glückliche Köche. Es gibt hier Rezepte, die man schnell zusammenwerfen kann, aber auch Gerichte für besondere Gelegenheiten. Sicher ist, dass leckeres, abwechslungsreiches und nahrhaftes veganes Essen einfacher zuzubereiten ist, als man denkt.

Immer mehr Menschen erkennen, dass unsere Lebensmittelproduktion nicht nachhaltig ist. Veganismus ist der beste Weg, Umwelt und Tiere zu schützen. Selbst wer nur einmal pro Woche weniger Fleisch und Milchprodukte isst (oder sogar einmal pro Jahr!), leistet einen positiven Beitrag!

Vegane Ernährung kann alle Bedürfnisse des Körpers decken, den Bauch mit guten Dingen füllen und einen immer wieder mit kulinarischen Entdeckungen überraschen. Wenn Sie es clever anstellen, sparen Sie sogar noch Geld. Sie fühlen sich gesünder, energiegeladener und zufriedener und retten so möglicherweise – Happen für Happen – die Welt! Vegane Ernährung ist ein großer Schritt hin zu einer heitereren und leichteren Lebensweise.

Die Rezepte in diesem Buch sind als Richtlinien gedacht, nicht als Gesetze. Es ist egal, wie sklavisch Sie sich an sie halten, die Gerichte werden immer wieder anders ausfallen und einzigartig sein – seien Sie stolz auf die Ergebnisse und genießen Sie sie.

Food & Harmony,

Lee x

Alles, was wächst, spriesst und gedeiht

»Nichts wird die Chance auf ein Überleben auf der Erde so steigern wie der Schritt zur vegetarischen Ernährung.« Albert Einstein

Für mich ist ökologische Ernährung die natürlichste Art, die Nährstoffe zu erhalten, die wir brauchen. Alle Energie stammt aus der Sonne und Pflanzen machen daraus etwas, von dem wir leben können – einer der coolsten Fakten, wenn nicht der coolste Fakt an sich über die Natur. Ich sehe es so: ökologisch = absolut natürlich, frei von Chemikalien; saisonal = absolut natürlich, viel besserer Nährstoffgehalt. Beides macht absolut Sinn …

Ich glaube fest, dass wir instinktiv fühlen und wissen, welches Essen uns guttut. Manche Menschen essen ohne Probleme Fleisch, Milchprodukte, Gluten etc. In großen Mengen wirkt sich diese Ernährung bei manchen Menschen auf lange Sicht aber aus. Manchmal sind die negativen Auswirkungen ganz klein und zeigen sich nicht sofort.

Wir alle sind einzigartig und müssen daher eine Ernährung finden, die zu uns passt. Veganismus erfordert Experimentierfreude, Aufgeschlossenheit und eine größere Sorgfalt beim Einkauf. Ich sehe sie als das beste Experiment, das Ihrem Körper passieren kann! Keine Milchprodukte, kaum gesättigte Fettsäuren, weniger (praktisch unverdauliches) Gluten – damit sind fast alle Lebensmittelallergien abgedeckt, was die Rezeptwahl stark erleichtert.

Essen, das von der Sonne geküsst direkt auf dem Boden wächst oder an Bäumen hängt, scheint nicht der schlechteste Ernährungsansatz. Die Natur liefert uns so viele Pflanzen, von denen wir naschen können, und bietet uns tatsächlich die Möglichkeit, uns optimal mit sauberem und erstklassigem Treibstoff zu versorgen: Das ist Veganismus. Unsere pelzigen und gefiederten Freunde würden dem sicher zustimmen.

Dynamische Möglichkeiten, den ganzen Körper mit veganer Ernährung zu stärken.

Rohe Power!

Studien haben gezeigt, dass lebende Pflanzen einzigartige gesundheitsfördernde Eigenschaften und Energien besitzen, die beim Kochen und der Verarbeitung verloren gehen. Viele Ärzte setzen bei der Rekonvaleszenz ihrer Patienten auf Rohkost (Speisen, die nicht über 42 °C erhitzt wurden). Selbst, wenn man sich nur zu 50 Prozent von Rohkost ernährt, hat das schon einen gewaltigen Nutzen! Wir verstehen die subtilen Energien, die in unserem Körper und allen »lebenden« Lebensmitteln wirken, immer noch nicht so ganz, aber sie sind nicht von der Hand zu weisen, wenn sie die Entgiftung fördern, den Zellstoffwechsel und die Enzymaktivität stärken und den Körper reparieren und nähren.

Rohe Power = Ein energetischeres, schlankeres und gesünderes Leben

Fermentierte Lebensmittel

Fermentierte Lebensmittel werden immer beliebter und ihre gesunde Wirkung spricht sich herum. Bei der Fermentation lässt man Zutaten wie Weißkohl und Gurken stehen und gären, bis sich ihre Zucker und Kohlenhydrate zu gesunder Bakteriennahrung verwandeln, die die Abwehrkräfte stärkt. Viele alltägliche Speisen sind bereits fermentiert: Sauerteigbrot, Bier, Wein, Cidre, Joghurt und natürlich Sauerkraut und das immer beliebter werdende Kimchi.

Vegan durchs Jahr

Frühling

Obst:

Stachelbeeren, Aprikosen,
Mangos, Blutorangen,
Rhabarber (vorgetrieben)

Gemüse:

Spargel, Bärlauch,
Brennnesseln, Brokkoli,
Erbsen, Artischocken,
Frühlingszwiebeln, Lauch,
Morcheln, Rucola,
Sprossbrokkoli, Jersey Royals,
Chicorée, Staudensellerie,
Blumenkohl, Blattsalate

Kräuter:

Schnittlauch, Estragon,
Oregano, Lorbeerblatt,
Rosmarin, Kerbel,
glatte Petersilie, Thymian,
Dill, Majoran, Koriander,
Basilikum

Wald & Flur:

Holunderblüten (Sirup),
Parma-Veilchen, Bärlauch,
Weißdornblüten und
-blätter (Tee), Brennnesseln
(Suppe), Sauerampfer,
Löwenzahnblätter,
Morcheln, Maipilze,
Seetang (Mai–Juni: Lappentang,
Darmtang, Kelp, Braunalgen,
Knorpeltang)

Sommer

Obst:

Erdbeeren, Wildäpfel, schwarze Johannisbeeren, Himbeeren, Kirschen, Pflaumen, Pfirsiche, Brombeeren, Rhabarber, Stachelbeeren, Melonen, Trauben, Birnen, Holunderbeeren, Aprikosen, Feigen, rote Johannisbeeren, Nektarinen, Heidelbeeren

Gemüse:

Mangold, Paprika, Zucchini, grüne Bohnen, Radieschen, Gurken, Rote Bete, Rucola, Auberginen, Chilis, Brokkoli, Pfifferlinge, Spargel, Kartoffeln, Mais, Frühlingszwiebeln, Tomaten, Queller, Erbsen, Fenchel, Borlotti-Bohnen, dicke Bohnen, Blattsalate

Kräuter:

Dill, Oregano, Rosmarin, Koriander, Estragon, Minze, Salbei, Majoran, Basilikum, Lorbeer, Kerbel, Thymian, glatte Petersilie, Bohnenkraut

Wald & Flur:

Borretsch, Ringelblume, wilder Majoran (Oregano), Zucchiniblüten, Löwenzahnblätter, Lavendel, Kapuzinerkresse, Brombeeren, Sauerampfer, Meerkohl, Cranberrys, schwarze Johannisbeeren, Walderdbeeren, Süßdolde, Koriander, Kamille

Herbst

Obst:

Heidelbeeren, Äpfel, Pflaumen, Brombeeren, Cranberrys, Clementinen, Trauben, Quitten, Feigen, Birnen, Nektarinen

Gemüse:

Rüben, Rote Bete, Auberginen, Butternusskürbisse, Lauch, Paprika, Tomaten, wilde Edamame, Endivien, Champignons, Zucchini, Gartenbohnen, Kohlrabi, Rucola, Kartoffeln, Zwiebeln, Steckrüben, Staudensellerie, Topinambur, Pastinaken, Grünkohl, Radieschen, Tomatillos, Kürbisse, Knollensellerie, Möhren, Fenchel, Schwarzkohl, Rosenkohl, Weißkohl, Wirsing, Rotkohl, Süßkartoffeln, Blattsalate, Markkürbisse, Pak Choi

Kräuter:

Basilikum, Majoran, Minze, Schnittlauch, Oregano, Rosmarin, Salbei, glatte Petersilie, Thymian, Lorbeer

Wald & Flur:

Kastanien, Haselnüsse, Holunderbeeren (Chutney), Brombeeren, Kamille, Hagebutten (Sirup), Schlehen (mit Gin!), Wacholderbeeren (vor allem Gin), Haferwurzel, Berberitzen (Dressings), Vogelkirschen (Aroma für Brandy), Mehlbeeren (Konfitüre), Weißdorn (Tee), Mohn (Samen), Meerrettich, Heidekraut, Heidelbeeren, rote Johannisbeeren, Löwenzahnwurzeln (Kaffeeersatz), Pfifferlinge, Steinpilze

Winter

Obst:

Blutorangen, Granatäpfel, Clementinen, Quitten, Cranberrys

Gemüse:

Butternusskürbisse, Schwarzkohl, Blumenkohl, Kartoffeln, Rosenkohl, Lauch, Knollensellerie, Weißkohl, Wirsing, Rotkohl, Spitzkohl, Brunnenkresse, Spinat, Grünkohl, Brokkoli, Herbstrüben, Pastinaken, Zwiebeln, Topinambur, Chicorée, Steckrüben, Haferwurzeln

Kräuter:

Rosmarin, Lorbeer, Salbei

Wald & Flur:

Kastanien, Haselnüsse, Walnusskerne, Duftveilchen, Pfifferlinge, Austernpilze, Wiesenchampignons, Steinpilze

Ein heftiges Problem

»Wenn man den Planeten retten will, muss man nur aufhören, Fleisch zu essen. Das ist das Beste, was man tun kann. Es ist verblüffend, wenn man mal darüber nachdenkt. Eine vegetarische Lebensweise löst so viele Probleme: Ökologie, Hunger, Grausamkeit.« Paul McCartney

Mein »Veganertum« hat nicht nur was mit meiner Liebe zu gesundem und leckerem Essen zu tun, es war auch eine ethische Entscheidung: Ich konnte nicht mehr akzeptieren, wie die Fleisch- und Milchindustrie mit den ihr anvertrauten Tieren umgeht. Tiere leiden, damit ich Käse auf dem Brot habe, und das hat mir Milchprodukte gründlich verleidet.

Die Fleischindustrie trägt heute stärker zum Klimawandel bei als das Transportwesen. Eine vegetarische Ernährung ist daher ein großer Schritt in die richtige Richtung, aber vegan zu leben ist ein Riesensprung. Meiner Ansicht nach bringt uns Veganismus in unserer Beziehung zu unserem Planeten weiter. Je mehr Menschen sich häufiger vegan ernähren, desto größer ist die Chance, dass wir die Vergiftung und Zerstörung unserer Natur eindämmen und unseren Nachfahren eine Zukunft bieten können.

Fleischverzehr wirkt sich zudem auf die Gesundheit aus. Er belastet den Magen, weil viel mehr Säure gebraucht wird, um das Fleisch aufzuschließen. Die Mägen von Alles- (Menschen) und Pflanzenfressern erzeugen nur ein Zwanzigstel der Säure, die Fleischfresser produzieren. Ich schließe daraus, dass der Körper einfach nicht auf den Verzehr größerer Fleischmengen eingestellt ist.

Reine Fleischfresser haben auch einen wesentlich kürzeren Verdauungstrakt als Menschen und scheiden ihre Nahrung viel schneller aus als wir. Kein Fleisch fressendes Tier besitzt einen Verdauungstrakt, der zwölfmal länger ist als sein Körper, bei Fleischfressern ist er nur dreimal so lang wie der Körper. Außerdem verzehren sie ihr Fleisch roh, während Menschen es lieber kochen. Durch das Kochen werden die natürlichen Enzyme im Fleisch (und Gemüse) zerstört, die echten Fleischfressern bei der Verdauung helfen. Die Produktion zusätzlicher Verdauungsenzyme belastet die Bauchspeicheldrüse stärker und schwächt sie.

Fleisch wirkt sich auch bei der Verdauung auf den Körper und die Leber aus. Sie muss damit fertig werden, indem sie viel härter arbeiten muss, um die Giftstoffe aus dem Blut zu filtern, was bei Veganern nicht der Fall ist. Dies ist nur ein bemerkenswertes Beispiel für das erhöhte Risiko von Erkrankungen, das regelmäßige Fleischesser tragen. Reine Fleischfresser sind Experten darin, schadlos große Mengen tierischen Fetts und Cholesterins zu verdauen. Wir alle wissen um die Gefahr verstopfter Arterien, Schlaganfälle und ähnlicher Dinge, die eine direkte Folge von zu viel gesättigten tierischen Fetten sind. Lässt man sie weg, bleibt das Herz gesund. Statistisch gesehen, haben Vegetarier einen um 14 Prozent niedrigeren Cholesterinspiegel als Fleischesser, das entspricht einem halbierten Risiko einer Herzerkrankung.

Es war mir wichtig, das einfach mal loszuwerden. Mir liegt viel an der Gesundheit meiner Familie, meiner Freunde ... und aller Menschen. Ich hoffe, ich konnte meine fleischlose Lebensweise so ein wenig erklären. Dieser Verzicht hat weitreichende Konsequenzen, aber im Hinblick auf die Gesundheit kann es nur eine richtige Wahl geben.

Jane mit Pinky, dem Huhn unserer Nachbarn. Perky ist nicht mit im Bild.

Ernährungsmythen

1. **MYTHOS:** Veganer können sich nicht richtig ernähren und sind schwächlich.

FAKT: Es gibt vegan lebende Bodybuilder, die den ganzen Tag Eisen stemmen (wer drauf steht). Es gibt außerdem Millionen von gesunden Veganern auf der Welt. Mit den richtigen Informationen versorgt (wie man sie in diesem Buch findet), gibt eine vegane Ernährung dem Körper alles, was er braucht, und vielleicht sogar mehr! Menschen, die es einmal versuchen, fühlen sich meist leichter und energiereicher, Haar und Haut leuchten, die Augen funkeln … ist klar, oder? Sie fühlen sich einfach gut.

2. **MYTHOS:** Fette machen fett.

FAKT: Fast kompletter Unsinn. Fette sind (mit Ausnahme einiger gesättigter Fettsäuren und Transfette) für den Erhalt eines gesunden Körpers wichtig, vor allem des Nervensystems und des Gehirns, die natürlich ausgesprochen empfindlich sind und gepflegt werden wollen.

Die überschüssigen Pfunde kommen meist vom Zucker. Man muss schon sehr viel Fett essen, bevor der Körper anfängt, diese Fette auf den Hüften abzulagern.

3. **MYTHOS:** Fleisch ist die beste Eiweißquelle/Veganer haben Eiweißmangel.

FAKT: Pflanzen stecken voller Eiweiß und eine ausgewogene pflanzliche Ernährung liefert alle Proteine, die man für die Gesundheit braucht. Dazu sind sie ethisch unbedenklich und leicht verdaulich. Der Körper kann von Pflanzen leben, während er unter Fleisch eher stottert und ächzt.

Hier sind die Fakten aus der Welt der Weißkittel:

➡

Vegetarier haben einen geringeren BMI, weniger Cholesterin und einen niedrigeren Blutdruck. Pflanzenproteine sind mager und man isst wesentlich weniger gesättigte Fette.

Quinoa und Soja liefern sogenanntes »komplettes« Protein, was heißt, dass alle wichtigen Aminosäuren vorhanden sind. Eine ausgewogene vegetarische Ernährung liefert alle Proteine, die »nicht komplette« Proteine auslassen.

Die meisten von uns essen zu viel Protein, das der Körper nicht abbauen kann und das ihn so vergiftet. Jüngeren Erkenntnissen zufolge ist zu viel Protein so schädlich wie Rauchen, vor allem, wenn das Protein aus tierischen Quellen stammt. Vor allem im mittleren Alter ist es deutlich gesünder, sich beim Protein zurückzuhalten.

Die Frage lautet also nicht, wie kriegen wir mehr Protein ins Essen, sondern wie essen wir genau so viel, dass es uns nicht schadet? Wir brauchen nämlich viel weniger Protein, als man uns weismachen will.

4. **MYTHOS:** Milch ist die beste Kalziumquelle.

FAKT: Milch ist nicht das Lebenselixier, für das wir sie gehalten haben. Als Säugling brauchen wir sie, danach können wir ohne Risiko zu Blättern oder Beeren greifen (mehr zu Milchprodukten auf S. 45).

Es gibt reichlich wirklich gute Quellen für Kalzium, die sogar noch ergiebiger sind als Milch! Grünkohl, Rucola … alle grünen Blattgemüse, Sesam und Tahin, weiße Bohnen, Pak Choi, Melasse, Orangen, Okra, Brokkoli, Zuckerschoten, Mandeln, Vollkorngetreide, Hülsenfrüchte, Trockenfeigen und anderes Trockenobst, Seetang, Tofu.

5. **MYTHOS:** Orangensaft ist die beste Quelle für Vitamin C.

➡

FAKT: Diese Früchte und Gemüse enthalten alle mehr Vitamin C als Orangen: Papaya, Paprika, Brokkoli, Rosenkohl, Ananas, Erdbeeren (wie eigentlich die meisten Beeren).

Andere gute Quellen sind: Kiwi, Tomaten, Blumenkohl, Weißkohl, Grapefruit, Petersilie, Winterkohl, Spinat, Süßkartoffeln.

6. MYTHOS: Wir haben Reißzähne und wissen sie zu nutzen.

FAKT: Wann haben Sie das letzte Mal einen Menschen ein Gnu anfallen sehen? Unsere Reißzähne sind winzig und unsere Physiologie macht uns bestenfalls zu Allesfressern. Unsere meist flachen Zähne sind besser zum Grasen geeignet.

7. MYTHOS: Eier sind für Vitamin B_{12}, Thiamin, Niacin, Riboflavin und die anderen B-Vitamine unverzichtbar.

FAKT: Eigelb hat besondere Inhaltsstoffe, aber die finden sich auch woanders. Die B-Vitamine sind ein ziemlich komplexer Haufen, der wichtig für die Funktion von Körperzellen, Nerven und Stoffwechsel ist. Dazu zählen Thiamin, Riboflavin, Niacin, Folat, B_{12}, B_6, Biotin und Pantothensäure. Eine ausgewogene Ernährung mit reichlich grünem Blattgemüse, Nüssen, Vollkorngetreide, frischen und getrockneten Früchten, Reis, Kartoffeln, Kapern, Gewürzen, Bananen, grünem Spargel und Linsen liefert mehr als genug.

Vitamin B_{12} ist für Veganer ein bisschen schwierig, weil es normalerweise nur in tierischen Erzeugnissen vorkommt. Viele Tofus und Vollkorngetreide sind mit B_{12} angereichert und die hilfreichen Hefeflocken enthalten es ebenfalls. Daneben kommt es in Pfifferlingen und Steinpilzen sowie in einigen Seetangarten vor. Manche Menschen glauben, dass ein wenig Erde am Gemüse schon B_{12} liefert, aber das ist vermutlich nicht jedermanns Sache.

Die wissenschaftlichen Erkenntnisse sind aufgrund der Art ihrer Erhebung nicht unumstritten und die diversen wissenschaftlichen Organisationen in aller Welt haben alle ihre eigene Meinung zum Thema. Wir benötigen nur wenig Vitamin B_{12}, um gesund zu bleiben, aber wenn man vorhat, zum 100 %igen Veganer zu werden, sollte man sich gut informieren.

8. MYTHOS: Ohne Sahne wird es einfach nicht cremig.

FAKT: Kompletter Blödsinn. Tofu und eingeweichte und pürierte Nüsse und Samen verleihen Gerichten eine schöne »Cremigkeit«, die Nichtveganer schnell zum Fehlschluss verleitet, dass hier Kühe im Spiel sind. Auch Nussmilch kann ein veganes Essen schon cremig machen.

9. MYTHOS: Wo bekommen Veganer Vitamin D und Eisen her?

FAKT: Vitamin D kommt überwiegend in tierischen Lebensmitteln vor, es gibt aber auch reichlich alternative Quellen. Die Pflanzenwelt kennt viele wirklich großartige Lieferanten für Eisen, das am besten zusammen mit Vitamin C aufgenommen wird. Das sollte man nicht vergessen!

Eisenquellen sind: Hülsenfrüchte, Vollkorngetreide, Bohnensprossen, Dattelsirup, Melasse, grüne Blattgemüse, Nüsse, Trockenobst.

Eine nichttierische Quelle für Vitamin D ist die Sonne! Außerdem Pilze (vor allem aus dem Freiland und besonders Shiitake), angereicherte Lebensmittel (Cerealien, Sojadrinks) und sogar Nahrungsergänzungen. Vitamin-D-Präparate dürfen aber nicht aus tierischen Quellen stammen.

Pilze kann man sogar nach dem Sammeln mit Sonnenlicht aufladen, indem man sie einen Tag auf die Fensterbank legt und Vitamin D tanken lässt.

➡

Der vegane Vorratsschrank

Der vegane Vorratsschrank unterscheidet sich nicht stark vom nichtveganen und die meisten meiner Rezepte sind flexibel und mit alltäglichen Zutaten zuzubereiten, die Sie vermutlich zum größten Teil bereits zu Hause in der Küche haben.

Mir ist klar, dass man wahrscheinlich nicht alle Zutaten überall bekommt. »Haben Sie Seitan?« dürfte im nächsten Dorfsupermarkt (ich lebe an einem Berghang in Nordwales) für ratlose Blicke sorgen. Allerdings sollten der Online-Lebensmittelhandel, Reformhäuser, Bioläden und asiatische Lebensmittelgeschäfte es deutlich erleichtern, diese Zutaten zu finden. Getreide, Samen und Hülsenfrüchte kauft man am besten im Großgebinde, wenn man sie unterbringen kann. Das scheint auf den ersten Blick vielleicht viel Geld, ist auf lange Sicht aber merklich billiger. Ich bewahre meine in großen (gründlich ausgewaschenen) Plastikdosen oder -eimern auf. Es lohnt sich auch, mit anderen zusammen Einkaufsgemeinschaften zu bilden und so von günstigen Mengenrabatten zum Beispiel im Landhandel zu profitieren. Eventuell findet man auf diese Weise sogar Zutaten, die ansonsten eher schwierig in kleinen Mengen zu finden sind.

»Spezialzutaten« braucht man für eine ausgewogene Ernährung nicht. Meist reicht eine vernünftige Auswahl an Gemüsen, Obst, Hülsenfrüchten und Nüssen bereits völlig aus.

Ich neige auch zu Gelegenheitskäufen auf Wochenmärkten und in Geschäften. So wächst mein Vorrat organisch um Kleinode, die ich auf Reisen entdecke, wie Gewürze und Kräuter aus einer bestimmten Region, die oft rein sentimentalen Wert haben. Manche Menschen bringen sich von Reisen Seidenschals und Schnickschnack mit, ich sammle Gewürzmischungen und Kakaobohnen. Diese Zufallsfunde können ja nur zur Magie und Freude des Kochens beitragen, indem sie fremde und wunderbare Noten zu etwas ganz Neuem, Harmonischen und Einzigartigen verbinden.

Ich werde hier jetzt nicht die komplette Liste der Dinge für einen »perfekten Vorrat« abarbeiten, den es eh nicht gibt, sondern eine Grundausstattung an Gewürzen und getrockneten Kräutern vorstellen, die man immer gebrauchen kann. Jedes neue Rezept erweitert meine Vorräte normalerweise um ein oder zwei neue Zutaten.

Getreide

Getreide sind eine preiswerte und sättigende Zutat, und das sind sie schon, seit der Mensch in die Welt hinausgezogen ist. Allerdings sind Getreide auch viel mehr als nur ein Füllmittel, vor allem, wenn ihr natürlicher Nährstoffgehalt bei der Verarbeitung nicht gelitten hat.

Das gilt aber nur für Vollkorngetreide, alle polierten Körner sind ein ernährungstechnisches Verbrechen, weil ihnen gute Stoffe von den Vitaminen bis zu den Ballaststoffen fehlen.

Am besten bewahrt man Getreide geschützt vor Sonnenlicht in großen Behältern auf statt in Plastikbeuteln, wo sie unter harschen Umwelteinflüssen wie Luft und Feuchtigkeit leiden. Richtig gelagert, hält sich Getreide eine Ewigkeit – man hat in Nordindien sogar Getreidereste in Tontöpfen aus der Indus-Kultur aus der Zeit um 3500–4000 v. Chr. gefunden! Die wussten offenbar, wie man seine Vorräte einlagert.

Die meisten Getreide müssen vor dem Kochen gewaschen werden und einige profitieren auch vom Einweichen, was dann aber die erforderliche Wassermenge und Garzeit verändert. Alle Getreide müssen unterschiedlich lange und in unterschiedlichen Wassermengen kochen, aber nach meiner Erfahrung aus der Studentenzeit bedeckt man sie meist etwa 2 cm hoch mit Wasser, kocht sie auf, legt den Deckel auf und lässt das Ganze als Faustregel eine halbe Stunde köcheln. Das hat mit Ausnahme eines legendären Versuchs mit schwarzem Reis meist prima funktioniert.

Ich verwende gerne gluten- und weizenfreies Getreide, meist Buchweizen und Hirse.

Gerste – am besten Vollkorngerste. Perlgraupen sind stark verarbeitet und besitzen kaum noch Nährwert. Gerste wird immer beliebter als Ersatz beispielsweise für Reis in Risottos. Sie ist ein vollwertiges, gesundes Getreide.

Buchweizen (glutenfrei) – eigentlich kein Getreide, sondern ein Samen mit einem starken erdigen Geschmack, der gut zu anderen herzhaften Zutaten passt. Buchweizenmehl gibt Gebäck eine besondere Note und ergibt fantastische Pfannkuchen.

Bulgur – Dies ist ein etwas gröberer, nahrhafterer Cousin des Couscous. Er ist vorgekocht, gart also schneller. Bulgur ist im südlichen Mittelmeerraum und im Nahen Osten äußerst beliebt. Ich nehme ihn gerne für einen warmen Salat mit Mandeln, Trockenaprikosen, Kräutern und Gewürzen.

Couscous – Wird aus zerriebenem Hartweizengries gemacht, was in manchen Gegenden Nordafrikas bis heute von Hand geschieht. Das aufwendig hergestellte Couscous ist in England zu Recht weit verbreitet. Es ist leicht zuzubereiten und hat eine schöne Textur. Es muss mit der Gabel aufgelockert werden und ich gebe auch gerne einen Schluck Olivenöl hinzu. Mehr braucht es gar nicht!

Hirse (glutenfrei) – Ein weiteres nahrhaftes und preiswertes Getreide, das in unseren Breiten seit Jahrtausenden als herzhafte Beilage gegessen wird. Wie Buchweizen röstet man Hirse vor dem Kochen am besten leicht, damit sie nicht so klebt. Ihre Klebrigkeit ist allerdings auch gut für vegane Burger und Würstchen.

Mais (glutenfrei) – Enthält reichlich Nährstoffe, aber kein Gluten. Aus gemahlenem Mais macht man Polenta und wie immer ist auch hier das volle Korn die gesündeste Wahl. Mais hat eine fantastische Farbe, die Teller und Schüsseln zum Leuchten bringt.

Quinoa (glutenfrei) – Ein supernahrhaftes Pseudogetreide, das schon die Inkas geliebt haben. Quinoa ist lecker, kommt aber von weit her und ist teuer, sodass ich sie nur hin und wieder verwende.

Haferflocken – Haferflocken enthalten reichlich Nährstoffe und gute Fette und senken den Cholesterinspiegel. Wir kennen sie meist als Frühstücksbrei, aber man kann sie auch als Panade verwenden, in Suppen und Eintöpfe rühren und mit ihnen backen (sie verleihen Gerichten mehr Substanz). Es gibt glutenfreie Haferflocken, die sich wirklich kaum von glutenhaltigen unterscheiden.

Reis (glutenfrei) – Die Mutter aller Körner. Ein Großteil der Menschheit lebt von dem Zeug und jeder kocht es anders. Die Zubereitung ist so einfach, dass selbst ich es hinkriege! Ich dämpfe Reis immer auf die gleiche Art und das hat bisher noch immer funktioniert. Man sollte ihn zuerst gründlich mit kaltem Wasser waschen, bis das Wasser klar bleibt. Naturreis hat mehr Nährstoffe und Geschmack als weißer, muss aber länger kochen. Ich habe normalerweise Natur- (ohne den Veganer eingehen), roten, schwarzen (wenn's edel sein soll), Wild-, Arborio-, Duft- und Basmatireis im Vorratsschrank. Was soll ich sagen: Ich esse halt wirklich viel Reis!

Grieß – Als Grieß bezeichnet man unterschiedlich fein gemahlenen Weizen. Fein und mittel eignen sich gut für Pasta und Desserts wie Halwa, grober Grieß eher für Couscous.

Tipps zur Zubereitung:

- *Während des Kochens nicht umrühren, sonst wird es matschig und klebrig.*
- *Der Dampf gart das Getreide gleichmäßig, deshalb während des Kochens nie den Deckel abnehmen.*
- *Man kann sein Getreide mit Brühe, Kräutern, gehackten Zwiebeln, Tamari, Seetang usw. würzen, um es geschmacklich aufzupeppen.*
- *Nach dem ersten Aufkochen sollte Getreide bei sehr schwacher Hitze garen: Je länger es kocht, desto lockerer ist das Ergebnis.*
- *Übrig gebliebenes Getreide kann man prima braten: Einfach abkühlen lassen, in den Kühlschrank stellen und am nächsten Tag mit Gemüse und ein wenig Sauce in der Pfanne ein superschnelles Essen zaubern!*

Getrocknete Bohnen, Linsen und Erbsen

Bohnen stecken randvoll mit magerem Eiweiß und Nährstoffen. Wo immer man sie auch anbaut, reichern sie den Boden mit Stickstoff an, was sie zu ausgesprochen nützlichen Pflanzen macht. Bohnen (allen voran Kidneybohnen) müssen ordentlich eingeweicht und gekocht werden, weil ihre Proteine für den Körper schwer zu erschließen sind (was sich gerne mal in fröhlicher Flatulenz ausdrückt). Linsen und Schälerbsen muss man nicht wässern, aber gründlich waschen. Ich wässere Bohnen und Linsen manchmal, bis sie weich sind, und püriere sie dann im Mixer, um sie für Pfannkuchenteig oder zum Andicken von Suppen und Eintöpfen zu nutzen.

Das Angebot an Bohnen ist riesig, deshalb beschränke ich mich meist auf Standards, wie Kichererbsen, Mungbohnen, rote Kidneybohnen und gelbe Schälerbsen, und hole mir die anderen erst, wenn ich sie wirklich brauche.

Je nach Sorte, Größe, Alter und Trocknungsgrad haben verschiedene Hülsenfrüchte unterschiedliche Garzeiten. Da muss man einfach ausprobieren: Wenn sie noch im Geringsten »kreidig« schmecken, brauchen sie mehr Zeit.

Getrocknet oder aus der Dose?

Für mich definitiv getrocknet. Man braucht ein wenig Vorlauf, weil die meisten Bohnen mindestens 6 Stunden, besser noch über Nacht, einweichen müssen. Getrocknete Bohnen sind billiger und haben eine vollere Textur.

Tipps zur Zubereitung:

- *Die Bohnen über Nacht (etwa 8 Stunden) in frischem kaltem Wasser einweichen. Sie schwellen mindestens auf ihre ursprüngliche Größe an und müssen daher mit dem dreifachen Volumen an Wasser bedeckt sein. Aufschwimmende Schmutzteilchen und kaputte Bohnen absammeln.*
- *Immer die Kochflüssigkeit aufheben, sie enthält Vitamine und jede Menge Geschmack für Suppen und Eintöpfe. Ich verwende sie auch gerne für das Gericht, in dem ich die Bohnen selbst verarbeite.*
- *Wenn man Hülsenfrüchte langsam köchelnd gart, behalten sie ihre Form und Textur. Dabei brauchen sie kein Salz, das nur die Schalen zäh werden lässt. Kichererbsen und Kidneybohnen schäumen beim Kochen und man muss den Schaum mit einem Schaumlöffel abheben.*

Hier sind ein paar Richtwerte, wie lange verschiedene Bohnen, Erbsen und Linsen kochen sollten:

- *45 Min.–1 Std. – Adzukibohnen, Augenbohnen, Gartenbohnen, rote Kidneybohnen, Sojabohnen, Mungbohnen, alle Linsen und Erbsen (rote Linsen brauchen eher 30 Minuten).*
- *1¼–1½ Std. – Schwarze Bohnen, Kichererbsen, Flageoletbohnen, Wachtelbohnen, Limabohnen.*

Tipp #1: Drücken Sie zum Überprüfen eine Bohne mit einem Löffel gegen die Topfwand. Ist sie weich, ist sie gar. Ich knabbere aber öfter zur Sicherheit an einer Stichprobe.

Tipp #2: Rühren Sie erst unmittelbar vor Ende der Garzeit Salz ein.

Tipp #3: Wenn die Bohnen etwas schneller kochen sollen, geben Sie ½ TL Speisenatron ins Wasser, das reduziert die Kochzeit um etwa ein Drittel.

Diese Sorten habe ich normalerweise griffbereit:

Erbsen – Gelbe und braune Kichererbsen, grüne und gelbe Schälerbsen, getrocknete ganze Erbsen.

Bohnen – Adzuki, Butterbohnen, rote Kidneybohnen, schwarze Bohnen, Wachtelbohnen, Flageoletbohnen, Gartenbohnen, Mungbohnen (ganz und halbiert), Augenbohnen, Sojabohnen.

Linsen – Grüne, braune, Puy- und rote Linsen (ich habe meist auch eine Auswahl indischer Linsen im Vorrat, die sich aber eher für unheilbare Dal-Süchtige eignen).

Sojaprodukte

Ich glaube fest an das Wunder von Soja. Ja, es gibt auch schlechtes Soja: Teile des Amazonas wurden für den Anbau gerodet, um das Mastvieh der Fleischindustrie damit zu füttern, aber wenn wir nicht gentechnisch veränderte (s. S. 46–47) ganze Sojabohnen aus dem Bioanbau von renommierten Herstellern kaufen, sollte es keine Probleme geben. Die meisten Supermärkte führen heute Sojaprodukte.

Miso – Misopaste besteht aus fermentierten Sojabohnen und Getreiden und wird schon seit Jahrtausenden in Japan hergestellt. Mit ihrer dickflüssigen Konsistenz und dem kräftigen Aroma eignet sie sich gut für Suppen, Eintöpfe und Saucen. Miso ist sehr salzig, reich an Vitaminen und Nährstoffen und gut für das Nervensystem. Geschmacklich variiert sie von nussig bis weinartig und fruchtig. Hier bei uns in Wales gibt es einige Leute, die mit die beste Miso machen, die ich jemals gegessen habe.

Tamari – Genau wie Sojasauce, aber prinzipiell traditionell und gesund hergestellt. Tamari hat mehr Geschmack als die meisten Sojasaucen und unterstützt die subtilen Noten von Speisen. Dazu ist sie glutenfrei.

Tofu – Vermutlich das ultimative vegane Lebensmittel, vielseitig und oft missverstanden. Tofu tut nichts lieber, als Aromen und Marinaden aufzunehmen, und bietet verschiedene Texturen für die unterschiedlichsten herzhaften und süßen Gerichte. Tofu findet seinen Weg problemlos selbst in einen Käsekuchen, den er mit seiner geschmeidig-cremigen Textur bereichert und sich harmonisch einfügt. Er besitzt einen der höchsten Gehalte an Protein in der Pflanzenwelt und ist praktisch cholesterinfrei.

Tempeh – Wie Tofu, aber fermentiert. Tempeh besteht aus ganzen Bohnen und wird meist im Glas verkauft, aber man findet es vor allem in asiatischen Geschäften auch in der Tiefkühlabteilung. Gefrorenes Tempeh sollte man erst auftauen und 10–15 Minuten dämpfen, damit es weich wird und Aromen besser aufnimmt. Dann kann man es ganz normal verwenden.

Seitan – Die Fleischalternative. Man kann Seitan aus Weizenmehl oder Weizengluten ganz einfach selber machen, dazu gibt es zahlreiche Rezepte im Internet. Wenn Sie etwas Weizengluten im Küchenschrank haben, können Sie Veggie-Burgern und -Würstchen jederzeit eine echte Textur verleihen. Manche verwenden es auch in ihrem Brotteig. Seitan ist das ultimative Ass im Ärmel des Veganers, der Skeptiker beeindrucken will. Es ist halt nicht nur ein schräger Name, sondern auch ein leckerer Fleischersatz. Die Glutenbombe schmeckt auch Fleischessern.

Pasta

Ja, warum denn nicht? Sie wissen bereits, welche Formen und Farben Sie mögen, und Sie wissen, was ich dazu sage: Ich mag Bio-Vollkorn-etc.-etc.-Pasta in möglichst guter Qualität. Es gibt auch einige recht gute glutenfreie Sorten ohne Weizenmehl im Handel. Ein mit Liebe zubereiteter Teller Pasta kann mühelos den Tag retten!

Konserven

Ich verzichte gerne auf Dosen, sie sind zwar praktischer und manchmal auch billiger, aber sie sind halt auch mit allen möglichen fiesen Chemikalien ausgekleidet, die so ins Essen gelangen. Deshalb nehme ich lieber Schraubgläser oder Frischware.

Kokosmilch – Wenn Sie nicht gerade freien Zugang zu frischen Kokosnüssen haben, sorgt Kokosmilch für rein pflanzliche Cremigkeit im Topf.

Milch – natürlich pflanzlichen Ursprungs. Ich habe immer Sojamilch im Schrank, aber ich liebe auch Mandel- und Hafermilch. Selbst Linsenmilch ist interessant. Man kann aus vielen Dingen Milch machen (s. S. 46–49).

Kapern – habe ich immer irgendwo herumstehen. Die kleinen salzigen Knospen verleihen Gerichten eine schöne salzige Fruchtigkeit, auf die ich ungern verzichte. Bewahren Sie geöffnete Gläser im Kühlschrank auf.

Senf – Die Dreieinigkeit des Senfs – Dijon, körniger und englisch – kann so manches müde Dressing retten und veredeln.

Konfitüren, Marmeladen und Chutneys – Wenn man sich so langsam dem mittleren Alter nähert, schenken Freunde und Familien einem immer seltener Schnickschnack, sondern lieber besondere Marmeladen und Chutney. Wunderbar! Natürlich sind das meist Zuckerbomben, aber der Sonntagstoast ohne ist auch nicht vorstellbar.

Marmite – Manche (ich) lieben es, andere hassen es, aber Veganern bietet es wichtiges Vitamin B. Es verleiht Saucen und Brühen eine schöne Tiefe, schmeckt aber am besten direkt aus dem Glas.

Gewürzgurken – Manche nennen sie auch Cornichons. Ich für meinen Teil liebe sie und esse sie gerne als spätabendlichen Snack.

Eingelegte Chilischoten/Paprika – Eingelegte Chilis sind in vielen Teilen der Welt unter den verschiedensten Namen bekannt und dienen als wunderbare Zutat vieler mediterraner und mexikanischer Gerichte.

Margarine – Gibt beim Backen Buttergeschmack, der vielen Veganern sonst fehlt. Achten Sie auf gute Qualität und meiden Sie alles mit seltsamen Bezeichnungen für Fette.

Chipotle-Paste (oder ganze getrocknete Chipotle-Chilis) – Ich habe immer ein paar Chipotles in der Küche und sie werden immer beliebter. Selbst die superrauchigen und süßen Chipotles sind der Inbegriff der mexikanischen Küche, wo sie aus Suppen, Brühen und Eintöpfen nicht wegzudenken sind.

Süssungsmittel

Unbedenkliche Süßungsmittel sind dünn gesät und kaum zu bekommen. Aber es gibt natürlich ein paar Optionen. Zucker ist die billigste, aber Zucker ist und bleibt Zucker, wie man es auch dreht und wendet. Er ist einfach nicht gut für uns. Ich süße gerne mit Trockenfrüchten und Jane beschwert sich regelmäßig über meinen fehlenden süßen Zahn (den sie im Übermaß besitzt). Ich backe meist mit unraffiniertem Zucker, gebe aber zu, dass der Kuchen damit nicht so leicht und fluffig wird wie mit raffiniertem.

Hier sind einige meiner Süssmacher:

Unraffinierter brauner Zucker – Kaufen Sie nach Möglichkeit fair gehandelte Bioware. Mein Favorit ist brauner Rohrohrzucker.

Brauner Reissirup – Er ist recht preiswert und besitzt einen Karamellgeschmack, der sich gut für Dressings und Gebäck eignet. Dazu kommen ein niedriger GI und einige Mineralien.

Ahornsirup – Oh Mann! Was für ein Zeug! Der feine, verführerische, duftende, fabelhafte Ahornsirup ist der Saft einer nordamerikanischen Baumart. Kaufen Sie hochwertigen Sirup und Sie werden nicht enttäuscht sein: Ein paar Tropfen hier und da veredeln jedes Gebäck oder Dessert.

Granatapfelsirup – Süß und sauer zugleich und ein ganz guter mediterraner Ersatz für Tamarinde oder Zitrusfrucht. Der Sirup wird meist zum Verfeinern von Dressings und als überraschende Note in Marinaden und Eintöpfen verwendet.

Dattelsirup – Ich liebe diesen schweren, dunklen Sirup in Dressings und Gerichten mit exotischem Geschmack, er ist aber auch super für Muffins.

Jaggery – Eine äußerst klebrige indische Variante des unraffinierten Rohrzuckersafts. Ich liebe ihn überraschenderweise heiß und innig und verwende ihn in Gebäck und Chais. Sein sehr kräftiger Geschmack kann an der falschen Stelle schnell dominant werden.

Melasse – Der pechschwarze, klebrige Zuckersirup kommt besonders in Marinaden zum Einsatz, vor allem in Barbecue-Saucen und chinesischen Marinaden macht er sich wirklich richtig gut. Ich verwende ihn auch gerne im Brotteig.

Muscovadozucker – Muscovado ist dunkler und klebriger als Rohrohrzucker und meist unraffiniert, sodass er sich seinen tiefen, dunklen Melassegeschmack bewahrt.

Gerstenmalzextrakt – Ein billiger, schlichter Süßstoff mit schön malzigem Geschmack für heiße Milchgetränke und Brotteige. Er ist nicht ganz so süß wie Zucker oder Agave, sodass man etwas mehr braucht.

Apfeldicksaft – Am besten als Bioware. Guter Apfeldicksaft verleiht Gebäck und Dressings eine wunderbar fruchtige Süße und ich verwende ihn sogar zum Verfeinern von Burgern und Würstchen.

Agavendicksaft – Der aus der Agave gewonnene Sirup ist auch für Menschen mit Zuckerintoleranz geeignet.

Backzutaten

Mehle – Weizenvollkornmehl (unverzichtbar), Weizenmehl (wenn's leichter sein soll), Dinkel (weniger Gluten für Brot und Kekse), Kichererbsenmehl (sehr gesund und glutenfrei, mit kräftigem Geschmack), Reis (ich verwende es meist zum Backen, vor allem für glutenfreies Brot), Polenta (Maismehl, perfekt für Maisbrot und natürlich gebratene oder gebackene Polenta) und Roggen (für wunderbar dunkles Brot).

Backpulver und Speisenatron – Der Hauptunterschied ist der, dass Backpulver Dinge in Verbindung mit sauren Zutaten wie Zitronensaft oder Essig aufgehen lässt. Speisenatron ist eher ein Multitalent, das beispielsweise im Sodabrot bei Kontakt mit Feuchtigkeit Kohlendioxid freisetzt. Ich habe immer beides griffbereit – und ich putze meine Zähne mit Speisenatron, das ich mit Teebaumöl verrühre.

Vanilleschoten – Teuer, halten sich aber auch ewig.

Spirituosen – Beim Backen braucht man manchmal ein bisschen Alkohol, normalerweise im Verhältnis von einem Teil für den Kuchen zu zwei für den Koch! Vor allem Whisky, Brandy und Kaffeelikör verfeinern Kuchen. Ich habe auch eine gute Flasche Malt Whisky parat, wenn Papa zu Besuch kommt.

Öle und Essige

Öle

Gute Öle und Fette machen nicht dick! Fett macht Sie nicht unbedingt fett. Es ist nie gut, zu viel von einer Sache zu essen, aber ernährungstechnisch können wir auf Fette nicht verzichten und unser Körper liebt sie einfach. Er braucht sie auch, vor allem die ungesättigten Fette aus pflanzlichen Quellen. Ich klinge vielleicht wie ein selbstzufriedener Biohansel, aber wir Veganer müssen uns keine Gedanken um gesättigte Fette machen. In der vielgestaltigen Welt der Pflanzen kommen praktisch keine ungesunden Fette vor. Natürlich ist es auch nicht cool für den Körper, wenn man jeden Tag ein Kilo Paranüsse mampft, aber im Großen und Ganzen brauchen wir uns keine Sorgen zu machen.

Wir alle wollen ein gesundes Herz und Hirn. Fette können diesen wichtigen Organen nützen oder schaden, je nachdem, welche Art wir zu uns nehmen. Gute, mehr- und einfach ungesättigte und einige gesättigte Fette (wie die Laurinsäure der Kokosnuss) stecken voller essenzieller Fettsäuren, die wir brauchen. Sie sind für den Körper leichter zu verwerten und werden eher nicht eingelagert. Sie unterstützen unsere Zellen und Nerven und erhalten unser Herz gesund. Sie senken sogar den Cholesterinspiegel. Darüber hinaus bringen sie Haut und Haare zum Strahlen. Gute Fette sättigen länger, helfen uns, Vitamine aufzunehmen, und schützen uns sogar vor Schlaganfällen und hohem Blutdruck.

- *Die fünf besten pflanzlichen Fettlieferanten: Avocado, Kokosnuss, Nüsse und Samen (einschließlich Nuss- und Samenbutter), Oliven.*
- *Die fünf gesündesten Öle: Hanf, Traubenkern, Leinsamen, Olive, Raps.*

Hier sind meine Favoriten:

Kokosnussöl – Kaufen Sie nach Möglichkeit hochwertiges, unraffiniertes Bioöl. Gutes Kokosöl ist unfassbar gesund, schlechtes Kokosöl ist das exakte Gegenteil davon. Es wird in rauen Mengen in veganen und rohen Desserts genutzt und verleiht Gebratenem eine feine, schimmernde Kokosnote. Man kann es aber auch ohne Geschmack kaufen.

Olivenöl (mild) – Sie wissen schon: Nichts geht über hochwertiges, mechanisch gepresstes Öl. Ich verwende Olivenöl oft zum Braten, weil ich den Geschmack mag und weil es gesund ist. Olivenöl verträgt aber keine allzu starke Hitze und eignet sich besonders für Kurzgebratenes.

Natives Olivenöl extra – Nur für Dressings und zum Auftunken mit warmem Brot. Es kann im letzten Moment auch Saucen und Eintöpfe veredeln. Man sollte nie mit diesem bernsteinfarbenen Nektar braten oder backen – das wäre eine grausame Verschwendung.

Pflanzenöle – Einfache Alleskönner, die auch bei starker Hitze funktionieren.

Rapsöl – Die steigende Nachfrage lässt auch die Qualität zunehmen. Rapsöl war früher der Küchenstandard, kann aber heute mit den gleichen Methoden hergestellt werden wie die feinsten Olivenöle. Das dunkelgoldene, kräftige Öl passt nicht zu jedem Gericht, ist aber zusammen mit starken Noten einfach toll. Raffiniertes Rapsöl verträgt starke Hitze und funktioniert auch am Rauchpunkt gut.

Geröstetes Sesamöl – Wenn einem der Geschmack zu stark ist, kann man auch zu ungeröstetem Öl greifen. In kleinen Mengen gibt es Gerichten die typische asiatische Note, die sich mit nichts nachahmen lässt (es sei denn, man streut geröstete Sesamsamen darüber). Gut für Marinaden und Dressings, schlecht für die Fritteuse.

Essige

Balsam, Apfel, Sherry, Rotwein, Weißwein, Reis, Malz (für Fritten).

Kräuter und Würzen

Frisch ist meist am besten, aber manchmal braucht man vor allem beim Backen den intensiven KAWUMM-Thymian und weniger den zart duftenden. Kräutermischungen sind ausgesprochen praktisch und können durchaus hochwertig sein. Ich habe das Glück, einen Kräutergarten zu besitzen, würde aber sonst immer mindestens zwei Arten frische Kräuter im Kühlschrank haben, um Salate damit zu veredeln.

Getrocknete Kräuter

Thymian, Minze, Basilikum, Dill, Majoran, Rosmarin, Oregano, Estragon, Salbei.

Frische Kräuter

Petersilie, Koriander, Thymian, Minze, Basilikum (wöchentlich frisch).

Würzen

Ich verwende die folgenden Zutaten regelmäßig, finde aber keine davon unverzichtbar. Zum Glück halten sie sich ein bisschen.

Nährhefeflocken – Im normalen Vorratsschrank wird man wohl nur wenige Dinge seltener finden als diese vegane Köstlichkeit. »Nährhefe? Das ist jetzt ein Scherz, oder?« Dabei verleihen sie Speisen einen sehr herzhaften, beinahe käseartigen Geschmack und stecken voller Vitamin B. Sie sehen aus wie Fischfutter und Katzen lieben sie, aber davon abgesehen sind sie ein absoluter veganer Klassiker. Sie geben Suppen, Salaten, Eintöpfen und sogar Gebäck eine schöne Umami-Note, wie Salz, aber besser.

Gemüsebrühe – Selbst gemacht ist immer besser, aber nicht immer praktikabel. Man kann auch wirklich gute Brühwürfel und Pulver kaufen, einige Marken haben sogar Bio- und salzarme Varianten im Angebot.

Andere – Getrocknete Pilze, Tamarinde (Paste oder getrocknet), Rosen- und Orangenblütenwasser, Mirin, chinesischer Reiswein, Sushi-Ingwer … und was einem sonst noch so begegnet.

Gewürze

Was wäre das Leben ohne ein wenig Würze? Alles würde nach Kantinenessen schmecken! Gute Gewürze sind das A und O des guten Kochs und unser Körper liebt sie, weil sie das Immunsystem stärken.

Zwischen guten Gewürzen und »nicht so guten« Gewürzen liegen Welten. Am besten kauft man sie in kleinen Mengen und verwendet sie frisch. Ich lagere meine in einem luftdichten Behälter im Kühlschrank. Glücklicherweise reise ich viel, sodass ich von Märkten aus aller Welt, von Marrakesch bis Delhi, kleine Beutel voller wundersamer Pulver und Gewürze habe. Wenn ich sie öffne, bin ich sofort wieder da, wo ich sie zum ersten Mal gerochen habe.

Manchmal stelle ich mir mit einer Kaffeemühle meine eigenen Gewürzmischungen her. Gewürze im Urzustand sind toll und können sich bei Zimmertemperatur teils Jahre halten.

Aber gemahlen verlieren sie ihre essenziellen Öle (also Geschmack, Aroma etc.). Mahlen Sie daher nur kleine Mengen. Ein Mörser ist ein sehr praktisches Utensil im Schrank des Gewürzliebhabers. Wer einmal Kreuzkümmel und Koriander selbst geröstet und gemahlen hat und das ganze Haus danach duftet, wird nie wieder die fertige Variante kaufen.

Aufgrund ihrer essenziellen Öle eignen sich Gewürze meist nicht für langes Kochen, da sie schnell an Geschmack verlieren. Gewürzmischungen wie Garam masala werden daher meist erst zum Schluss in Currys eingerührt. Sie zu zerkochen ist ein Sakrileg! Am besten mahlt man Gewürze kurz vor dem Kochen und dann nur so viel, wie man wirklich benötigt.

Mit Gewürzen kann man aber nicht nur kochen. Sie ergeben auch Tees mit gesunden Eigenschaften. Brühen Sie Anis-, Kümmel-, Fenchelsamen und Korianderkörner gemeinsam auf und Sie erhalten ein Magentonikum, das die Verdauung anschiebt und Bauchschmerz vertreibt.

Um Gewürze zu testen, reibt man sie am besten zwischen Daumen und Zeigefinger oder in die Handfläche. Das setzt die Öle frei und es sollte ein starkes Aroma aufsteigen. Wenn sie sich trocken und krümelig anfühlen, haben sie ihre Haltbarkeit überschritten.

Ein kurzer Überblick über die Gewürze, die ich in meiner »Schatzkiste« habe:

Ajowansamen – Werden in der indischen Küche viel verwendet, sind in der Gewürzsammlung für den Hausgebrauch aber selten. Man benötigt nur kleine Mengen. Ich nutze sie in einigen Rezepten, aber ich bin auch Curry-verrückt. Ich finde, getrockneter Thymian ist ein ganz guter Ersatz, da beide das gleiche ätherische Öl enthalten.

Gesundheit – *Pilzhemmend, antibakteriell, reich an Ballaststoffen und Antioxidantien. Dient in der traditionellen Medizin zur Behandlung von Verstopfung, Husten und Asthma.*

Piment – Vorsicht! Diese Leitung führt Strom! In der kreolischen Küche ist Piment, auch Nelkenpfeffer genannt, sehr beliebt und der vordringliche Geschmack aller Jerk-Gewürzmischungen. Piment wird hauptsächlich zum Backen benutzt, kann aber auch in Eintöpfen, Currys und Suppen auftauchen. Sparsam verwenden, er ist sehr intensiv.

Gesundheit – *Beruhigend, wärmend, verdauungsfördernd, entzündungshemmend, hilft gegen Blähungen, hoher Vitamin- und Mineralgehalt (zum Beispiel Vitamin C und Eisen).*

Anis/Sternanis – Wer Ouzo oder Pernod mag, mag Anis. Die auf der ganzen Welt geschätzten Samen kommen häufig als Teil des Sternanis zum Einsatz. Anis hat ein duftiges, süßes Aroma und einen starken, lakritzartigen Geschmack. Er steckt voller Antioxidantien, die das Immunsystem stärken. Als Aufguss oder in einem Chai (s. S. 81) wird Anis zum starken Gesundheitselixier, das gut gegen Erkältungen, Bauchschmerzen und Husten wirkt. In Indien wird Anis traditionell besonders bei großen zeremoniellen Mahlzeiten zum Ende einer Mahlzeit gereicht und die Samen als Verdauungshilfe gekaut.

Gesundheit – *Kräftigend, anregend, antiseptisch, kupfer- und eisenreich, guter Vitamin-B-Gehalt und ausreichender Gehalt an Vitamin C und A. Wird bei Bronchitis, Verstopfung und Asthma eingesetzt.*

Asant – Auch als Stinkasant oder Teufelsdreck bekannt. Es hat einen herzhaften Geschmack, der an Zwiebeln erinnert. Asant muss in einem separaten, dichten Behälter aufbewahrt werden, da es sehr stark riecht und Aroma und Geschmack anderer Gewürze beeinflussen würde.

Gesundheit – *Entzündungshemmend, blutdrucksenkend, antibakteriell, verdauungsfördernd und beruhigend.*

Lorbeerblätter – Die dunkelgrünen Blätter des Lorbeerbaums werden schon seit Urzeiten wegen ihres fein süßen, aromatischen und würzigen Geschmacks in Suppen und Eintöpfen verwendet. Oft muss man sie gar nicht kaufen, denn häufig findet sich in der Umgebung ein Lorbeerbaum, von dem man ein paar Blätter pflücken kann. Man kann sie frisch verwenden und trocknet sie am besten vor Sonnenlicht geschützt (ein Dörrgerät ist praktisch). In Currys sind sie ein guter Ersatz für Curryblätter. Ich nutze sie viel und koche Linsen und Bohnen eigentlich nie ohne. Sie geben einen schönen Hintergrundgeschmack.

Gesundheit – Einige ihrer Inhaltsstoffe sollen im Kampf gegen Krebs helfen und antiseptisch, antioxidativ und verdauungsfördernd wirken. Die frischen Blätter enthalten viel Vitamin C und A sowie Mineralien und Folsäure. Sie beruhigen den Magen, weshalb sie bei Magengeschwüren eingesetzt werden. Sehr reich an Eisen.

Schwarzer Pfeffer – Manchmal streuen wir uns schwarzen Pfeffer aufs Essen, ohne darüber nachzudenken, so normal ist er in Europa. Salz und Pfeffer sind unsere Grundgewürze, aber das ist nur in unserem Teil der Erde so. In Nordafrika steht gemahlener Kreuzkümmel auf den Tischen. Die Geschmäcker sind überall auf der Welt verschieden, aber schwarzer Pfeffer ist – vor allem frisch gemahlen oder zerstoßen – eine Sensation. Ich nutze ihn gerne als Triebfeder in Gewürzmischungen oder paare ihn mit kräftigen Aromen.

Pfeffer stammt ursprünglich aus dem südindischen Kerala. Die Beeren des »Königs der Gewürze« kommen von einer tropischen Pflanze und es gibt sie in vielen Farben, je nach Reife des Pfefferkorns und seiner Verarbeitung. Die schwarzen Körner sind die beliebtesten. Sie sind bei der Ernte rot und verschrumpeln während der Trocknung. Grüne Körner sind früh geerntet und weiße wurden in Salzlake eingeweicht, um sie zu bleichen. Ganze Pfefferkörner halten sich bei Zimmertemperatur jahrelang, müssen aber nach dem Mahlen zügig verbraucht werden.

Gesundheit – Entzündungshemmend, beruhigend, windtreibend, verdauungsfördernd. Steckt voller B-, C- und A-Vitamine.

Kapern – Pikante, fruchtige kleine Alleskönner der mediterranen Küche. Kapern sind die eingelegten Blütenknospen des Dornigen Kapernstrauchs und werden immer früh morgens gepflückt. Ich verwende sie als kleinen Leckerbissen in vielen Gerichten. Je kleiner die Kapern sind, desto feiner und intensiver ist ihr Geschmack. Man bekommt sie in Essig oder Salzlake eingelegt, was ihren Geschmack unterstreicht. Daher sind sie aber oft sehr salzig, was man beim Würzen bedenken muss.

Gesundheit – Kapern haben starke antioxidative Wirkung, stärken die Blutzirkulation, senken das »böse« Cholesterin und enthalten recht viel Vitamin A und K. Sie werden zur Behandlung von rheumatischen Schmerzen und als Appetitanreger genutzt.

Kümmelsamen – Kümmel ist ein traditionell europäisches Gewürz und gehört zur Petersilienfamilie. Die Samen sehen Kreuzkümmel sehr ähnlich, haben aber ein einzigartiges, pfeffriges Aroma. Ich verwende Kümmel nur selten und kenne es vor allem aus osteuropäischen Gerichten wie Borschtsch, einer der besten Suppen der Welt. Ich gebe ihn gern an selbst gemachtes Sauerkraut.

Gesundheit – Verdauungsfördernd, ballaststoffreich, absorbiert Giftstoffe, enthält einige starke Antioxidantien, gute Mengen an Eisen und Zink und wird in Mitteln gegen Reizdarmsyndrom genutzt.

Kardamom – Kardamom, der für seine gesundheitsförderliche Wirkung berühmt ist, gibt es in Grün und Schwarz. Wir sind aber vor allem an den kleinen schwarzen, stark aromatischen Samen interessiert, deren kampferartiges Aroma lebendig wird, wenn sie zerstoßen werden (aber auch die Schalen enthalten gute ätherische Öle). Er wird sowohl in herzhaften als auch in süßen Speisen genutzt.

Gesundheit – Verdauungsfördernd, antiseptisch, krampflösend, beruhigend, entwässernd, hoher Kalium- und hoher Mangangehalt (das freie Radikale bekämpft).

Chilischoten – Ich könnte ein ganzes Buch über diese feurigen Nachtschattengewächse schreiben. Ich verwende sie sowohl getrocknet als auch frisch sehr häufig. Es gibt viele verschiedene Sorten und bei manchen Gerichten kommt es darauf an, genau die richtige zu verwenden.

Gesundheit – *Capsaicin sorgt für den speziellen Geschmack und die Schärfe von Chilischoten. Es kann den Cholesterinspiegel senken und gegen Krebs und Diabetes helfen. Chilischoten sind zudem reich an Vitamin C und enthalten recht viele Mineralien.*

Zimt – Gehört zu den Gewürzen, die sowohl Medizin als auch Aromat sind. Er enthält die höchste Dichte an natürlichen Antioxidantien in der Natur – 100-mal mehr als ein Apfel. Meist wird er als Zimtstange gekauft, die aus der mittleren Rinde des Echten Zimtbaumes stammt. Ineinander gelegte Rindenstücke rollen sich beim Trocknen zu Stangen auf. Zimt ist so gut für uns, dass er berechtigterweise im Winter in allen möglichen Traditionsrezepten auftaucht. Er gilt seit jeher als tolles Erkältungsmittel.

Gesundheit – *Wärmend und beruhigend, antiseptisch und schmerzlindernd. Hilft gegen Gefäßerkrankungen und Herzinfarkte.*

Gewürznelken – Die kleinen, fast schwarzen, getrockneten Knospen haben ein starkes, duftiges Aroma und erwecken jedes Biryani zum Leben. Sie sind bekannt für ihre schmerzlindernde Wirkung – man lutscht sie etwa bei Zahnschmerzen. Aber so nutze ich sie eher ungern.

Gesundheit – *Wärmend und beruhigend, antiseptisch und anästhetisch, tötet Magenparasiten ab. Nelkenöl hilft bei Arthritis und Muskelschmerzen.*

Korianderkörner – Koriander wird seit Urzeiten in der Medizin und als Gewürz genutzt und zählt in den meisten Küchen zu den Hauptgewürzen. Die Samen haben einen kräftigen, erdigen Orangengeschmack und ich mag sie am liebsten sanft geröstet und frisch gemahlen, sodass sie sogar noch duften. Korianderkörner stecken voller gesunder Fettsäuren und ätherischer Öle.

In Suppen und Eintöpfen können sie zudem sogar als Dickungsmittel dienen.

Gesundheit – *Beruhigend, verdauungsanregend, sehr hoher Eisengehalt, hoher Gehalt an Mineralien und Vitaminen. Korianderkörner helfen gegen Mundgeruch!*

Kreuzkümmel – Das Aroma und der Geschmack von Kreuzkümmelsamen sind unverwechselbar. Kreuzkümmel ist intensiv und wird am besten kurz vor dem Gebrauch geröstet und zerstoßen. Ich streue ihn gerne statt Pfeffer über Currys und Suppen.

Gesundheit – *Ballaststoffreich, hilft gegen Blähungen, fördert die Verdauung, gute Quelle für Eisen, Kalzium und Kupfer (gut für die roten Blutkörperchen) sowie Karotin und B-Vitamine, die gegen Erkältung und Verstopfung helfen.*

Fenchelsamen – Schon in angelsächsischer Zeit schätzte man den Fenchel. Er galt als Symbol für Langlebigkeit, Mut und Stärke. Die Samen stecken voller süßem und krautigem Anisaroma. Sie sind etwas weicher und grüner als Anissamen, stammen aber aus der gleichen Pflanzenfamilie.

Gesundheit – *Gute Lieferanten für Vitamin A, E und C sowie B-Vitamine. Ballaststoffreich und berühmt als Mittel gegen Blähungen.*

Bockshornkleesamen – Kein Gewürz für Zartbesaitete, denn Bockshornklee hat einen stark aromatischen Geruch und Geschmack. Daher nur sparsam verwenden! Roh ist er sehr bitter, wird aber durch leichtes Rösten milder.

Gesundheit – *Verdauungsanregend, ballaststoffreich, stabilisiert den Blutzuckerspiegel, abführend, regt bei Müttern die Milchproduktion an, hilft gegen Husten und Bronchitis.*

Meerrettich – Vermutlich kennen Sie ihn als Würzsauce zu Fleisch, dabei ist die Wurzel um einiges vielseitiger. Ihre Schärfe und ihr intensives Aroma lassen die Augen tränen. Der Meerrettich stammt aus derselben Familie wie Weißkohl, Radieschen und Senf, die alle dieses unverwechselbare feurige Aroma besitzen. Er wächst in unseren

Breitengraden gut und sollte beim Kauf jung und fest sein – je älter er ist, desto mehr Aroma büßt er ein und desto faseriger wird er. Am besten reibt und serviert man ihn frisch – mit ein wenig Essig verrührt, um die Schärfe etwas abzumildern!

Gesundheit – *Nervenberuhigend, harntreibend, entzündungshemmend, magenanregend, appetitsteigernd und verdauungsfördernd.*

Senfsamen – Ich verwende meist schwarze oder gelbe Senfsamen, es gibt sie aber auch in anderen Farben, wie etwa in Braun oder Weiß. Sie werden weltweit als Gewürz genutzt, sei es als Senf (Paste), Senföl oder als ganze Samen. Zerstoßen und mit Wasser verrieben oder auch geröstet, entfalten sie ihr volles Aroma, denn dies setzt die ätherischen Öle und ihr beißendes, nussiges Aroma frei.

Gesundheit – *Reich an Niacin, Riboflavin und Thiamin, cholesterinsenkend, reich an gesunden Fetten, gut gegen Muskelschmerzen und Rheumatismus, erstklassiger Vitamin-E-Gehalt (was die Zellen schützt).*

Muskatnuss/Muskatblüte – Wegen dieses Gewürzes wurden Kriege geführt. Heute erscheint dies absurd, aber Muskat wuchs ursprünglich nur auf einer kleinen Inselgruppe in Indonesien. Muskatnuss und Muskatblüte sind zwei Teile derselben Frucht. Die Muskatnuss ist der Samen der Muskatfrucht und die Muskatblüte ist eigentlich keine Blüte, sondern der rote Mantel des Samens. Sie haben einen ähnlichen Geschmack und Duft. Muskatblüte gibt aber eine zarte, safranähnliche Färbung. Muskat gilt schon seit jeher als starkes Aphrodisiakum, gleichzeitig aber auch als entspannend. In der chinesischen wie der indischen Medizin wird Muskatöl gegen Verdauungs- und Nervenerkrankungen eingesetzt.

Gesundheit – *Fungizid, verdauungsanregend, beruhigend, antidepressive Wirkung und reichlich Antioxidantien.*

Paprikapulver – Besteht aus getrockneten Paprika- beziehungsweise Chilischoten *(Capsicum)* und ist in Spanien und Ungarn sehr beliebt. Es ist geräuchert, scharf oder edelsüß erhältlich. Ich nutze das geräucherte gerne wegen seines Aromas. Das edelsüße Pulver ist hauptsächlich ein Farbgewürz. Paprikapulver enthält viele körperfreundliche Inhaltsstoffe, die ihm seine kräftige Farbe geben.

Gesundheit – *Hoher Gehalt an Vitamin A, das gut für Augen, Herz und Haut ist, und recht viel Vitamin E, das Nerven und Organe schützt.*

Safran – Die getrockneten Narben oder Fäden einer rosafarbenen Krokusart gehören zu den teuersten Gewürzen der Welt – und das zu Recht. Safran hat einen unverwechselbaren, feinen Geschmack, färbt Essen wunderbar bernsteinfarben und ist zudem sehr gesund.

Gesundheit – *Stressabbauend, kann gegen Krebs und Infektionen helfen, stärkt das Immunsystem, hilft gegen Depressionen, stärkt Herz und Verdauung, ist allgemein gesundheitsförderlich und damit ein Super-Gewürz!*

Tamarinde – Tamarinden sind die Schoten (eigentlich Hülsen) des riesigen Tamarindenbaums und verleihen Gewürzsaucen einen wunderbar süßsauren Geschmack. Sie können direkt vom Baum gegessen werden. Meist sind sie als Paste erhältlich, in Asialäden teils auch gepresst oder frisch.

Gesundheit – *Starke Antioxidantien, reichlich Thiamin, Vitamin C und A, Eisen und Ballaststoffe. Kann abführend oder verdauungsfördernd wirken.*

Vanille – Vanilleschoten stammen traditionell aus Mittelamerika. Sie sind die Kapseln einiger Orchideenarten, die nur von Kolibris befruchtet werden. Gute Vanilleschoten sind durch nichts zu ersetzen, obwohl es auch Vanillearoma gibt. Es gibt verschiedene Vanillesorten, wobei der Preis meist auch die Qualität widerspiegelt. Vanille ist ein besonderes Gewürz für besondere Gelegenheiten und so nutze ich es auch.

Gesundheit – *Angeblich nutzten die Mayas sie als Aphrodisiakum, aber eigentlich geht es bei ihr rein um den Geschmack!*

Verrückt nach Nüssen!

Wir Veganer können gar nicht anders, wir lieben diese vielseitigen Lieferanten guter Fette. Sie stecken voller gesunder Dinge und können jedem Gericht eine cremig-sahnige Fülle verleihen, die mit dem veganen Repertoire sonst nicht erreichbar ist. Nüsse sind einfach unersetzlich. Sie sind die Energielieferanten der Pflanzenwelt und schon eine kleine Handvoll pro Tag deckt unseren Tagesbedarf an Proteinen, Mineralien, Vitaminen und gesunden Fetten.

Nüsse kauft man am besten in der Schale. Sobald sie geknackt sind, beginnt der Zerfall. Leider sind die meisten geschält verkauften Nüsse behandelt. Der Kauf von gerösteten Nüssen geht in Ordnung, wenn man sie bald verzehrt. Aber Nüsse selbst rösten kann supereinfach sein – schauen Sie einmal auf S. 163.

Betrachten wir die Nüsse (und Samen) mal genauer:

Mandeln – Mandeln kommen aus einer wunderschönen, rosa-weißen Blüte an einem ebenso hübschen Baum. Sie stecken voller sekundärer Pflanzenstoffe, die extrem gesund sind, und enthalten viele ungesättigte Fettsäuren, die zum Schutz vor koronaren Herzerkrankungen und Herzinfarkten beitragen. Dazu sind sie reich an Mineralien wie Mangan, Kalzium, Eisen (die Liste geht weiter) sowie an Vitamin E, ein starkes Antioxidans. Außerdem lässt sich aus Mandeln eine tolle Milch machen (s. S. 49) und sie sind überall auf der Welt beliebt. Ich weiche sie gerne über Nacht ein und esse morgens als Starthilfe eine halbe Handvoll. Ein paar Mandeln pro Tag machen die Sense des Sensenmanns recht stumpf.

Paranuss – Ihr Zweitname Brasilnuss sagt eigentlich alles: Sie stammt aus dem Amazonasgebiet und ist der Samen einer Riesenkastanie, die bis zu 50 Meter hoch und 700 Jahre alt wird. Paranüsse enthalten viel Energie und Fette, die aber tatsächlich den Cholesterinspiegel senken.

Cashewkerne – Ohne diese köstlichen Nüsse wäre ich ein Hänfling von 50 Kilogramm! Ich liebe diese zart-süßen, gehaltvollen und köstlichen Nüsse. Man kann sogar den Cashewapfel essen, an dem die Nüsse herabhängen. Wie die meisten Nüsse enthalten sie viele gesunde Fette und Ballaststoffe, stecken voller Mineralien, wie Zink, das die Geweberneuerung und die Verdauung fördert, und sind eine gute Quelle für Kupfer.

Esskastanien – Die alte Marone aus der Familie der Buchengewächse ist in unseren Breitengraden heimisch. Kastanien sind köstlich und für Nüsse relativ fettarm. Ich nutze sie gerne für Pürees oder als Dickungsmittel in Saucen oder sogar für Desserts – sie entwickeln eine cremige, stärkeartige, fast kartoffelige Qualität, wenn man sie zerdrückt. Tatsächlich ähnelt ihr Nährwertprofil eher einer Süßkartoffel als anderen Nüssen. Man sollte sie wie Gemüse im Kühlschrank aufbewahren.

Chiasamen – Chiasamen gelten nun schon seit einiger Zeit als DAS Superfood. Die Azteken waren sich dessen bewusst und haben die niedrig wachsende Minzeverwandte angebaut. Die Samen stecken voller mehrfach ungesättigter Fettsäuren, enthalten eine kraftvolle Mischung aus Vitaminen, Mineralien, Proteinen, Antioxidantien, Ballaststoffen … schon ein EL pro Tag deckt die empfohlene Tagesdosis der meisten Nährstoffe. Mit ein paar Chiasamen auf dem morgendlichen Obstsalat oder Toast, im Müsli oder Smoothie wird der Tag prächtig.

Kokosnuss – Die raue Frucht der Kokospalme hat einen besonderen Vorzug: Ihr Wasser! Als »Vollnahrung« bietet die Kokosnuss alle Energie, Mineralien und Vitamine, die ein durchschnittlicher Erwachsener benötigt.

Haselnüsse – Die Gemeine Hasel gehört zur Familie der Birkengewächse. Süß, fettig und supernährstoffreich, sind Haselnüsse eine

erstklassige Quelle für Folat, ein Vitamin, das gegen Anämie hilft und gut für werdende Mütter ist. Außerdem ist Haselnussbutter eines der besten Dinge, das man auf Toast schmieren kann.

Macadamianüsse – Eine supersüße und absolut luxuriöse (um nicht zu sagen teure) australische Nuss, die aber jeden Cent wert ist. Dieser Goldbarren unter den Nüssen ist nicht nur extrem reichhaltig und hat einen verführerischen Biss, sondern ist zudem äußerst herzfreundlich und enthält hohe Mengen an Vitamin B. Ich verwende Macadamias in vielen Desserts und püriert sind sie einfach ein Traum.

Erdnüsse – Das sind eigentlich Hülsenfrüchte, bieten aber alle gesunden Eigenschaften einer Nuss. Schon in der Antike war ihr Nährstoffreichtum bekannt. Sie sind eine preiswerte Quelle für Pflanzenproteine und ein energiespendender Snack (wenn man sich mit den gesalzenen zurückhält). Wie alle Hülsenfrüchte reichern sie den Boden an und wachsen sehr schnell – nach ungefähr 100 Tagen erhält man eine reife Pflanze, beladen mit Nüssen.

Pekannüsse – Ich habe mir schon immer einen Pekannuss- und einen Mangobaum gewünscht, aber dazu müsste ich zwischen Nordamerika und Indien pendeln. Pekannüsse sind Wellness pur, unheimlich lecker, stecken voller Antioxidantien und liefern reichlich Vitamin E und Mangan sowie eine ganze Schiffsladung Mineralien. Sie werden meist für Desserts genutzt, ich liebe ihren Geschmack aber auch in Salaten und Gebäck.

Pinienkerne – Die cremigen, buttrigen, feinen und süßen Pinienkerne sind einfach unschlagbar (aber leider auch teuer). Sie bieten einen hohen Gehalt an einfach ungesättigten und essentiellen Fettsäuren und reichlich Mangan, das das Immunsystem stärkt. Püriert ergeben sie eine der geschmeidigsten Nussbuttern, mit der sich Kuchen und Kekse toll dekorieren lassen.

Pistazien – Sie erscheinen immer noch als etwas Exotisches, sind aber Bestandteil einiger meiner Lieblingsgerichte. Die besten Pistazien kommen meiner Meinung nach aus dem Iran. Sie sind so groß wie Trauben, dunkelgrün und sehr gehaltvoll. Gerade ihre Farbe ist so verführerisch und kann jedes Gericht zum visuellen Erlebnis machen. Wie bei den meisten Nüssen deckt eine Handvoll Pistazien unseren Tagesbedarf an Proteinen, Antioxidantien, Vitaminen und Mineralien.

Walnusskerne – Walnüsse sind die Nüsse mit dem höchsten Gehalt an Antioxidantien, und das will was heißen. Diese freundlichen Stoffe suchen unseren Körper nach Krankheitsanzeichen ab und beseitigen sie. Walnussöl hat adstringierende Wirkung, was die Haut geschmeidig macht – viel besser als jede teure Beauty-Creme.

Weichen Sie Ihre Nüsse immer schön ein:

Weichen Sie Nüsse 2–12 Stunden vor Gebrauch ein. Dadurch werden ihre Enzyminhibitoren abgebaut, was sie besser verdaulich und ihre Nährstoffe für den Körper einfacher verfügbar macht. Außerdem werden sie weicher, wodurch sie sich einfacher pürieren und zum Beispiel zu Nusscremes verarbeiten lassen.

Obst

Wer versucht, eine vernünftige Menge Rohkost zu sich zu nehmen, kommt ganz schnell zum Saften und zu Smoothies.

Saisonales Obst aus der Region wäre natürlich ideal, aber das Angebot kann je nach Region sehr eingeschränkt sein. Idealismus ist schön und gut, aber eine Welt ohne Mangos wäre schon traurig. Dennoch haben wir viele Möglichkeiten, heimisches Obst in Wäldern und an Hecken zu sammeln und unsere Ernte einzufrieren oder einzukochen. Diese Vorräte bringen uns dann durch die mageren Monate.

Das meiste Obst enthält viel Vitamin C, das ein tolles Antioxidans ist. Um die enthaltenen Vitamine und Enzyme nicht zu zerstören, sollte man Obst roh essen oder nur kurz kochen. Enzyme sind ein wichtiger Teil einer gesunden Ernährung und werden durch Hitze zerstört.

Trockenobst

Trockenobst ist ein kleines Energiepaket und gepaart mit ein paar Nüssen mit ihren guten Fetten eine tolle Mahlzeit für unterwegs. Es ist wunderbar haltbar und am gesündesten, wenn es natürlich getrocknet wurde.

Getrocknete Kirschen und Physalis sind nur zwei von einer endlosen Liste, die von Datteln, Feigen, Aprikosen oder Pfirsichen, Rosinen, Cranberrys und Sultaninen – alle am besten ungeschwefelt – angeführt wird.

Gemüse

Ohne Gemüse kämen wir Veganer nicht weit! Gutes Gemüse bildet den Kern jeder veganen Ernährung – je frischer, desto besser. Wer es mit Respekt behandelt, wird reich belohnt: Schrubben Sie Ihr Gemüse sanft, kochen Sie es aufmerksam und genießen Sie die einzigartigen Qualitäten jedes Gemüses … das mag wie eine Schnulze klingen, ist aber richtig: Lieben Sie Ihr Gemüse!

Ich kaufe Bio-Gemüse, wann immer ich kann. Nicht wegen des Geschmacks, obwohl ich glaube, dass der grundsätzlich besser ist, sondern wegen der Einstellung, mit der es angebaut wird, und natürlich, weil es keine Chemikalien enthält. Bio-Gemüse ist oft etwas knubbeliger, krummer und unförmiger. Das zeigt mir aber nur, dass es echtes Gemüse ist. Wenn noch Erde oder Blätter dran sind, umso besser.

Schrubben Sie Ihr Gemüse immer mit einer kleinen Gemüsebürste (das ist am einfachsten) und schälen Sie es nur, wenn es wirklich nötig ist, denn damit verlieren Sie all die Vitamine und Mineralien, die sich direkt unter der Schale verbergen. Nutzen Sie die Schalen auf jeden Fall für eine Brühe.

Konventionelles Gemüse wäscht man am besten in einer großen Schüssel mit 125 ml Apfel- oder Weißweinessig und 1 EL Speisenatron. Wässern Sie es 15–30 Minuten, spülen es dann mit (gefiltertem) Wasser ab und lassen Sie es von alleine trocknen. So entfernt man angeblich mehr Pestizide als durch Schrubben allein.

Gemüse sollte, wenn überhaupt, dann nie überkocht werden und wenn es um die Nährstoffe geht, sollte man es immer roh essen.

Ein Wort zur Lebensmittelverschwendung. Die Deutschen schmeißen im Jahr durchschnittlich 80 (!) Kilogramm Lebensmittel pro Haushalt weg. Mindesthaltbarkeitsdaten (MHD) auf Verpackungen sind zwar ein guter Richtwert, aber ich würde immer auf die eigenen Sinne setzen und nicht nur auf Packungsaufdrucke. Riechen, Fühlen und vorsichtiges Probieren sind gute Methoden, Lebensmittelfrische zu testen. Das MHD kann irreführend sein, da Lebensmittel häufig länger haltbar sind als angegeben.

Schimmel sollte man generell meiden, aber es gibt Ausnahmen. Nicht alles gehört dann in die Tonne. Miso formt beispielsweise einen hellen, weißen Schimmel. In Japan ist es völlig normal, diesen abzuschöpfen und die Paste darunter zu genießen. Das gilt für die meisten fermentierten Produkte. Es gibt schlechten Schimmel und guten Schimmel. Brot mit ein wenig Schimmel kann man noch essen, wenn man den Schimmel abschneidet und das Brot toastet. Sind Gemüse oder Obst schleimig oder faulig, sollte man sie auf den Kompost bringen. Hat ein hartes Gemüse nur ein wenig Oberflächenschimmel, kann man die Stelle abschälen. Mit ein wenig gesundem Menschenverstand und Wissen können wir unsere Lebensmittelabfälle verringern.

Wir schmeißen einfach noch immer viel zu viel Lebensmittel weg, von denen die Hälfte noch essbar wäre. Für den Umweltschutz wäre der Stopp dieser Verschwendung so, als legten wir einen kleinen Teil aller Autos still! Die gute Nachricht: In den letzten Jahren haben wir unsere Lebensmittelabfälle aber schon um einiges verringert.

Tipps zum Gemüsekochen:

- Beim Kochen und Blanchieren von Gemüse sollte man immer Salz ins Wasser geben. Das erhöht die Wassertemperatur ein wenig.

- Gemüse, das in der Erde wächst, also Wurzeln wie Kartoffeln, sollte in reichlich kaltes Wasser gegeben und dann zum Kochen gebracht werden. Blattgemüse wird in ganz wenig heißem Wasser kurz wallend gekocht. Es sollte so wenig Wasser sein, dass das Gemüse nicht umherwirbeln kann.

- Bei Wurzelgemüse sollte das Wasser leicht köcheln, statt stark zu kochen, da es sonst außen schon matschig wird, bevor es innen gar ist.

Was ist das Problem mit Milchprodukten?

Kuhmilch ist die beliebteste Milch in Deutschland, aber was müssen Kühe erleiden, um uns unsere tägliche Milch zu liefern? Um Milch zu produzieren, müssen Tiere laktieren (Milch absondern), also trächtig gewesen sein, damit die Milchproduktion angeregt wird. Vor nur wenigen Jahrzehnten gab die durchschnittliche Kuh 4000l Milch pro Jahr. Dank moderner Hochleistungszucht wurde dies auf 5800l pro Jahr gesteigert. Kühe werden dreimal am Tag gemolken, was zu Lahmen, Entzündungen und anderen Erkrankungen führt, die mit hohen Dosen Antibiotika behandelt werden, die in die Milch übergehen.

Die überwiegende Mehrheit der Kälber darf nicht bei ihren Müttern säugen und finanziell wertlose Bullenkälber werden üblicherweise innerhalb der ersten Wochen getötet. Viele Kühe erhalten Fruchtbarkeitsmedikamente, um ihre Trächtigkeitsrate zu steigern. Je intensiver die Tierhaltung, desto stärker sinkt daher die Lebenserwartung von Milchkühen und ein Viertel von ihnen wird gekeult, bevor sie 39 Monate alt sind. Rund die Hälfte davon geht an die fleischerzeugende Industrie.

Glücklicherweise sind wir in der EU vor der Verwendung von Wachstumshormonen geschützt, aber Milch von außerhalb der EU kann das Wachstumshormon rBST enthalten, das im Verdacht steht, mit schweren Erkrankungen wie Brust- und Darmkrebs im Zusammenhang zu stehen.

Die Milchbauern haben im derzeitigen Marktgefüge zu kämpfen. Überproduktion ist schon seit Langem ein Problem der Milchindustrie und überschüssige Milch wurde sogar teils in die Kanalisation gepumpt. Dank intensiver Viehzucht sind die Tierschutzbestimmungen aufgeweicht, die kleinen Milchbetriebe können mit der Massenproduktion der großen nicht mithalten und gehen pleite. Dadurch erhalten die Großbetriebe eine Monopolstellung, was die Verwendung von genveränderten Futtermitteln wahrscheinlicher macht.

Nach all diesen Fakten möchte ich aber betonen, dass ich persönlich Milchbauern kenne, die ihre Kühe wie Familienmitglieder behandeln und jede Kuh mit Namen kennen. Der Kauf von Bio-Milch aus der Region ist eine bewusste Entscheidung. Als Veganer besuche ich diese Betriebe nur und erfreue mich an den glücklichen Kühen im Wissen, dass ein Teil ihrer Milch zur Aufzucht einer neuen Generation glücklicher Kühe verwendet wird, die ein längeres und natürlicheres Leben führen darf.

Durch Milch kommen viele »Lebensmittelmeilen« zustande. Seltsamerweise exportiert Deutschland nicht nur Milchprodukte, sondern importiert sie auch. Ein Großteil davon sind Käse, Butter und Joghurt. Bei allem, was wir essen, ist die Herkunft wichtig, und grundsätzlich gilt, dass diese umso schwerer kontrollierbar ist, je weiter ein Nahrungsmittel gereist ist. Daher ist »kauft regional« so wichtig.

Aus reiner Ernährungssicht ist Milch für uns unwichtig – vor allem in den Massen, in denen manche Menschen sie zu sich nehmen. Die Milchindustrie wirbt seit Jahrzehnten mit der Gesundheit der Kuhmilch und so ist sie heute unsere Milch der Wahl. Man könnte aber genauso gut Ziegen-, Esels-, Lama- oder Schafsmilch trinken. Auch Kamelmilch soll sehr proteinreich und fettarm sein, sagt man. Unsere Kaufgewohnheiten werden von solcher Werbung direkt beeinflusst und ich denke, dass es in nicht allzu ferner Zukunft eine Bewegung weg von der Tiermilch und hin zu Milchalternativen wie Soja-, Getreide- und Nussmilch geben wird. Diese können sehr cremig sein und eignen sich perfekt für Frühstücksmüsli und Cornflakes. Vielleicht überlassen wir die Milch den Kälbern und genießen eine gute Flasche Frischmilch nur zu besonderen Gelegenheiten. Milch ist eine Ware, die mit dem angemessenen Respekt behandelt und richtig genossen werden sollte.

Selbst gemachte Milchalternativen

»Wie, bitte, melkt man eine Mandel?«, fragt der Kuhmilchfan. Ich glaube, ich habe jeden dieser Witze bereits tausendmal gehört … Nüsse und Bohnen melken ist aber eigentlich total einfach. Man benötigt nur wenig Wissen und Ausrüstung: einen Mixer oder eine Küchenmaschine, ein Sieb, ein Passiertuch und einen Topf. Einweichen, pürieren, abseihen, trinken! So einfach ist das. Diese Milchalternativen sind alle rein pflanzlich und enthalten daher kein Cholesterin oder böse gesättigte Fettsäuren, bieten dafür aber jede Menge gesunde Inhaltsstoffe. Habe ich schon erwähnt, dass sie köstlich cremig schmecken? Ich spreche einfach von Milch, denn dass sie offiziell »Milchalternativen«, »Milchersatz« oder nur »Drink« heißen dürfen, ist doch eigentlich egal.

Der Geschmack von selbst gemachter Milch ist einfach unschlagbar. Außerdem wissen Sie dann genau, was drinsteckt. Die meisten Fertigprodukte enthalten Konservierungsstoffe, Gerinnungs- und Bindemittel. Außerdem ist selbst gemachte Pflanzenmilch meist preiswerter als gekaufte, denn man findet schnell heraus, dass man mit ein paar Handvoll Bohnen oder Nüssen sehr weit kommt.

Es gibt so viele pflanzliche Alternativen zu Tiermilch, dass man leicht den Überblick verliert. Beim Kauf jeglicher Sojaprodukte ist es wichtig darauf zu achten, dass sie aus vollwertigen Bio-Sojabohnen hergestellt sind. Ein Großteil der Sojamilch wird aus möglicherweise genmanipulierten Sojabohnen aus der intensiven Landwirtschaft hergestellt, was aus dem wunderbar gesunden ein potenziell ungesundes Produkt macht. Und auch der Geschmack der Vollwert-Bio-Sojamilch ist viel cremiger und intensiver als der von Industrie-Sojamilch.

Ich bevorzuge die Klassiker aus Soja, Hafer, Mandeln, Kokosnuss und Cashewkernen. All diese Milchsorten sind – bis auf die Sojamilch – roh, sodass ihre essenziellen Enzyme und Nährstoffe nicht durch Hitze denaturieren. Enzyme sind für unsere Ernährung genauso wichtig wie Vitamine und Mineralien und nur in rohen Lebensmitteln zu finden. Sie sind der Katalysator, der die grundlegenden chemischen Reaktionen in Gang setzt, die unser Körper zur gesunden Regeneration benötigt: Verdauung, Anregung des Gehirns, Energie für die Zellen sowie Reparatur von Gewebe, Organen und Zellen. Diese rohen Milchsorten liefern Massen an Nährstoffen und gesunden Fetten – ein perfekter Start in den Tag und sehr gesund.

Mandel- und Cashewmilch sind besonders köstlich, aber nichts für den Alltag, da sie etwas mehr kosten. Der Wechsel von Kuh- zu Pflanzenmilch wirkt sich auf lange Sicht stark auf unsere Gesundheit aus. Wenn Sie nur eine Veränderung vornehmen, dann ist die regelmäßige Verwendung von Pflanzenmilch ein riesiger Schritt in die richtige Richtung. Ich bin dafür bekannt, warme Mandelmilch mit einem Schuss dunklem Rum, Zimt und Muskat in einen Winter-Cocktail zu verwandeln, der den meisten Veganern ein verklärtes Lächeln ins Gesicht zaubert. Oder machen Sie mit der frischen, selbst gemachten Milch einmal gesunden Kakao (s. S. 82).

Vegane Milch ist sehr cremig und kann nach Belieben mit etwas Wasser verdünnt werden. Wer die Wassermenge halbiert, erhält so etwas wie vegane Flüssigsahne für Desserts – die hierfür vielleicht ein wenig nachgesüßt werden muss. All die Milchrezepte sind eine wunderbare Unterlage für tolle Geschmacksnoten – hier nur ein paar meiner Lieblingsgeschmäcker: Vanille, Zimt, Kardamom, eingeweichte und pürierte getrocknete Aprikosen/Datteln/Feigen, Ahornsirup, Apfelsaftkonzentrat, Nussbutter, Kakao, Banane, ein Schuss Espresso, grüner Tee, Orangenblütenwasser, Holunderblütensirup, Rosenwasser, Tahin … Ich bewahre meine Milch in luftdichten Behältern oder in gut gewaschenen und sterilisierten Getränkekartons auf. Im Kühlschrank halten sie sich mehrere Tage. Größere Mengen lassen sich zudem gut portionsweise einfrieren.

Sojamilch

ERGIBT 1 LITER

Die vegane Alltagsmilch der Wahl, schmeckt gut im Kaffee und einfach wunderbar auf Müsli oder Cerealien. Die übrig bleibende Sojapaste ist ein ideales »Bindemittel« für vegane Burger und Würstchen.

DAS BRAUCHT'S

100 g GVO-freie Bio-Sojabohnen,
über Nacht eingeweicht

2 EL brauner Reissirup

1 Prise Meersalz

1 Msp. Vanillemark

SO GEHT'S

Die Bohnen abgießen und waschen. In einem Topf mit 250 ml gefiltertem Wasser zum Kochen bringen, dann die Temperatur reduzieren und 15–20 Minuten sanft köcheln lassen und jeglichen Schaum abschöpfen. Abkühlen lassen.

Die Bohnen im Mixer 2 Minuten pürieren. Dann Reissirup, Salz und Vanille zugeben und mit weiteren 250 ml gefiltertem Wasser 1 Minute glatt mixen. Probieren und nach Belieben nachsalzen oder -süßen.

Das flüssige Mus in ein mit einem Passiertuch ausgelegtes Sieb über einer großen Schüssel oder einem Topf gießen. Rühren und am Siebboden kratzen, damit die Milch gleichmäßig hindurchfließt. Dies kann lange dauern. Das Passiertuch dann an den Ecken zusammennehmen, austropfen lassen, eindrehen und die restliche Milch aus der Bohnenmasse pressen. Während des Durchstreichens rund 500 ml Wasser über die Bohnen gießen.

Cashewmilch

ERGIBT 500 MILLILITER

Reichhaltig, cremig und überraschend erfrischend. Im Beach House ist das eher Verwöhnprogramm und nichts für jeden Tag. Man serviert sie am besten zu besonderen Gelegenheiten in Champagnerflöten.

Sobald die Cashewmilch passiert und abgeseiht ist, bleibt ein göttliches Nussmus im Passiertuch zurück.

DAS BRAUCHT'S

80 g Cashewkerne, über Nacht eingeweicht

1–1 ½ EL Ahornsirup

SO GEHT'S

Die Cashewkerne abgießen und waschen, dann mit 250 ml gefiltertem Wasser im Mixer 3 Minuten pürieren. Den Ahornsirup und weitere 250 ml Wasser zugeben und 1 Minute mixen. Probieren und nach Belieben nachsalzen oder -süßen.

Ein mit einem Passiertuch ausgelegtes Sieb über einen Topf oder Schüssel legen und die Cashewmilch hineingießen. Rühren und am Siebboden kratzen, damit die Milch gleichmäßig hindurchfließt. Das Tuch dann an den Ecken zusammennehmen, austropfen lassen, dann zusammendrehen und die restliche Flüssigkeit herauspressen.

Mandelmilch

ERGIBT 1 LITER

Meine Mutter lässt ihre Mandeln gerne mehrere Stunden quellen – dadurch wird die Milch noch sahneartiger und cremiger!

Durch kurzes Blanchieren büßen Mandeln nicht sehr viele Nährstoffe ein. Sie sind praktisch immer noch roh. Die zurückbleibende Mandelpaste ergibt getrocknet ein wunderbares Mandelmehl (einfach auf einem Backblech verteilen und bei geringer Hitze 30 Minuten im Backofen trocknen). Außerdem ist es ein tolles »Bindemittel« für vegane Burger und Würstchen – wie Semmelbrösel, nur leckerer!

DAS BRAUCHT'S

150 g Mandeln (am besten blanchiert),
über Nacht eingeweicht

1 ½ EL Ahornsirup (oder ein anderes
Süßungsmittel nach Wahl)

1 große Prise Meersalz

SO GEHT'S

Bei ungeschälten Mandeln: Die Mandeln abtropfen und waschen, dann in einer Schüssel mit kochendem Wasser übergießen und 10 Minuten ziehen lassen. Abgießen, abschrecken und aus den Schalen drücken – sie sollten einfach herausflutschen.

Die geschälten Mandeln mit 250 ml gefiltertem Wasser im Mixer 3 Minuten pürieren. Ahornsirup, Salz und weitere 500 ml Wasser dazugeben und 1 Minute mixen. Probieren und nach Geschmack nachsalzen oder -süßen.

Ein mit einem Passiertuch ausgelegtes Sieb über einen Topf legen und die Milch hineingießen. Rühren und am Boden kratzen, damit die Milch gleichmäßig hindurchfließt. Das Tuch dann an den Ecken zusammennehmen, austropfen lassen, dann zusammendrehen und die restliche Flüssigkeit herauspressen. Weitere 250 ml Wasser einrühren.

Grüne Linsensprossenmilch

ERGIBT 750 ML

Ich habe diese Milch zum ersten Mal in einem ayurvedischen Restaurant in Puducherry getrunken, wo sie ein Gericht aus scharfem Krautsalat und knusprig rohen Vadas perfekt ergänzte.

Diese Milch ist nur etwas für Linsenfans, denn was man hier bekommt, ist die Essenz von Linsen, deren herzhafter Geschmack für Skeptiker eher gewöhnungsbedürftig ist. Wer nicht 100%iger Linsenliebhaber ist, könnte sich damit Linsen für immer abgewöhnen. Sie können dafür jegliche Bohnen-/Linsensprossen verwenden, wie etwa Mungbohnen. Die übrig bleibende Paste ist ein perfektes Dickungsmittel für Eintöpfe, Currys und Suppen.

DAS BRAUCHT'S

200 g grüne Linsensprossen

1 EL brauner Reissirup

1 große Prise Meersalz

½ TL Garam masala und ½ EL gemahlene
Kurkuma (würzige Optionen)

1 TL Weizengras oder Spirulina
(gesunde Optionen)

SO GEHT'S

Die Sprossen waschen und abtropfen lassen, dann mit 250 ml gefiltertem Wasser im Mixer 3 Minuten pürieren. Süßungsmittel und Salz (plus Gewürze und Pulver) sowie weitere 500 ml Wasser zugeben und weitere 2 Minuten mixen. Probieren und nach Geschmack nachsalzen oder -süßen.

Ein mit einem Passiertuch ausgelegtes Sieb über einen Topf legen und die Milch langsam hineingießen. Rühren und am Boden kratzen, damit die Milch gleichmäßig hindurchtropft. Das Tuch an den Ecken zusammennehmen, austropfen lassen, dann zusammendrehen und die restliche Flüssigkeit herauspressen.

Dies ist Essen, bei dem man den Tag mit einem Lächeln beginnt. Es ist nicht nur farbenfroh und lecker, sondern auch die reinste Umarmung für Körper und Magen. Veganes Essen ist leicht und sehr nährstoffreich, also genau das, was wir für einen guten Start in den Tag brauchen. Unser Geist benötigt morgens Nahrung, die für Klarheit sorgt und uns sanft aufweckt, und nicht die Reizüberflutung durch Zucker und Koffein. Der Morgen an sich ist schon ein kräftiger Anschlag auf die Sinne, da braucht es nicht noch zusätzlich einen doppelten Espresso und einen Donut!

Die besten Dinge für den guten Start am Morgen sind grün. Unser Körper hat um die acht Stunden gehungert und ist jetzt bereit für alles, was wir ihm bieten. Zu dieser Tageszeit haben wir die volle Aufmerksamkeit unseres Magens. Der beste Start in den Tag (und das Rezept ist vermutlich so alt wie die Berge) ist heißes Wasser mit Zitrone. Es kommt direkt zur Sache, reinigt und weckt den Verdauungstrakt und hilft bei der Entgiftung von Nieren und Leber. Es kitzelt all unsere Organe wach und erinnert sie daran, frisch und munter zu sein …

Wenn Sie eines dieser Frühstücke mit einem Glas Saft oder einem Smoothie kombinieren, schweben Sie auf einer Wolke aus Wohlbefinden zur Arbeit und strahlen im Bus jeden an.

Raw-sli mit Apfel, Waldbeeren & Macadamiacreme

FÜR VIER BIS SECHS

Ich liebe Müsli, aber gekaufte Mischungen stecken meist voller Zucker und anderer Dinge, die ich nicht haben will. Deshalb mache ich mir mein Müsli selbst und kann so meine Lieblingszutaten perfekt ausgewogen mischen. Hier lasse ich die Dinge größtenteils roh, damit die wichtigen Enzyme und Nährstoffe erhalten bleiben. Nun sind Trockenfrüchte jetzt nicht wirklich roh, aber das hat bisher noch niemanden gestört. Man muss sie halt über Nacht einweichen. Ziehen Sie die Sprossen am besten selber, indem Sie sie 24 Stunden in kaltem Wasser einweichen und dann 2–3 Tage bei Zimmertemperatur stehen lassen und zweimal täglich mit frischem Wasser waschen, bis sie keimen.

Die Macadamiacreme ist kein Muss, macht das Müsli aber wunderbar cremig. Sie können sie auch durch Soja-Joghurt ersetzen. Wenn es glutenfrei sein soll, ersetzen Sie Hafer- und Gerstengrütze durch Buchweizen und Quinoa.

DAS BRAUCHT'S

100 g Hafergrütze (Weizengrütze geht auch), über Nacht eingeweicht

60 g Gersten- oder Weizengrütze, über Nacht eingeweicht

40 g Mandeln, über Nacht eingeweicht

2 EL Kürbiskerne, 2 Stunden eingeweicht

2 EL Sonnenblumenkerne, 2 Stunden eingeweicht

½ Handvoll Walnusskerne

40 g Mung- oder Adzukibohnensprossen

2 EL grob gehackte Pekannüsse

2 EL rohe Erdnüsse

2 EL Lein- oder Chiasamen

2 EL Hanf- oder Sesamsamen

4 Datteln, fein gehackt

½ Handvoll Rosinen, gehackt

1 große Handvoll frische Heidelbeeren, Himbeeren, Loganbeeren etc.

2 Bananen, längs halbiert und klein gewürfelt

½ TL gemahlener Zimt

Für die Macadamiacreme

200 g Macadamianüsse, über Nacht eingeweicht

2 große Datten (z. B. Medjoul), 2–4 Stunden eingeweicht

Mark von ½ Vanilleschote

1 Schluck Mandel- oder Sojamilch

Zum Bestreuen

2 grüne Äpfel, entkernt und gerieben

Saft von ½ Zitrone

1 große Prise gemahlener Zimt

Ahornsirup zum Beträufeln

1 Schluck Mandel- oder Sojamilch (nach Belieben)

SO GEHT'S

Die Zutaten wie angegeben einweichen, dann abspülen und gut abtropfen. Mandeln und Nüsse grob hacken und mit den übrigen eingeweichten Zutaten auf einen mit Küchenpapier ausgelegten Teller geben und so gut wie möglich trocken tupfen. Alle Zutaten in einer großen Schüssel vermengen und auf tiefe Frühstücksschalen verteilen.

Für die Macadamiacreme alle Zutaten im Mixer glatt pürieren. Die Äpfel reiben und mit dem Zitronensaft mischen. Auf jede Müsliportion einen Löffel Macadamiacreme setzen, den Apfel darauf anrichten und mit Zimt bestreuen. Zum Schluss mit Ahornsirup beträufeln. Damit es mehr wie ein traditionelles Müsli aussieht, können Sie einen Schluck Mandel- oder Sojamilch zugeben.

Gerührter Tofu mit Buchweizen-Pfannkuchen & Avocadobutter

FÜR SECHS BIS ACHT

Dieser Hybrid zwischen Pfannkuchen und Pizza ist ein frühmorgendliches Fest für die Augen! Sie können die Pfannkuchen ein wenig leichter machen (Buchweizen schmeckt recht erdig), indem Sie statt Vollkornmehl Weizenmehl nehmen. Dieses schöne Frühstück ist fast so einfach gemacht wie Rührei. Es ist lecker und herzhaft und der Tofu liefert reichlich Protein. Avocado eignet sich hervorragend als Ersatz für Milchprodukte und schmeckt fantastisch auf Toast. Wenn Sie statt reifer Avocados nur grüne, harte Wurfgeschosse bekommen können, legen Sie sie einen oder zwei Tage zusammen mit Bananen in eine Obstschale und sie reifen ganz von selbst zu cremiger Perfektion.

DAS BRAUCHT'S

500 g fester Tofu, abgetropft

2 Knoblauchzehen, geschält und gehackt

1 rote Chilischote, fein gewürfelt (nicht zu scharf – es geht hier ums Frühstück!)

1 große Prise getrockneter Oregano

2 TL Tamari oder 1 große Prise Meersalz

½ TL gemahlene Kurkuma

3 große, reife Avocados, entkernt und klein gehackt

Saft von ½ Zitrone

1 große Prise Meersalz

4 TL Rapsöl (nach Bedarf)

3 ganze Frühlingszwiebeln, fein gehackt

Für die Buchweizen-Pfannkuchen

(ergibt etwa 14 Stück)

100 g Buchweizen- oder Weizenmehl

200 g Vollkorn-Weizenmehl

200 ml ungesüßte Bio-Sojamilch

½ TL Speisenatron

1 große Prise Meersalz

Für die Garnitur

2 große Handvoll Kirschtomaten, in dünne Scheiben geschnitten

1 große Handvoll Koriandergrün, gehackt

SO GEHT'S

Den Tofu in einer Schüssel mit einer Gabel zerdrücken und gründlich mit Knoblauch, Chili, Oregano, Tamari und Kurkuma vermengen. Die Mischung sollte an Rührei erinnern.

In einer zweiten Schüssel die Avocadostücke mithilfe einer Gabel mit Zitronensaft und Salz zu einer cremigen Masse vermengen.

Das Mehl in eine Schüssel geben und mit einem Schneebesen die übrigen Pfannkuchenzutaten einrühren. Mit etwa 500 ml Wasser zu einem fließfähigen Teig verrühren. Die Konsistenz sollte an Schlagsahne erinnern. Ein paar Klümpchen sind kein Problem, sie lösen sich später auf.

Eine große und eine kleinere Bratpfanne sowie einen Teller mit einem sauberen Küchentuch zum Einschlagen bereitstellen. In der großen Pfanne 2 EL Rapsöl bei mittlerer bis starker Temperatur erhitzen und die Frühlingszwiebeln 2 Minuten darin andünsten, dann die (gut abgetropfte) Tofumischung zugeben. Unter ständigem Rühren 5 Minuten braten, bis der Tofu leicht Farbe anzunehmen beginnt und der Knoblauch seinen rohen Geschmack verliert. Abgedeckt beiseitestellen. Sie sind fast am Ziel!

Die kleinere Pfanne bei mittlerer bis starker Temperatur erhitzen und 1 TL Öl darin erhitzen. 2 EL Pfannkuchenteig ins Öl geben und schnell mit dem Löffelrücken kreisförmig verteilen, sodass er den Pfannenboden gleichmäßig hoch bedeckt. Löcher im Teig sind nicht so schlimm, die schließen sich relativ schnell von selbst, schließlich ist der Teig ja flüssig.

2–3 Minuten backen, bis die Unterseite knusprig und goldgelb ist. Den Rand mit einem Pfannenwender (den manche Leute bei uns lustigerweise »Entenfuß« nennen) lösen und den Pfannkuchen mit einer geschickten Handbewegung wenden oder mutig hochwerfen. Das kann ganz spannend sein und wenn mal ein Pfannkuchen an der Decke kleben bleibt, haben Sie ja noch mehr Teig zum Spielen.

Jetzt, wo Sie ein bisschen wacher sind, die andere Seite des Pfannkuchens 1 Minute fertig backen und den Pfannkuchen auf dem Teller in das Handtuch einschlagen, sodass er rundum gut eingepackt ist. Die Schritte wiederholen, bis der Teig aufgebraucht ist, und alle überschüssigen Pfannkuchen als »Frühstücks-Dessert« essen (ich habe diesen innovativen Menügang an einem Sonntag erfunden).

Einen Pfannkuchen auf einem Teller dünn mit 1 EL Avocadobutter bestreichen, mit Tomatenscheiben belegen und Tofu und etwas Koriander darauf anrichten. Ich finde, das sieht toll aus, und wenn man es mal eilig hat, kann man einen schnellen Wrap daraus machen.

Extras

- Eine pikante Sauce, wie zum Beispiel die Salsa verde auf Seite 157, ist ein zuverlässiger Weckruf!

- Wenn Sie zufällig gerade Avocadoöl im Schrank haben, beträufeln Sie den Tofu gegen Ende der Garzeit mit 2 Esslöffeln.

Kastanien-Hirse-Salbei-Würstchen mit selbst gemachtem rohem Ketchup

FÜR 15 KLEINE WÜRSTCHEN

Kastanien führen heute ein Schattendasein und tauchen bei uns nur zur Winterzeit in Form von Röstkastanien bei fliegenden Händlern auf. Dabei sind sie in Hülle und Fülle verfügbar und eignen sich für so viele herzhafte und süße Gerichte. So richtig zur Geltung kommen sie in Kombination mit dem robusten und erdigen Salbei, vertragen sich aber mit fast allen Kräutern. Ich verwende sie gerne in Würstchen und Burgern, weil ihr Stärkegehalt eine gute Bindung gibt, die veganen Würstchen- und Burgerrezepten so häufig fehlt. Die meisten veganen Burger und Würstchen schmecken am besten direkt aus dem Gefrierfach und halten so auch besser die Form. Sie wollen in der Pfanne sanft behandelt werden und mögen nicht allzu viel Bewegung. Sie müssen nur gelegentlich gewendet werden, um perfekt vor sich hin zu garen. Machen Sie es sich einfach und nehmen Sie vorgekochte Kastanien.

DAS BRAUCHT'S

75 g Hirse

250 g gekochte Esskastanien

300 g fester Tofu, mit der Gabel zerdrückt

3 EL Hefeflocken (s. S. 30)

1 Handvoll geröstete Sonnenblumenkerne

1 Zwiebel, gerieben

3 Knoblauchzehen, geschält und gehackt

2 EL sehr fein gehackter frischer Salbei

2 EL sehr fein gehackter frischer Rosmarin

1 rote Chilischote, entkernt und fein gehackt

1 große Prise gemahlener Piment

2 EL Zitronensaft

150 g sehr feine Vollkorn-Weizen- oder glutenfreie Semmelbrösel

1 EL Tamari oder 1 Msp. Meersalz

Pflanzenöl

1× Selbst gemachter roher Ketchup (s. S. 328)

SO GEHT'S

Die Hirse zum Kochen in einem kleinen Topf 2 cm hoch mit Wasser bedecken. Aufkochen, den Deckel auflegen, die Temperatur reduzieren und 20 Minuten kochen. Mit einer Gabel auflockern – die Hirse sollte zart, aber recht klebrig sein, das ist völlig normal. Abkühlen lassen.

Die Kastanien im Mixer fein krümelig hacken. Die Hälfte des Tofus zugeben und mit der Intervallschaltung glatt mixen. Die Mischung in einer Schüssel mit den übrigen Zutaten (mit Ausnahme des Öls) vermengen. Das Ergebnis sollte zu Würstchen formbar und leicht klebrig sein. Abschmecken und bei Bedarf mehr Tamari oder Meersalz einrühren.

Die Masse mit angefeuchteten Händen zu dicken, kurzen Würstchen formen. Etwa 15 Stück reichen aus, man kann aber auch ein paar längere Würstchen formen. Auf einem Teller mit Frischhaltefolie abdecken, dann 30 Minuten in den Kühlschrank stellen (man kann sie auch einfrieren). ½ EL Öl bei mittlerer Temperatur in einer großen Pfanne erhitzen und die Würstchen unter regelmäßigem Wenden 5 Minuten braten, bis sie rundum appetitlich gebräunt sind.

Mit einem großzügigen Schlag selbst gemachtem Ketchup und frischem Toast servieren. Ich lege gerne noch ein paar Salatblätter für ein Würstchen-Sandwich dazu.

Der »supereinfache« Frühstücks-Muffin mit Apfel, Jaggery & Walnüssen

ERGIBT SECHS MONSTER-MUFFINS

Ich liebe diesen einfachen, leckeren, herzhaft-robusten Muffin zum Frühstück! Er basiert auf einem Muffinrezept, das mich über die harten sechs Monate gerettet hat, in denen ich ein Restaurant in der Nähe von Harrods betrieben habe und jeden Morgen um halb fünf aufstehen musste. Jaggery ist unraffinierter indischer Rohrzucker. Er ist mein Lieblings-zucker, den ich auch in vielen meiner Backrezepte verwende. Manche Menschen erinnert er ein wenig an Fruchtkaramell. Er ist kernig, stark, süß und schmeckt wie leichte Melasse.

DAS BRAUCHT'S

85 g Datteln, eingeweicht, entsteint und grob gehackt

1 ½ EL Jaggery (oder Demerarazucker)

120 g Weizenmehl

100 g Vollkorn-Weizenmehl

1 ½ TL gemahlener Zimt

1 ½ TL Backpulver

45 g Walnusskerne, grob gehackt

2 EL Sonnenblumenkerne, geröstet

1 EL Mohnsamen

1 ½ EL Leinsamen oder Chiasamen

40 g Sultaninen

fein abgeriebene Schale von ½ Bio-Orange

2 grüne Äpfel (1 grob gerieben, 1 klein gewürfelt)

1 kleine Möhre, geschält und fein gerieben

SO GEHT'S

Den Backofen auf 180 °C vorheizen.

Datteln und Jaggery in einer Schüssel vermengen. 250 ml Wasser zugeben und gründlich ver-mengen, bis der Jaggery komplett aufgelöst ist.

Beide Mehlsorten, Zimt und Backpulver in eine große Rührschüssel sieben. Die übrigen Zuta-ten unterziehen und die Dattelmischung einrühren. Gut vermengen, aber nicht zu lange rühren. Der Teig sollte halbwegs glatt und klebrig sein. Den Teig auf die Mulden eines 6er-Muffinblechs verteilen, sodass in jede Mulde mindestens zwei gehäufte Teelöffel kommen. Papierförmchen machen hier keinen Sinn, da sie wohl nur festkleben würden.

25–30 Minuten goldbraun backen (Oh, dieser Duft!). Einen Cocktailspieß oder ein dünnes höl-zernes Essstäbchen in die Mitte eines Muffins stechen: Wenn noch Teig am Holz klebt, brau-chen die Muffins noch 5 Minuten. Dank der Äpfel sind sie in der Mitte recht saftig, das soll aber auch so sein.

Die Muffins zum Abkühlen auf ein Kuchengitter setzen.

Am besten warm servieren, sie schmecken aber auch kalt. Jane ist altmodisch und mag ihre Muffins aufgeschnitten und mit Sonnenblumenbutter bestrichen.

Muffins werden nach ein oder zwei Tagen trocken. Dann toaste ich sie mir gerne unter dem Backofengrill auf.

Bananen-Mandel-Toast mit Erdbeer-Ahornsirup

ERGIBT SECHS SCHEIBEN

Dies ist meine Version eines armen Ritters mit Mandeln und Bananen (nicht zu vergessen die Erdbeeren). Zum Frühstück kann ich Ahornsirup nicht widerstehen, dessen heftige Süße hier durch die Erdbeeren abgemildert wird. Als Faustregel gilt: Je heller der Ahornsirup, desto besser seine Qualität. Wir mögen ein leuchtendes Bernstein. Ahornsirup enthält eine gute Menge an Zink und Mangan und liefert ungefähr 15-mal mehr Kalzium als Honig. Ich nehme ihn hin und wieder auch gerne, um meinen Tee oder Kaffee zu süßen.

DAS BRAUCHT'S

2 große reife Bananen

1 TL brauner Reissirup (oder anderer Süßstoff nach Wahl)

240 ml Hafer- oder Sojamilch

1 Msp. Vanillemark

6 EL gemahlene Mandeln

2 EL Leinsamen (helle sind am attraktivsten)

3 EL Haferflocken (glutenfrei ist gut)

1 kleine Prise Meersalz

1 Msp. gemahlener Zimt

1 EL Kokos- oder Pflanzenöl

6 Scheiben Vollkorn-Weizen-, Sauerteig-, Dinkel- oder Roggenbrot (Lieblingstoast)

Für den Erdbeer-Ahornsirup

3 Handvoll Erdbeeren, geputzt und grob gehackt

120 ml Ahornsirup

Für die Garnitur

1 Handvoll Mandelblättchen

SO GEHT'S

Die Bananen mit den übrigen Zutaten (mit Ausnahme des Brots) in der Küchenmaschine glatt mixen und 20 Minuten im Kühlschrank kalt stellen.

Die Zutaten für den Erdbeer-Ahornsirup in der Küchenmaschine oder im Mixer glatt mixen und bei Bedarf mit ein wenig Wasser verdünnen. Der Sirup schmeckt warm und kalt. Ich mag es nicht gar so süß, aber Sie können gerne mehr Sirup nehmen. Probieren Sie es einfach aus.

Den Backofengrill vorheizen und die Toasts auf mittlerer Schiene von einer Seite toasten. Wenden, mit der Bananenmischung bestreichen und goldbraun toasten.

Den Toast frisch aus dem Grill mit Sirup beträufelt und mit Mandelblättchen bestreut servieren.

Chia-Frühstückspudding
mit Beeren der Saison & Rucola

FÜR ZWEI

Nach dem Aufwachen braucht der Körper sanfte, nahrhafte Nahrung und da kommt diese Mischung aus Chiasamen und gesunden Beeren gerade richtig. Nehmen Sie Ihre Lieblingsbeeren, die vor allem im Frühling und Herbst am besten schmecken, wenn sie Saison haben. Chia, eine mittelamerikanische Verwandte des Salbeis, treibt bereits Tage nach dem Einpflanzen Samen. Diese enthalten mehr Omega-3-Fettsäuren als Lachs, liefern reichlich Protein und mehr Ballaststoffe als Leinsamen. Zudem stecken sie voller Antioxidantien und Mineralien. Sie können sie zu einer Teigmischung geben, auf Suppen und Salate streuen und Smoothies damit anreichern.

Ich serviere diesen Frühstückspudding gerne mit Rucola. Das bereitet den Geschmacksknospen eine schöne Überraschung, fügt aber auch einen Haufen wertvoller Nährstoffe hinzu und gibt auch noch eine schöne grüne Note.

DAS BRAUCHT'S

80 g Chiasamen

2 EL Kürbiskerne oder Hanfsamen
(am besten Sprossen)

2 TL brauner Reissirup (nach Geschmack)

½ Handvoll frische Minzeblätter,
fein gehackt

4 EL Bio-Kokosmilch oder ungesüßter
Soja-Joghurt

1 Msp. Vanillemark

1 Pfirsich/Nektarine/kleine Birne oder
2 Pflaumen, klein gewürfelt

½ Handvoll Himbeeren oder Erdbeeren

1 Handvoll Brombeeren oder Heidelbeeren

1 Handvoll Rucolablätter (nach Belieben)

SO GEHT'S

Die Chiasamen in einer Schüssel etwa 2,5 cm hoch mit Wasser bedecken und 15–20 Minuten quellen lassen. Die Samen müssen vollständig bedeckt sein, bei Bedarf mehr Wasser zugeben. Das Resultat sollte an eine Kreuzung aus kaltem Milchreis und Froschlaich erinnern (Lecker!). Die restlichen Zutaten einrühren und zum Abschluss Beeren und nach Belieben Rucola darüberstreuen.

Kochbananen-Burrito
mit Pico de gallo

FÜR VIER

Die meisten von uns brauchen ein Frühstück, das schnell und einfach zuzubereiten ist. Im Heimatland des Burritos Mexiko unterscheiden nur Details zwischen Frühstück und Mittagessen – die Gerichte in den Restaurants variieren über den Tag kaum. Der Klassiker Pico de gallo ist einfach genug fürs Frühstück, aber es ist zu jeder Zeit eine gute Idee, eine Schüssel davon im Kühlschrank zu haben. Man bekommt den »Hahnenschnabel« in ganz Mexiko und Zentralamerika. Wenn Sie Ihren Burrito nicht mit Pico de gallo servieren, empfehle ich, etwas frisches Koriandergrün und Tomaten in die Füllung zu geben. *Qué rico!*

DAS BRAUCHT'S

2 große grüne Kochbananen

2 EL Pflanzenöl

1 Zwiebel, fein gewürfelt

1 rote Paprika, entkernt und fein gewürfelt

240 g fester Tofu oder Tempeh, gut abgetropft und mit der Gabel zerdrückt

3 Knoblauchzehen, geschält und gehackt

½ TL gemahlener Kreuzkümmel

½ TL gemahlener Koriander

½ TL gemahlene Kurkuma

½ TL edelsüßes Paprikapulver

½ TL Oregano

1–2 grüne Chilischoten, entkernt und fein gewürfelt (Jalapeños sind perfekt)

1 große Prise Meersalz

4 große Vollkorn-Tortillas (müssen frisch sein – altbackene Tortillas brechen beim Falten – und sie trocknen schnell aus, sollten also abgedeckt bleiben. Es gibt auch glutenfreie Tortillas.)

1× Pico de gallo (s. S. 146)

SO GEHT'S

Für das Pico de gallo die Bananen schälen, längs halbieren und in 1 cm große Stücke schneiden. Die Hälfte des Öls bei hoher Temperatur in einer großen Pfanne erhitzen und die Bananen darin schwenken, bis sie karamellisieren. Regelmäßig schwenken, damit sie nicht ansetzen, und nach 5–7 Minuten herausnehmen. Unabgedeckt beiseitestellen.

Den Rest des Öls in die Pfanne geben. Zwiebel und Paprika unter häufigem Rühren bei starker Hitze 5 Minuten anbraten. Sobald sie zu bräunen beginnen, Tofu, Knoblauch, Kreuzkümmel, Koriander, Kurkuma, Paprikapulver, Oregano, Chilis und Salz zugeben. 5–7 Minuten unter Rühren braten; 1 EL Wasser zugeben, damit nichts am Pfannenboden ansetzt. Dann die gebratenen Bananen zugeben und abschmecken. Abdecken und beiseitestellen.

Die Pfanne mit Küchenpapier auswischen und die Tortillas 1 Minute von jeder Seite anwärmen (oder auf mittlerer Schiene unter dem Backofengrill anwärmen). Sie sollten gerade warm, duftig und flexibel sein. Wenn man sie zu stark toastet, brechen sie beim Falten.

3 EL der Bananenfüllung in die Mitte jeder Tortilla setzen und 2 EL Pico de gallo darübergeben. Die beiden jeweils gegenüberliegenden Ränder nach innen falten, leicht andrücken und das Ganze umdrehen. Ein Burrito ist letztlich nichts anderes als eine Art Tortilla-Tasche.

Salsa verde (s. S. 157) schmeckt ebenfalls fantastisch auf Burritos oder als Beilage. Die Burritos warm mit mehr frischen Chilis oder Chilisauce servieren.

Tostada con Tomate
(oder Spanien auf Toast)

FÜR VIER

Dieses Gericht ist eines der besten, das man in Spanien essen kann, wo man es in jeder verschlafenen Café-Bar bekommt. Es könnte spanischer nicht sein. Es ist leicht und steckt voller Nährstoffe. Die Tomaten sind ein guter Start in den Tag, da sie haufenweise Antioxidantien und Nährstoffe bieten. Jeder hat seine Lieblingszubereitungsart, sei es mit Kräutern oder ein wenig Knoblauch. Ich bestreiche den Toast gerne mit Tofu-Ricotta (s. S. 128), bevor ich die Tomaten darübergebe. Schwarze Tapenade (s. S. 332) ist ebenfalls ein wunderbarer Aufstrich und ich gebe auch gerne ein paar Kapern zu den Tomaten, was zusätzliches Salz überflüssig macht. Das Feld für Variationen ist so weit wie die Ebenen der La Mancha!

Wenn es glutenfrei sein soll, greifen Sie einfach zu Ihrem Lieblingsbrot.

DAS BRAUCHT'S

4 mittelgroße duftende, reife Tomaten

4 Scheiben Dinkel-, Sauerteig- oder Vollkorn-Weizenbrot (oder auch frisches Baguette – hier gibt es wirklich keine feste Regel)

1 Knoblauchzehe, geschält und längs halbiert

1 kleine Prise gemischte getrocknete Kräuter (nach Belieben)

fruchtiges Olivenöl

1 gute Prise Meersalz

1 kleine Prise grob gemahlener schwarzer Pfeffer

SO GEHT'S

Die Tomaten grob in ein über eine Schüssel gelegtes Sieb reiben. Abtropfen und die Flüssigkeit leicht mit dem Löffelrücken herausdrücken (den leckeren Saft später gekühlt trinken). Das ausgedrückte Fruchtfleisch in eine Schüssel geben.

Das Brot toasten und noch heiß rundum mit dem aufgeschnittenen Knoblauch einreiben. Eine ordentliche Lage geriebene Tomate daraufgeben. Mit Kräutern bestreuen, mit Olivenöl beträufeln und schließlich mit etwas Meersalz und grobem schwarzem Pfeffer würzen. Zügig servieren.

Buen provecho!

Jogging am Strand
von Dinas Dinlle.

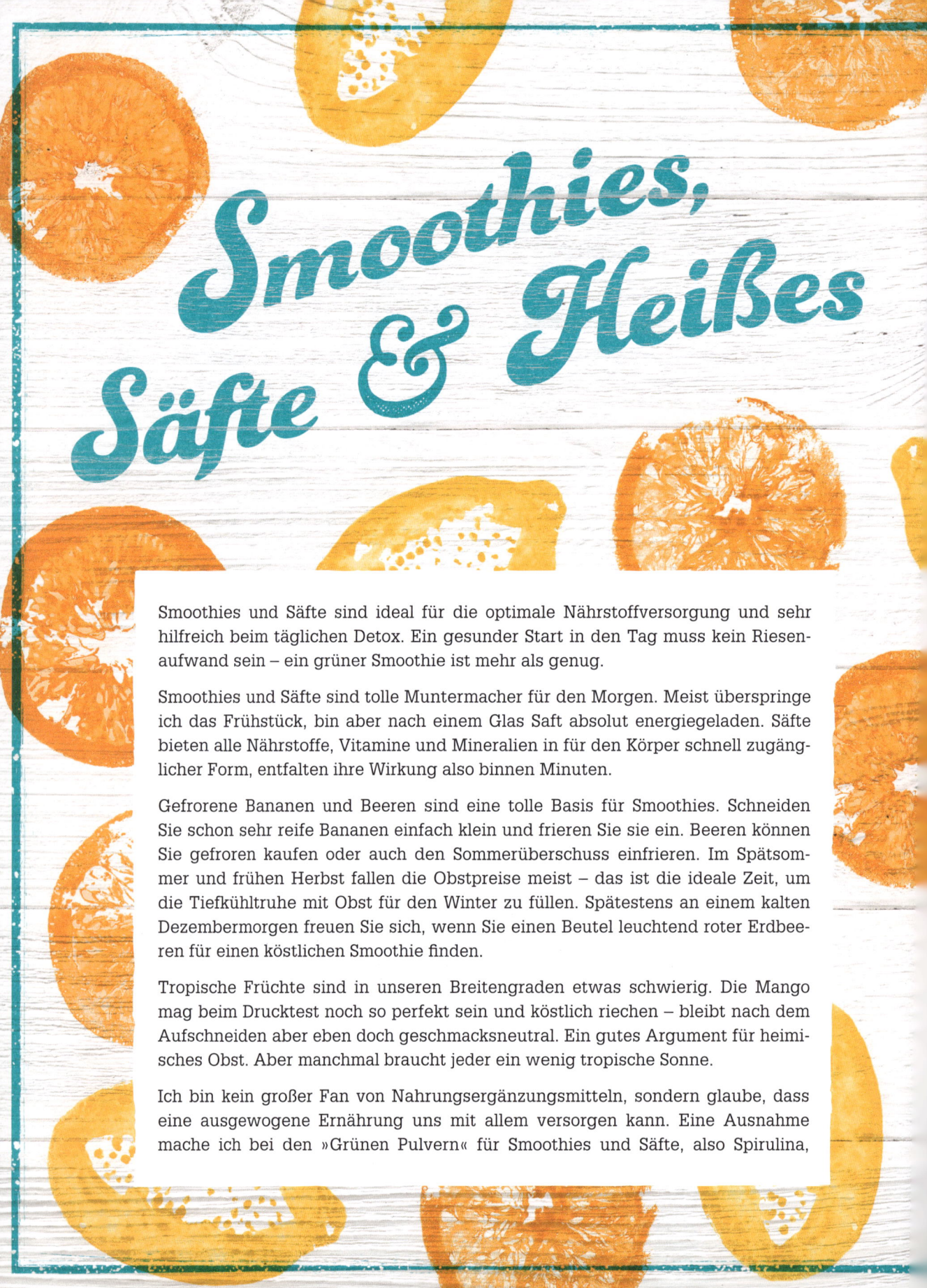

Smoothies, Säfte & Heißes

Smoothies und Säfte sind ideal für die optimale Nährstoffversorgung und sehr hilfreich beim täglichen Detox. Ein gesunder Start in den Tag muss kein Riesenaufwand sein – ein grüner Smoothie ist mehr als genug.

Smoothies und Säfte sind tolle Muntermacher für den Morgen. Meist überspringe ich das Frühstück, bin aber nach einem Glas Saft absolut energiegeladen. Säfte bieten alle Nährstoffe, Vitamine und Mineralien in für den Körper schnell zugänglicher Form, entfalten ihre Wirkung also binnen Minuten.

Gefrorene Bananen und Beeren sind eine tolle Basis für Smoothies. Schneiden Sie schon sehr reife Bananen einfach klein und frieren Sie sie ein. Beeren können Sie gefroren kaufen oder auch den Sommerüberschuss einfrieren. Im Spätsommer und frühen Herbst fallen die Obstpreise meist – das ist die ideale Zeit, um die Tiefkühltruhe mit Obst für den Winter zu füllen. Spätestens an einem kalten Dezembermorgen freuen Sie sich, wenn Sie einen Beutel leuchtend roter Erdbeeren für einen köstlichen Smoothie finden.

Tropische Früchte sind in unseren Breitengraden etwas schwierig. Die Mango mag beim Drucktest noch so perfekt sein und köstlich riechen – bleibt nach dem Aufschneiden aber eben doch geschmacksneutral. Ein gutes Argument für heimisches Obst. Aber manchmal braucht jeder ein wenig tropische Sonne.

Ich bin kein großer Fan von Nahrungsergänzungsmitteln, sondern glaube, dass eine ausgewogene Ernährung uns mit allem versorgen kann. Eine Ausnahme mache ich bei den »Grünen Pulvern« für Smoothies und Säfte, also Spirulina,

Weizen- und Gerstengras, die voller Chlorophyll, Kalzium, Proteine und anderer Nährstoffe stecken. Sie sind nicht billig, aber man braucht auch nicht viel davon. Testen Sie sie einfach aus und ich wette, Sie werden den Unterschied sehen und spüren. Ich habe mich in Indien eine Zeit lang sehr spartanisch von Linsen und Reis ernährt. Ein Freund kaufte mir etwas Spirulina und nach einer Woche merkte ich, dass meine Fingernägel plötzlich sehr kräftig waren. Ich hatte auch mehr Energie. Seitdem bin ich ein absoluter Fan von grünen Pulvern.

Wir verwenden häufig braunen Reissirup. Er gehört zu meinen veganen Lieblingssüßungsmitteln. Gerstenmalzextrakt ist auch sehr lecker, aber beide sind nicht so süß wie Honig oder Zucker. Wenn Ihnen ein Smoothie oder Saft zu süß ist, können Sie die Süße mit etwas Sellerie oder Blattsalat abmildern. Das klingt seltsam, funktioniert aber klasse und bringt zudem weitere Mineralien.

Für die meisten Entsafter sollte man Wurzeln klein schneiden. Ich habe schon einen Entsafter mit Roter Bete ermordet. Entsaften Sie zunächst weichere Zutaten auf niedriger Stufe und dann die härteren Wurzeln bei voller Power. Das ausgepresste Mark können Sie übrigens wunderbar in Suppen, Burgern und Salaten verwenden – und manche machen daraus Sorbet!

Ich mag meine Smoothies kräftig und dick. Wer sie dünner mag, gibt einfach etwas Wasser zu. Die Rezepte ergeben jeweils ein großes Glas (etwa 300 ml) und es bleibt meist etwas übrig. Für einige Rezepte benötigen Sie einen Entsafter, aber wenn Sie gerade keinen zur Hand haben, nehmen Sie einfach den Mixer. Je mehr Power der hat, desto cremiger wird es.

Es gibt so viele Milchvariationen aus Nüssen und anderen Pflanzen, mit denen warme Getränke so himmlisch wohltuend werden, dass Sie Ihren mit gesättigten Fetten und Zucker überladenen Mocha-Frappo-Latte-Chino – oder was auch immer – nicht vermissen werden.

Vegane Milchvarianten bieten eine unendliche Bandbreite (s. S. 46–49). Ich habe es letztens mit grünen Linsensprossen probiert und die »Milch« war supercremig und köstlich. Sie ist nichts für eine heiße Schokolade, dafür aber genial für Smoothies, Currys und Suppen.

Wir Veganer sind meist eher bescheidene, gesundheitsbewusste Leute, und unsere Einstellung spiegelt sich in unserer Ernährung. Wenn wir uns mit einem sättigenden, leckeren Heißgetränk verwöhnen, muss es nicht voller Fett und Zucker stecken. Man kann sich schließlich auch anders verwöhnen …

All diese heißen Herzchen können Sie im Kühlschrank kalt stellen und später aufwärmen – oder auch kalt auf Eis genießen. Sie sind übrigens alle glutenfrei.

Pfirsich- &
Sahne-Smoothie
FÜR VIER GLÄSER

Hier kommt ein Dessert zum Trinken. Mit all den Nüssen ist dies vielleicht nicht ganz der übliche Smoothie, aber ein sättigendes Frühstück, das man mit seiner dekadenten Süße, Fruchtigkeit und Cremigkeit einfach nur genießen kann – am besten sonntags im Bett. Wenn Sie keine guten Pfirsiche bekommen können, nehmen Sie Nektarinen oder Aprikosen. Trockenaprikosen müssen Sie allerdings zunächst einige Stunden in Wasser einweichen. Dieser Smoothie gibt auch eine wunderbare Eiscreme ab, folgen Sie dazu einfach dem Rezept für Schoko-Ahorn-Eiscreme auf Seite 314.

DAS BRAUCHT'S

150 g Macadamianüsse,
mindestens 2 Stunden eingeweicht

200 g Pfirsiche, entsteint und
in Scheiben geschnitten

Mark von ½ Vanilleschote

3 große Datteln (am besten Medjoul),
20 Minuten in warmem Wasser eingeweicht

SO GEHT'S

Alle Zutaten mit 240 ml Wasser im Mixer glatt mixen und den Smoothie am besten mit einem Löffel essen.

Erdbeereis-Smoothie
FÜR ZWEI GLÄSER

Bananen können alles wie Eiscreme schmecken lassen, das ist ein alter Veganer-Trick. Erdbeeren sind unfassbar gesund und heilend. Sie enthalten reichlich Vitamin C sowie die Vitamine B_{12} und D. Dazu kommen noch haufenweise gesunde Mineralien, was sie zu absoluten Wunderbeeren macht (damit sind sie nicht alleine). Erdbeeren sind gut für Leber und Gelenke und der Körper liebt sie einfach.

DAS BRAUCHT'S

260 g Erdbeeren, klein geschnitten

1 große reife Birne, entkernt

3 Bananen, gehackt
und am besten zuvor eingefroren

1 Schluck Sojamilch (nach Bedarf)

SO GEHT'S

Alle Zutaten im Mixer zu einer cremig-dickflüssigen Konsistenz mixen und bei Bedarf mit etwas Sojamilch verdünnen.

Etwas feiner wird es, wenn man die Erdbeeren und die Birne zuvor entsaftet und flüssig zum Smoothie gibt.

Grüner Bananen-Detox-Smoothie
FÜR VIER GLÄSER

Nach diesem Smoothie sind Sie offiziell für alles bereit: das Bezwingen hoher Berge, das Erklimmen eines Baums oder auch energetisches Arbeiten. All die grünen Dinge sorgen zusammen mit den Bananen für Gesundheit im Glas. Wenn Sie diesen Smoothie jeden Morgen trinken, werden Sie wahrscheinlich hundert!

DAS BRAUCHT'S

2 Bananen

2 Selleriestangen

3 Handvoll Spinat- oder Grünkohlblätter

1 Apfel, entkernt und geviertelt

½ Gurke, ohne Schale und Kerne

1 Stück Ingwer (2,5 cm), geschält und gerieben

Saft von ½ Zitrone

1 Handvoll Eiswürfel

1 EL grünes Pulver (z. B. Spirulina, Weizengras, Gerstengras) oder 1 Handvoll frische Petersilie

SO GEHT'S

Alle Zutaten mit 150–200 ml Wasser im Mixer glatt mixen.

Gewürzter Apfel-Birnen-Saft
FÜR ZWEI GLÄSER

Wenn Sie saften, nehmen Sie am besten Grünes. Der Brokkoli gibt hier eine schöne herzhafte Note und die Früchte sind die perfekte Kombination aus Herbst und Winter, also die Zeit, in der wir unsere grünen Freunde am nötigsten brauchen. Zimt ist eines der medizinischen Gewürze, die wir regelmäßig verwenden, ohne wirklich zu realisieren, wie gesund und heilsam sie in unseren Muffins und Currys wirken. Smoothies wie dieser können im Winter fiese Erkältungen und andere Infektionen abwehren helfen – das nenne ich mal mächtige Medizin!

DAS BRAUCHT'S

3 Äpfel

2 Birnen

3 große Brokkoliröschen

1 Stück Ingwer (2,5 cm), geschält

Saft von 1 Limette

2 Prisen gemahlener Zimt

SO GEHT'S

Früchte und Gemüse entsaften. Wenn der Entsafter das schafft, auch die Limette entsaften. Ich presse sie allerdings meist ganz konventionell aus, um nur den Saft und nicht die Bitterstoffe der Kerne zu erhalten. Beim Entsaften im Mixer Äpfel und Birnen vorher entkernen.

Den Saft auf zwei schöne Gläser verteilen und leicht mit Zimt bestäuben.

Mango-, Kokos- & Limetten-Smoothie
FÜR ZWEI GROSSE GLÄSER

Ein Drink direkt aus der Karibik! Sie brauchen jetzt nur noch zwei Palmen und eine Hängematte.

Hier machen duftende reife Mangos den Unterschied. Ich kenne da jemanden, der jemanden kennt, der mir etwas besorgen kann, das so ähnlich ist wie das, was man in Thailand oder auf den Philippinen mümmelt. Das ist leider immer der Deal, weil Mangos aus dem Supermarkt es einfach nicht bringen. Kokosnüsse hingegen sind mittlerweile auch bei uns ganz gut. Idealerweise nimmt man hier junge Nüsse, aber auch die älteren sind okay, ihre Milch schmeckt für mich in Smoothies sogar besser.

DAS BRAUCHT'S

1 große Mango, geschält und gehackt

2 grüne Äpfel, gehackt

Saft und fein abgeriebene Schale von
1 Bio-Limette

225 ml Kokosnusswasser
(meist reicht das Wasser aus einer großen Nuss)
oder Kokosmilch

2 große Datteln, entsteint und
20 Minuten in warmem Wasser eingeweicht

Zum Servieren

2 EL Chiasamen
(für einen noch gesünderen Smoothie)

1 EL geraspelte Kokosnuss

SO GEHT'S

Alle Zutaten in einem kräftigen Mixer glatt mixen. Anschließend die Chiasamen einrühren, mit frischen Kokosraspeln bestreuen und in der Hängematte genießen!

Grüner Traum (Brunnenkresse, Grünkohl & Sonnenblumenkerne)
FÜR ZWEI GLÄSER

Das ist der ultimative grüne Saft für die Entgiftung … das reine Lebenselixier voller guter grüner Sachen und supergesunder Samen. Perfekt wird dieser Saft, wenn man ihn am Ende mit Alfalfasprossen bestreut. Wenn Sie Ihre Sprossen selber ziehen, können Sie auch noch gekeimte Sonnenblumenkerne hinzugeben.

DAS BRAUCHT'S

1 Apfel

3 Möhren

3 Selleriestangen

5 große Grünkohlblätter
(am besten funktionieren hier dunkelgrüne Sorten)

1 Handvoll frische glatte Petersilie

Saft von ½ Zitrone

2 Handvoll Brunnenkresse
(oder Spinatblätter)

80 g Sonnenblumenkerne,
1 Stunde in kaltem Wasser eingeweicht oder
gekeimt

1 EL Chiasamen (nach Belieben)

Für die Garnitur

1 Handvoll Alfalfa- oder Senfsamensprossen
(oder andere Sprossen)

SO GEHT'S

Apfel und Gemüse entsaften, dann mit den Samen im Mixer mixen. Mit Sprossen bestreuen und genießen!

Immer zuerst die Blätter und dann die festeren Zutaten entsaften, das hilft, den Entsafter zu reinigen. Ein wenig Wasser hilft, die saftigen Stellen im Mark und die verbliebene Zellulose zu lösen.

Gurken-Mojito

ERGIBT EINEN GROSSEN KRUG (GENUG FÜR SECHS GLÄSER)

Mit das beste der vielen tollen Dinge, die ich in Mexiko probiert habe, war überraschenderweise dieser Gurkensaft, der mit ein wenig Zucker sensationell schmeckt. Gurke wirkt beruhigend auf Körper und Geist und ist ein guter Start in einen stressigen Tag. Natürlich kann man den Saft zu jeder Tageszeit trinken und sogar mit weißem Rum oder Tequila/Mezcal aufpeppen. Wir wollen hier einen kräftigen süßen und sauren Kick haben, eine gute Balance zwischen Sirup und Limette. Nehmen Sie am besten ein Cocktailglas mit einer auf den Rand gesteckten Gurkenscheibe.

DAS BRAUCHT'S

Saft von 1 ½ Gurken

Saft von 3 Limetten

1 Handvoll Minzeblätter, fein gehackt

2–3 TL brauner Reissirup (nach Geschmack)

480 ml Sprudelwasser

Crushed Eis (nach Belieben)

Für die Garnitur

2 frische Minzezweige

SO GEHT'S

Dieser Mocktail schmeckt am besten, wenn man ihn wie einen richtigen Cocktail im Shaker macht, aber man kann ihn auch rühren und über Eis gießen. Der Sirup muss gut verrührt sein, da er sich gerne ganz unten sammelt. Wenn Sie keine Minzeblätter in Ihrem Drink mögen, können Sie ihn durch ein Cocktailsieb oder ein feines Sieb abseihen.

Mit ganzen Minzeblättern dekorieren.

Avocado-Kater-Smoothie

FÜR ZWEI GLÄSER

Wir alle wachen mal aus dem einen oder anderen Grund mit dem gefürchteten Kater auf (hoffentlich hat sich's gelohnt) – da hilft eine vegane Bloody Mary wieder auf die Beine. Dieser superherzhafte Smoothie wird Sie wieder ins Land der Lebenden zurückführen (oder zumindest aus dem Bett und in die Küche). Wir haben ihn ausführlich getestet und verfeinert und ich kann bestätigen, dass dieser grüne Genuss Tutanchamun selbst aus seiner Pyramide locken könnte!

DAS BRAUCHT'S

150 g Soja-Joghurt oder Seidentofu

1 Avocado, entkernt und geschält

½ rote Paprikaschote, entkernt

2 große Handvoll Spinat- oder Grünkohlblätter

Saft von ½ Zitrone

½ rote Chilischote, fein gewürfelt, oder 1 Spritzer Tabasco (nach Geschmack)

225 ml Sojamilch

1 kleine Handvoll Korianderblätter

SO GEHT'S

Alle Zutaten im Mixer glatt mixen. Die Wände des Krugs wiederholt abschaben, da die Spinatblätter zum Hochklettern neigen. In Maßen genießen.

Mandel-Rooibos-Chai

FÜR VIER BIS SECHS TASSEN

An einem kalten Winterabend gibt es nichts Besseres als einen heißen Chai. Er besteht praktisch aus wärmenden Gewürzen in einem Mantel dampfender Cremigkeit. Chai schmeckt auch gekühlt oder eiskalt und lässt sich leicht mit etwas Rum oder Brandy aufpeppen. Ich nehme gerne die Cremigkeit der Mandelbutter in der Mandelmilch und koffeinfreien Rooibostee, um einen spektakulär gesunden Drink zu kreieren, aber Sie können auch Assamtee nehmen, der das Ganze etwas traditioneller macht. Allerdings zieht loser Rooibostee besser und scheint einen kräftigeren Geschmack zu liefern. Wenn Sie nur Teebeutel haben, schneiden Sie sie auf und verwenden Sie die Blätter.

DAS BRAUCHT'S

1 Stück Ingwer (4 cm), geschält und gerieben

Samen aus 7 grünen Kardamomkapseln, im Mörser zermahlen oder grob zerstoßen

4 schwarze Pfefferkörner

4 Rooibosteebeutel, aufgeschnitten oder 3 gehäufte TL loser Rooibostee

1 Zimtstange, in 3 Stücke gebrochen

4 Gewürznelken

2 Sternanis

2 TL Mandelbutter

740 ml Mandelmilch (selbst gemacht, s. S. 49)

Süßungsmittel (nach Geschmack)

SO GEHT'S

Ingwer, Kardamom und Pfefferkörner mit dem Stößel im Mörser vermengen.

240 ml Wasser in einem kleinen Topf zum Kochen bringen, Tee und Gewürze hineingeben, die Temperatur reduzieren, abdecken und 10 Minuten köcheln lassen. Je länger der Chai zieht, desto besser.

Die Mandelbutter mit 2–3 EL Mandelmilch zu einer losen Paste verrühren. Mit dem Rest der Mandelmilch in den Topf geben und langsam wieder aufkochen (den Topf im Auge behalten, denn die Mischung kocht gerne über und läuft über den schönen, sauberen Herd). 10–15 Minuten lebhaft köcheln lassen.

Den Chai zum Servieren mithilfe einer Kelle durch ein kleines Sieb abseihen. Nach Geschmack süßen – ich stelle dazu einfach eine Zuckerschale auf den Tisch. Nicht vergessen: Chai ist normalerweise süß, süß, süß!

Man serviert Chai meist in kleinen Tassen, die nur wenig größer als Espressotassen sind. Man kann ja jederzeit nachschenken. Wie Sie sehen können, mögen wir aber gerne etwas größere Becher.

Gesunde Trinkschokolade

FÜR SECHS BIS ACHT TASSEN

Rohkakaopulver ist dunkel und aromatisch und hat nichts mit Kakaopulver zu tun, das oft mit einigen gruseligen Zutaten und nichtveganen Scheußlichkeiten vermengt ist. Rohkakaopulver ist rein und unglaublich gesund. Es schmeckt kräftig nach Schokolade und sollte im Vergleich zu Standard-Kakao sparsam verwendet werden. Man findet es in Reformhäusern, meist im Regal direkt neben der Kakaobutter. Wenn Sie keine Kakaobutter finden können, nehmen Sie Nussbutter aus Cashews, Mandeln oder Paranüssen. Ich liebe Mandelmilch, die pflanzlichen Getränken eine schöne Cremigkeit verleiht, und wie wir alle wissen, sind Nüsse und Schokolade immer eine großartige Kombination. Man kann diese Trinkschokolade auch kühlen und als Schokosauce servieren. Wem sie zu bitter ist, der süßt sie halt, aber wir mögen den Kontrast zwischen einem süßen Dessert oder Eiscreme und bitterer Schokosauce.

DAS BRAUCHT'S

750 ml Mandelmilch (oder ungesüßte vegane Milch nach Wahl)

45 g Rohkakaopulver (oder veganer Kakao – auf die Inhaltsstoffe achten!)

1 ½ EL Kakaobutter (für fantastische Cremigkeit)

3 EL Rohrohrzucker (oder Süßungsmittel nach Wahl)

SO GEHT'S

Die Mandelmilch in einem Topf gerade dampfend erhitzen, dann mit dem Schneebesen Kakaopulver und Kakaobutter einrühren. Bei Verwendung von Rohkakao darf die Milch nicht heißer als 40 °C werden, weil sonst wertvolle Nährstoffe verloren gehen. Es darf aber natürlich auch richtig heiß sein! Kakao und Kakaobutter einrühren, bis die Mischung hübsch schäumt. Nach Geschmack süßen und die Trinkschokolade in einen großen Becher füllen.

Kakao ist recht bitter, sodass Sie eventuell etwas mehr Süße als gewohnt brauchen.

Lavendel-, Rosmarin- & Zitronen-Aufguss

FÜR VIER TASSEN

Dieser schnelle Aufguss ist binnen Minuten fertig und eignet sich als morgendliches Detox-Tonikum. Er ist also mehr als nur ein leckeres Heißgetränk und hebt zuverlässig die Stimmung und das Wohlbefinden. Ich nehme kein kochendes Wasser, weil das alle Vitamine und die subtilen Aromen der Kräuter zerstört. Ich lasse es lieber ein oder zwei Minuten abkühlen, bevor ich es zum Aufgießen verwende. Dann ist es immer noch heiß genug, dass sich die Kräuter bereitwillig von ihren Ölen trennen. Ich trinke diesen Aufguss gerne aus einer weiten, flachen Teeschale, um auch die wunderschönen Kräuter sehen zu können.

DAS BRAUCHT'S

2 große Handvoll Minzeblätter
3 frische Rosmarinzweige
8 dünne Bio-Zitronenscheiben (2 pro Tasse)
2 getrocknete Lavendelzweige
3 frische Thymianzweige
Süßungsmittel nach Wahl (und Bedarf)

SO GEHT'S

Die Zutaten gleichmäßig auf kleine Schalen oder große, weite Tassen verteilen.

Etwas Wasser aufkochen und einige Minuten abkühlen lassen, dann heiß (aber nicht mehr kochend) über die Kräuter gießen.

Mit einer Untertasse abgedeckt 5 Minuten ziehen lassen, dann servieren und die belebende Wirkung genießen!

Warmer Apfelsaft

FÜR VIER TASSEN

Heimische Äpfel sind ein wahrer Genuss, auf den man stolz sein kann. Für mich ist dieses in der Tasse dampfende Getränk der pure Geschmack winterlicher Pracht. Die Kombination aus Apfel und Zimt hat etwas Verführerisches, beinahe Alchemistisches, und wir bringen sie hier zu ihrer ganzen kraftvollen Entfaltung. Für dieses magische Getränk brauchen Sie unbedingt einen richtig guten, naturtrüben Apfelsaft. Wenn Sie jetzt noch zum Abschluss ein paar Schlucke braunen Rum hineingeben, stellen sich heitere Zufriedenheit und rosige Wangen ganz von selbst ein. Wie bei den meisten solcher Heißgetränke lohnt es sich, die doppelte Menge zu machen, damit man am nächsten Tag auch noch etwas davon hat.

DAS BRAUCHT'S

2 Zimtstangen, in kleine Stücke gebrochen
6 Gewürznelken
3 Sternanis
1 Stück Ingwer (4 cm),
geschält und gerieben
1,25 l Apfelsaft
Süßungsmittel nach Wahl,
wenn die Äpfel nicht süß genug sind
(ich mag dunklen Rohrohrzucker)

SO GEHT'S

Alle Gewürze in den Mörser geben, den Ingwer zufügen und alles gründlich vermengen.

Alle Zutaten in einem kleinen Topf langsam zum sanften Köcheln bringen. Den Deckel auflegen und bei sehr schwacher Hitze mindestens 1 Stunde köcheln lassen. Anschließend ziehen lassen.

Süßen, auf Tassen verteilen und dampfend heiß servieren.

Suppen

Ich könnte den lieben langen Tag Suppe essen, ob als Vor- oder Hauptspeise oder als Dessert (ich habe erst letztens eine unglaubliche Papaya-Mango-Suppe gegessen). Bei Geschmack und Konsistenz bieten Suppen unendliche Variationen und mit einem guten Fond als Grundlage kann eigentlich nichts schiefgehen.

Überall auf der Welt findet man Suppe. Die Menschheit scheint Suppen einfach zu lieben! Ob in hiesigen kalten Wintern oder in den Straßenküchen von Ho-Chi-Minh-Stadt – wir hängen unsere Nasen gerne über eine dampfende Schale Brühe. Mitten in der Sahara habe ich schon gemeinsam mit Beduinen Kichererbsensuppe gegessen. Die kühlende und stärkende Wirkung von Suppen ist unübertroffen. Viele meiner Suppen koche ich mittags in einem kleinen Retreat, in dem ich arbeite. Es liegt mit Blick auf einen ruhigen See am Fuß von Mount Snowdon und hat seinen eigenen Biogarten – für mich einer der wundervollsten Orte der Welt zum Kochen.

Eine Suppe umschlingt uns wie eine herzliche Umarmung und schenkt uns Nahrung, Wohlbefinden und Heilung. Warum fühlen wir uns nach Suppe besser? Weil diese Umarmung erst endet, wenn das letzte Stück Brot oder die letzte Nudel verdrückt sind. Suppe macht die Dinge besser! Es ist entweder Alchemie oder die Tatsache, dass Suppe so viele konzentrierte Geschmäcker einfacher – und seien wir ehrlich: schon nicht mehr ganz frischer – Zutaten beinhalten kann. Die feinsten Suppen entstehen eben oft nicht aus den frischesten Möhren oder den knackigsten Spinatblättern.

Schlürfen gehört übrigens dazu. Menschen, die Suppe immer möglichst zurückhaltend essen, sind entweder stets in Sorge oder haben etwas zu verbergen. Das Wort »Suppe« geht auf das Altfranzösische »sup« zurück, welches das Geräusch beschreibt, das der Suppenliebhaber beim Essen macht. Nennen Sie mich einen Barbaren, aber je lauter das Schlürfen, desto größer der Genuss!

Hier kommt eine Auswahl meist einfacher Suppen, die einen großen Teil der Suppen-Sphäre abdecken.

Kürbis- & Bohnensuppe
mit Orangen-Chili-Öl

FÜR SECHS BIS ACHT

Dies ist eine wunderbar cremige Suppe. Sie sollte wirklich allen schmecken, vor allem Fleischesser werden die herzhafte Cremigkeit des Kürbis und der Bohnen zu schätzen wissen. Die Korianderkörner müssen unbedingt geröstet und gemahlen werden.

DAS BRAUCHT'S

200 g getrocknete Limabohnen, über Nacht eingeweicht

3 TL Korianderkörner

1 EL Olivenöl

700 g Kürbis, geschält und in 2,5-cm-Würfel geschnitten

3 TL geröstetes Sesamöl

2 Zwiebeln, grob gehackt

125 g Weißkohl, grob gehackt

1 Stück Ingwer (4 cm), geschält und fein gewürfelt

2 Lorbeerblätter

1,5 l Gemüsebrühe (oder Kochwasser der Bohnen)

2 große Prisen frisch geriebene Muskatnuss

Meersalz (nach Geschmack)

1 große Handvoll Koriandergrün (nach Belieben)

Für das Orangen-Chili-Öl

1 Prise Meersalz

fein abgeriebene Schale von 1 Bio-Orange

2 rote Chilischoten, entkernt und fein gehackt

5 EL Olivenöl

SO GEHT'S

Die Bohnen abgießen und mit frischem Wasser abspülen. Die Korianderkörner in einem kleinen Topf bei mittlerer Hitze rösten, bis sie duften und zu platzen beginnen. Im Mörser oder der Küchenmaschine fein zerstoßen oder mahlen und das Aroma genießen! Eine Hälfte für die Suppe reservieren, die andere für das Öl.

Das Olivenöl bei hoher Temperatur im selben Topf erhitzen und den Kürbis 8 Minuten anrösten, bis er leicht karamellisiert; beiseitestellen. Das Sesamöl in einem großen schweren Topf bei mittlerer Temperatur erhitzen und die Zwiebeln 5–7 Minuten darin anbraten, dann Weißkohl, Ingwer, die Hälfte der gemahlenen Korianderkörner und die Lorbeerblätter zugeben und 2 Minuten braten. Brühe oder Bohnenwasser angießen und Bohnen und Kürbis zugeben. Aufkochen und den Deckel auflegen. 25 Minuten gleichmäßig köcheln lassen.

Für das Orangen-Chili-Öl die restlichen gemahlenen Korianderkörner mit Salz und Orangenschale im Mörser oder der Küchenmaschine zu einer stückigen Paste mixen. Die Chilis zugeben und nach und nach das Olivenöl einarbeiten. Die Würze prüfen: Das Öl sollte eine schöne Orangennote haben. Ich bereite es gerne am Vortag zu und stelle es in einem Glas an einen dunklen Ort. Übrig gebliebenes Öl hält sich problemlos einige Tage und kann für Salatdressings und Eintöpfe verwendet werden. Sehr lecker schmeckt es auch in Kartoffelpüree!

Die Suppe sollte jetzt fertig sein. Den Muskat einrühren und die Lorbeerblätter entfernen. Mit Meersalz abschmecken, dann die Suppe mit dem Pürierstab glatt und sämig pürieren. Sie sollte nicht an Babybrei erinnern und muss bei Bedarf mit warmem Wasser oder Brühe verdünnt werden. Zum Servieren großzügig mit Orangen-Chili-Öl beträufeln und nach Belieben mit Korianderblättern bestreuen.

Fenchel-, Dill- & Safransuppe

FÜR VIER

Diese Suppe kombiniert die wunderbaren Noten von Fenchel, Dill und Safran in einem Gericht. Ich kann nie genug Fenchel haben, wir kaufen unseren immer bei einem Bauern vor Ort. Safran bringe ich mir gerne aus Spanien mit und horte ihn dann. Er ist so wertvoll und mühsam zu gewinnen. Es gibt einfach keinen Ersatz für Safran, der jedes Gericht veredelt – je mehr, desto besser. Der Blumenkohl gibt eine schöne Cremigkeit, die schwere Kartoffeln überflüssig macht, das ist ein Trick, den ich gerne in der Küche anwende. Der Tofu schließlich rundet nahezu jede Suppe schön ab. Man möchte gar nicht glauben, dass das alles rein pflanzlich ist!

DAS BRAUCHT'S

1 EL Olivenöl

1 Zwiebel, gehackt

3 mittelgroße Fenchelknollen, in Stücke geschnitten

1 kleiner Blumenkohl, mit Strunk grob gehackt

1 TL Currypulver

¾–1 TL Safranfäden, in 1 EL warmem Wasser eingeweicht

100 ml Weißwein (vegan)

800 ml–1 l Gemüsebrühe

140 g Seidentofu

½ Handvoll frischer Dill oder Fenchelgrün, gehackt

SO GEHT'S

Das Olivenöl in einem großen Topf erhitzen und die Zwiebeln 10 Minuten glasig darin andünsten. Fenchel, Blumenkohl und Currypulver zugeben, umrühren und 5 Minuten braten, dann Safran (mit dem Wasser) und Wein zugeben. Aufkochen und die Brühe angießen, dann abgedeckt 25–30 Minuten sanft köcheln lassen, bis der Fenchel zart ist.

Den Tofu und den größten Teil des Dills zugeben und durchwärmen. Anschließend die Suppe mit dem Stabmixer glatt arbeiten und bei Bedarf mit etwas mehr Brühe verdünnen.

Zum Servieren mit Dill oder Fenchelgrün bestreuen.

Kubanische Schwarze-Bohnen-Suppe mit Avocado-Limetten-Salsa

FÜR VIER

Diese Suppe wird ähnlich zubereitet wie der portugiesische/brasilianische Eintopf Feijoada, der meist mit reichlich fettem Schweinefleisch serviert wird. Für den kräftigen Geschmack nehme ich geräucherten Tofu und Chipotles. Das Rezept entstand, nachdem Jane kürzlich aus Havanna verschiedenste getrocknete Bohnen und eine riesige Avocado mitbrachte. Ich mache die Suppe wie die Feijoada gerne im Ofen, aber es geht natürlich auch auf dem Herd. Wer keinen geräucherten Tofu findet, kann einfach festen Tofu nehmen oder ihn ganz weglassen. Das Eiweiß der Bohnen hält einen auch so lange am Laufen.

DAS BRAUCHT'S

250 g getrocknete schwarze Bohnen, über Nacht eingeweicht

2 EL Kokosnussöl

1 große Zwiebel, fein gewürfelt

5 Knoblauchzehen, geschält und gehackt

2 Selleriestangen, fein gewürfelt

1 rote Paprikaschote, entkernt und gewürfelt

2 Lorbeerblätter

2 Möhren, geschrubbt und fein gewürfelt

3 große Chipotle-Chilischoten, grob gehackt, oder 2 TL geräuchertes Paprikapulver

3 TL Balsamico-Essig

1 TL getrockneter Thymian

700 ml Gemüsebrühe oder Wasser

250 g geräucherter Tofu, in 1-cm-Würfel geschnitten

Für die Avocado-Limetten-Salsa

2 Avocados, geschält, entkernt und gewürfelt

2 Frühlingszwiebeln, in dünne Ringe geschnitten

3 EL Koriandergrün

Saft von 1 Limette

1 Prise Salz

SO GEHT'S

Die Bohnen abgießen und unter laufendem Wasser abspülen. Einen großen Bräter im Ofen erhitzen und das Kokosnussöl darin zerlassen. Zwiebel, Knoblauch, Sellerie, Paprika, Lorbeerblätter, Möhren und Chipotle oder Chipotle-Paste (falls Paprikapulver verwendet wird, siehe unten) hineingeben und unter Rühren 10 Minuten andünsten, bis alles weich wird.

Den Backofen auf 180 °C vorheizen.

Den Balsamico-Essig zum Gemüse geben und kurz einreduzieren. Die abgegossenen Bohnen, Paprikapulver (falls verwendet) und Thymian einrühren und Brühe oder Wasser angießen. Abdecken und 1¼ Stunden in den Ofen geben. Je langsamer sie gart, desto intensiver wird der Geschmack der Suppe! Die Bohnen sind sehr fest und können im Ofen länger brauchen. Eine Bohne probieren und die Suppe bei Bedarf weitere 15 Minuten in den Ofen geben. In der Zwischenzeit für die Avocado-Limetten-Salsa alle Zutaten gründlich in einer Schüssel vermengen.

Wenn die Suppe fertig ist, die Lorbeerblätter entfernen. Ein Drittel der Suppe im Mixer oder der Küchenmaschine glatt pürieren. Die pürierte Suppe wieder in den Bräter geben und den Tofu einrühren. Die Suppe mit Salz und Pfeffer abschmecken. Mit ein paar Löffeln Salsa garnieren, für noch mehr Geschmack etwas Cremige Cashew-Käsesauce (s. S. 327) zugeben.

Adzukibohnen-Hafer-Suppe

FÜR SECHS

Diese Wohlfühl-Suppe erinnert mich an die rustikalen Anfänge in den 1960er-Jahren, als vegane Restaurants versteckt in Gässchen oder umgenutzten Kirchen lagen. Sie benötigt fast keine Vorbereitungen. Adzukibohnen sind mit die gesündesten Bohnen und gemeinsam mit Haferflocken entsteht hier ein wahrer Gesundheitscocktail aus robustem Geschmack und Nährstoffen. Ich mag Haferflocken in meinen Suppen, da sie ihnen Substanz und Cremigkeit verleihen.

Wenn es glutenfrei sein soll, verwenden Sie glutenfreie Haferflocken.

DAS BRAUCHT'S

1,75 l Wasser (verwenden Sie das Kochwasser der Bohnen)

175 g getrocknete Adzukibohnen, über Nacht eingeweicht

2 Lorbeerblätter

1 große Zwiebel, fein gewürfelt

2 Selleriestangen, fein gewürfelt

1 große Möhre, geschrubbt und fein gewürfelt

1 ½ Handvoll Haferflocken (kernige oder zarte Flocken sind okay, aber keine Instant-Flocken)

2 EL braune Misopaste

1 EL helle Tahin

1 TL gemahlener Koriander

⅔ TL getrockneter Thymian

1 TL Meersalz (nach Geschmack)

SO GEHT'S

Wasser, abgetropfte Bohnen und Lorbeerblätter in einen großen Topf geben und zum Kochen bringen. Abdecken und 30 Minuten köcheln lassen.

Zwiebel, Sellerie, Möhre und Haferflocken zugeben, dann Miso, Tahin, Koriander und Thymian einrühren. Die Temperatur auf schwache Hitze reduzieren und abgedeckt weitere 30 Minuten kochen. Überprüfen, ob die Möhren gar sind, dann die Lorbeerblätter mit der Gabel herausheben. Die Suppe bei Bedarf mit heißem Wasser verdünnen und abschmecken. Falls nötig, mit Miso oder Salz nachwürzen.

Ich mag die Suppe stückig, wer es lieber mag, kann sie aber auch mit dem Stabmixer glatt pürieren. Wer Stücke in der Suppe bevorzugt, sollte das Gemüse gleichmäßig schneiden, denn es gibt nichts Schlimmeres als ungleichmäßig gegarten Sellerie.

Zen-Nudelsuppe

FÜR VIER

In Zen-Klöstern spielt Essen eine große Rolle. Es geht dabei nicht nur um Nährstoffe, sondern darum, die Energien wieder aufzuladen und die Seele zu nähren. Daher versuche ich immer so viel positive Energie in mein Essen zu geben wie möglich (das fällt mir leicht, da ich gern mit Pfannen und Töpfen herumscheppere). Die Idee zu dieser Zen-Suppe entstand, weil ein Freund sich davon ernährte, der sich (nahe Manchester!) zum Zen-Mönch ausbilden ließ, und weil sie sehr einfach und doch unendlich komplex ist. Ein wunderbares Paradoxon.

Soba-Nudeln werden aus Buchweizen gemacht und sind für Körper und Verdauung grundsätzlich gesünder als andere Nudeln. Sie haben eine wunderbar feste Konsistenz. Manchmal gebe ich einen Schuss Sake oder Mirin zum bratenden Gemüse, was die Brühe noch aromatischer macht.

Lass den Geist verstummen, fühle die Liebe, rühre die Suppe. Genieße den gesamten Prozess – samt Abwasch.

Wenn es glutenfrei sein soll, verwenden Sie Nudeln aus 100 % Buchweizen.

DAS BRAUCHT'S

½ EL Pflanzenöl

3 Möhren, längs halbiert und in dünne halbmondförmige Scheiben geschnitten

2 Zwiebeln, sehr fein gehackt

3 große grüne Kohlblätter, in dünne Streifen geschnitten (z. B. Grün- oder Palmkohl)

1 rote Chilischote, fein gewürfelt

3 Streifen getrocknete Wakamealgen

12 getrocknete Shiitakepilze

3–4 EL braune Misopaste

150 g Soba-Nudeln

Zum Garnieren

3 Frühlingszwiebeln, diagonal in dünne Ringe geschnitten

SO GEHT'S

1,6 l Wasser in einem Topf zum Kochen bringen, die Temperatur reduzieren und sanft köcheln lassen, während Sie das Gemüse anbraten.

Das Öl bei starker Hitze in einem Wok erhitzen, dann Möhren, Zwiebeln, Kohl und Chili 3–4 Minuten pfannenrühren. Die Gemüse anschließend in das köchelnde Wasser geben. Wakame, Shiitake und Misopaste (in 4 EL warmem Wasser gelöst) zugeben und unabgedeckt bei schwacher Hitze 15 Minuten köcheln lassen.

Die Nudeln in einem separaten Topf mit kochendem Wasser 4 Minuten (oder nach Packungsangabe) kochen. Abseihen und unter kaltem Wasser abschrecken.

Die Suppe abschmecken und nach Belieben mit etwas Miso nachsalzen. Die kalten Nudeln in die Suppe geben und 1 Minute durchwärmen.

Die Suppe sofort mit ein paar Frühlingszwiebelringen garniert servieren.

Zucchinisuppe mit Kreuzkümmel & Minze

FÜR VIER

Bis ich sie in die Finger bekam, war dies eine traditionelle türkische Suppe. Jetzt ist sie also ein echt mediterraner Genuss mit Grüßen aus Wales. Hier wachsen Zucchini wie verrückt und jeden Sommer werden wir davon fast erschlagen. Die Küche fühlt sich an wie eine Verarbeitungsanlage. Kübelweise kommen sie an und werden püriert, geröstet, sauer eingelegt und eingekocht. Am besten schmeckt die Suppe in der Sonne, aber auch an einem sonnigen, kalten Novembertag ist sie köstlich. Normalerweise wird sie mit reichlich Joghurt zubereitet, aber der Seidentofu funktioniert hervorragend und macht sie wunderbar cremig. Präzision beim Gemüse ist hier überflüssig, da eh alles püriert wird.

DAS BRAUCHT'S

2 EL Olivenöl

1 Zwiebel, in Streifen geschnitten

1½ TL Kreuzkümmelsamen

1 TL Salz

4 Knoblauchzehen, gewürfelt

4 Zucchini, gehackt

2 Selleriestangen, klein geschnitten

1 große Kartoffel, geschält und gewürfelt

¼ Weißkohl, gehackt

1 TL getrocknete Minze

⅓ TL frisch gemahlener schwarzer Pfeffer

950 ml Gemüsebrühe oder Wasser

150 g Seidentofu/ungesüßter Soja-Joghurt

1 Handvoll frische Minzeblätter, fein gehackt

Zum Garnieren

½ Handvoll frische Minzeblätter

½ TL frisch gemahlene Kreuzkümmelsamen

1 Schluck fruchtiges Olivenöl

SO GEHT'S

Das Olivenöl bei mittlerer Temperatur in einer großen Pfanne erhitzen. Zwiebel, Kreuzkümmel und Salz 10 Minuten anbraten, bis sie herrlich golden sind. Dann Knoblauch, Zucchini, Sellerie, Kartoffel und Kohl zugeben und weitere 5 Minuten braten. Getrocknete Minze und Pfeffer zugeben und gründlich durchrühren.

Die Brühe angießen und zum Kochen bringen, dann abdecken und 25–30 Minuten köcheln lassen, bis die Kartoffeln gar sind.

Den Seidentofu in einer Schüssel mit der Gabel glatt rühren und dann in die Suppe rühren. Alles mit dem Stabmixer pürieren – ich lasse gerne ein paar Stücke ganz. Die gehackte Minze einrühren.

Mit frischen Minzeblättern garnieren, mit frisch gemahlenem Kreuzkümmel bestreuen und mit ein wenig Öl beträufeln.

Borschtsch mit Apfel & Meerrettich-Creme

FÜR SECHS BIS ACHT

Dies ist eine der einfachsten Suppen, die ich kenne – kein Trara, einfach alles in den Topf und kochen. Für mich ist Borschtsch das Beste, was die russische Küche hervorgebracht hat – und erst diese einzigartige rot-violette Farbe! Meerrettich ist übrigens die perfekte Ergänzung, ich würde nie etwas anderes dazu servieren. Die Suppe kann kalt oder heiß gegessen werden und ist äußerst gesund.

DAS BRAUCHT'S

4 Rote Beten, geschält oder geschrubbt und gewürfelt

3 Knoblauchzehen, geschält und gehackt

2 Zwiebeln, in dünne Streifen geschnitten

2 EL Tomatenmark

1,25 l Gemüsebrühe oder Wasser

¼ Rotkohl, in dünne Streifen geschnitten

2 Möhren, in dünne Scheiben geschnitten

1 Kartoffel, geschält und gewürfelt

2 grüne Äpfel, geschält, entkernt und gewürfelt

3 EL Apfelessig

2 EL Zuckerrohrmelasse (nicht Zuckerrübensirup) oder brauner Reissirup

3 EL Cream Sherry

2 EL Tamari

1 EL Kümmelsamen

½ Handvoll frischer Dill

Meersalz

Für die Meerrettich-Creme
400 g Tofu, gut abgetropft

2 EL frisch geriebener Meerrettich

1 EL Zitronensaft

1 TL Reisessig

½ TL Salz

1 kleine Knoblauchzehe, geschält und zerdrückt

Zum Garnieren
½ Handvoll frischer Dill, gehackt

SO GEHT'S

Alle Suppenzutaten bis auf den Dill in einem Topf zum Kochen bringen, die Temperatur reduzieren und 2 Stunden köcheln lassen.

In der Zwischenzeit für die Meerrettich-Creme alle Zutaten in der Küchenmaschine oder im Mixer glatt und cremig pürieren.

Die Suppe mit dem Stabmixer fast glatt pürieren. Ein paar Stückchen sind gut. Dann den Dill einrühren, abschmecken und bei Bedarf mit etwas Meersalz nachwürzen.

Die Suppe mit dem gehackten Dill bestreut garnieren und mit einem großen Löffel Meerrettich-Creme servieren.

Avocado- & Limetten-Gazpacho

FÜR VIER BIS SECHS

Dies ist eine einfache Sommererfrischung mit cremiger Avocado und all den wunderbaren Aromen eines sonnigen Sommertages. Kalte Suppen können fantastisch schmecken und man muss nur alles zusammen pürieren. Ohne Küchenmaschine oder Mixer ist das allerdings schwierig. Der Begriff »Maschine« klingt für mich nach Industrie, dabei sind Küchenmaschinen so praktische Küchengeräte, auf die der moderne Koch mit einem Kopf voller Ideen kaum verzichten kann.

Sie können die kalte Suppe dekorativ in Gläsern oder Glasschalen servieren.

DAS BRAUCHT'S

3 große reife Tomaten, gewürfelt

1 Salatgurke, geschält, entkernt und gewürfelt

3 Frühlingszwiebeln, in Ringe geschnitten

1 kleine grüne Paprikaschote, gewürfelt

2 Avocados, geschält, entkernt und gewürfelt

250 ml passierte Tomaten

1 TL unraffinierter brauner Zucker

Saft von 1 Limette

fein abgeriebene Schale von ½ Bio-Limette

1 TL Meersalz

1 große Prise Cayennepfeffer

2 Handvoll frische Korianderblätter

Zum Garnieren
½ Handvoll frische Korianderblätter

SO GEHT'S

Alle Zutaten mit 100 ml Wasser in eine große Schüssel oder einen Topf geben und gründlich vermengen. Nach Belieben etwas vom gewürfelten Gemüse beiseitestellen.

Zwei Drittel der Mischung in den Mixer geben und glatt arbeiten. Mit dem dritten Drittel mischen, dann ganz nach Belieben abschmecken.

Die Suppe leicht gekühlt (15 Minuten vor dem Servieren in den Kühlschrank stellen) und nach Belieben mit den Gemüsewürfeln und ein paar Korianderblättern garniert servieren.

Salate

Da dies ein veganes Kochbuch ist, erwarten Sie natürlich ein halbwegs vernünftiges Salat-Kapitel – schließlich leben wir Veganer doch die meiste Zeit davon! Alle, die Salat für »Karnickelfutter« halten, dürfen sich jetzt mal anschnallen!

Für mich ist ein Salat ein Teller voller wunderschöner, sich ergänzender und betörend köstlicher Zutaten. Meist sind sie roh. Mir ist egal, ob es sich um Obst oder Gemüse, Nüsse, Blattgemüse, Hülsenfrüchte oder Eingelegtes handelt – sie alle sind im Salatreich willkommen.

Aber was ist Salat denn eigentlich? Eigentlich war das mal so: irgendwas mit Eisbergsalat, Mais aus der Dose und Sauce aus dem Glas. Was für ein himmelweiter Unterschied das heute ist. Meine Eltern haben Olivenöl noch in der Apotheke kaufen müssen!

Wir leben in dynamischen Zeiten. Unsere Ernährung entwickelt sich mit der sich schnell wandelnden Welt. Technologie und Forschung stürmen voran und sorgen auch im Bereich Ernährung für riesige Fortschritte. Heute wissen wir, dass man tatsächlich von Blättern leben kann (aber zugegeben, das wäre etwas langweilig). Aber wir können von frischen Pflanzen voller Lebensenergie leben. Nirgends zeigt sich dieser Überschwang deutlicher als auf einem bunten Salatteller.

Die besten Salate sind ganz einfach angerichtet. Sie mögen mit ein wenig gehackter Minze hier und etwas süßem Paprikapulver dort an Jackson Pollock erinnern, wenn Sie sich gerne kreativ austoben. Nutzen Sie einfach saisonale Produkte und Gewürze als Ihre Palette. Dazu geben ein paar Nüsse Biss und ein Spritzer Zitronensaft bringt die Frische. So entsteht Kunst auf dem Teller.

Die einzige Regel bei Salaten heißt: frisch, frisch und nochmals frisch! Was welk und schlaff ist, sollte gekocht werden oder den Weg auf den Kompost finden. In der Beach House Kitchen wird nichts weggeworfen – entweder wir essen es oder die Würmer.

Couscous-Salat mit Tempeh, eingelegter Zitrone, gelber Zucchini & Mandeln

FÜR SECHS

Tempeh ist wie knubbeliger Tofu mit einem leicht fermentierten Geschmack, hat aber etwas mehr Substanz als Tofu und kann dadurch gut mit dem vollen Geschmack der eingelegten Zitronen mithalten. Gelbe Zucchini sind nicht immer zu bekommen, geben aber jedem Gericht eine schöne Farbe. Sie sind eine schöne Abwechslung und bieten unter ihrer Schale ein paar wertvolle Nährstoffe. Eingelegte Zitronen sieht man jetzt häufiger im Supermarktregal und natürlich bekommt man sie in nahöstlichen Lebensmittelläden.

Wenn es glutenfrei sein soll, nehmen Sie Quinoa oder Hirse statt Couscous.

DAS BRAUCHT'S

300 g Couscous

525 ml heißes Wasser oder Gemüsebrühe

1 EL Olivenöl

200 g Tempeh (gut abgetropft und in dünne 5 cm lange Scheiben geschnitten)

1 TL Kreuzkümmelsamen

2 rote Chilischoten, entkernt und fein gewürfelt

3 Knoblauchzehen, geschält und zerdrückt

3 EL fein gehackte eingelegte Zitrone

1 Handvoll Mandelblättchen, geröstet

60 g getrocknete Aprikosen, grob gehackt

1 Handvoll grüne Oliven, entsteint und gehackt

Meersalz und frisch gemahlener schwarzer Pfeffer

3 kleine Zucchini, in dünne Streifen geschnitten

½ Handvoll frische Minze, fein gehackt

1 Handvoll frische Petersilie, fein gehackt

Für das Dressing

100 ml natives Olivenöl extra

2 TL helle Tahin

Saft von ½ Zitrone

1 Knoblauchzehe, geschält und zerdrückt

½ EL Weißweinessig

SO GEHT'S

Das Couscous in einer großen (möglichst schweren) Schüssel mit kochend heißem Wasser oder der Brühe bedecken. Sofort abdecken und 15 Minuten quellen lassen. Vor der Verwendung mit der Gabel auflockern, ansonsten abgedeckt lassen. Einfacher geht es nicht mehr!

½ EL Öl bei mittlerer Temperatur in einer großen Pfanne erhitzen. Das Tempeh 5–7 Minuten scharf darin anbraten, damit die Stücke Farbe annehmen. Kreuzkümmel, Chilis und Knoblauch zugeben und unter häufigem Rühren 5 Minuten braten. Eingelegte Zitronen, den größten Teil der Mandelblättchen, Aprikosen und Oliven zugeben, mit Salz und Pfeffer abschmecken und gut durchwärmen. Vom Herd nehmen und abdecken.

Eine kleine Grillpfanne erhitzen, die Zucchinistreifen mit dem restlichen Öl bepinseln und in mehreren Portionen 1–2 Minuten von jeder Seite grillen. Sie sollten nicht zu weich werden. Die Zutaten für das Dressing in einer kleinen Schüssel verquirlen.

Das Couscous auflockern und Tempeh, Dressing und den Großteil der gehackten Kräuter sanft unterheben, gefolgt von den Zucchini. Mit dem Rest der Mandelblättchen und Kräuter bestreuen. In einer großen, flachen Schale oder auf einem großen Teller servieren.

Fenchel-, Walnuss- & Selleriesalat mit Caesar-Dressing

FÜR VIER

Hier kommt ein innovativer Caesar-Salat ohne die charakteristischen Sardellen, dafür aber mit kräftigen Kapern und einem guten Schlag Senf. Die Eigenheiten des Klassikers bleiben hier erkennbar, darauf kommt es mir an. Ich mag die Idee, die Salatblätter beim Essen zu Hilfe zu nehmen, so wurde der Caesar-Salat tatsächlich traditionell gegessen. Das Dressing sollte an den Blättern haften, die möglichst knackig sein müssen. Das heißt aber auch, dass die äußeren Blätter eines Salatkopfs hier nicht geeignet sind.

DAS BRAUCHT'S

1 große Handvoll Walnusskerne, geröstet

1 Fenchelknolle, mit dem Grün längs dünn aufgeschnitten

3 Selleriestangen, in 2-cm-Würfel geschnitten

½ rote Zwiebel, fein gewürfelt

⅓ mittelgroße Sellerieknolle, geschält und gerieben

2 grüne Äpfel, entkernt und in 2-cm-Würfel geschnitten

6 Radieschen, fein gewürfelt

½ Handvoll Rosinen

3 EL kleine Kapern, gut abgetropft

2 EL Kürbiskerne, geröstet

2 kleine Romana-Salate, äußere Blätter im Kühlschrank gekühlt, Herzen klein geschnitten

Für das Dressing

4 EL Cashewkerne, 4 Stunden eingeweicht, dann abgetropft

2 Knoblauchzehen, geschält und zerdrückt

2 TL Kapern, abgespült und zerdrückt

2–3 TL Dijonsenf

Saft von 1 Zitrone

Meersalz und frisch gemahlener schwarzer Pfeffer (nach Geschmack)

100 ml Olivenöl

Zum Garnieren

1 Handvoll frischer Dill, gehackt

Für die dekadente Note

Pinienkern-Parmesan (s. S. 336)

SO GEHT'S

Alle Zutaten (mit Ausnahme des Öls) für das Dressing in die Küchenmaschine geben und bei laufendem Motor das Olivenöl einträufeln, sodass ein glänzendes, sämiges Dressing entsteht. Die Würze überprüfen – ich mag es, wenn man Pfeffer und Knoblauch auch bemerkt.

Die Walnüsse grob hacken und die Hälfte für später beiseitestellen. Die andere Hälfte mit all den anderen Salatzutaten sowie den klein geschnittenen Blättern in eine große Schüssel geben. Mit dem Dressing übergießen und gut durchmischen. Die gekühlten Salatblätter kreisförmig auf einem großen Vorlegeteller anordnen. Den angemachten Salat in die Mitte häufen und mit Dill und den zurückbehaltenen Walnüssen sowie mit Pinienkern-Parmesan bestreuen.

Haselnuss-, Buchweizen- & Gemüsesalat mit Brunnenkresseöl

FÜR VIER BIS SECHS

Wie schade, dass wir irgendwann den Buchweizen vergessen haben! Ich finde sein Come-back mindestens so aufregend wie die Reunion von Led Zeppelin in der O2-Arena. Gegrüßt seist du, Buchweizen, mit all deinen tollen Nährstoffen. Du bist glutenfrei, superlecker und brauchst auch nicht mehr Aufwand und Vorbereitung als Couscous (und das geht einfacher als Toast!).

DAS BRAUCHT'S

400 g roher Buchweizen

1–2 EL Balsamico-Essig (nach Geschmack)

1 TL Meersalz

½ TL grob gemahlener schwarzer Pfeffer

½ kleiner Brokkoli, in Röschen geteilt

150 g grüne Bohnen, diagonal halbiert

1 Handvoll frischer Dill, fein gehackt

½ Handvoll frische Petersilie, fein gehackt

½ Handvoll frischer Schnittlauch, fein gehackt

½ rote Zwiebel, fein gewürfelt

100 g junge Spinatblätter (größere Blätter grob hacken)

1 Handvoll Rosinen, eingeweicht und grob gehackt

1 Handvoll geröstete Kürbiskerne

1 große Handvoll geröstete Haselnusskerne, grob gehackt

Für das Brunnenkresseöl

4 EL Olivenöl

1 Knoblauchzehe, zerdrückt

80 g Brunnenkresse

1 große Prise Meersalz

SO GEHT'S

Den Buchweizen bei mittlerer Hitze in einem Topf 7 Minuten trocken rösten, bis er bräunt. 3 cm hoch mit kaltem Wasser bedecken. Aufkochen, den Topf abdecken, die Temperatur auf sehr schwache Hitze reduzieren und 20 Minuten köcheln lassen.

Den Buchweizen mit dem Essig beträufeln, mit Salz und Pfeffer abschmecken, mit der Gabel auflockern und abkühlen lassen.

Einen großen Topf mit gesalzenem Wasser zum Köcheln bringen. Den Brokkoli 2 Minuten blan-chieren, dann in einer großen Schüssel mit eiskaltem Wasser abschrecken. Mit frischem Wasser bedecken und beiseitestellen.

Die Bohnen im gleichen Topf 2 Minuten blanchieren, dann wie den Brokkoli abschrecken und beiseitestellen. Brokkoli und Bohnen müssen kalt, fest und knackig sein, guten Biss haben und frisch und appetitlich grün leuchten. Die Zutaten für das Brunnenkresseöl im Mixer glatt mixen.

Den Dill in einer großen Schüssel mit Petersilie, Schnittlauch, Zwiebel, Spinat, Rosinen, Kürbis-kernen, Haselnüssen (einen Teil der Kräuter und Haselnüsse zum Bestreuen zurückbehalten), Brokkoli und Bohnen vermengen. Den Buchweizen mit den Händen darüberstreuen, alles gut durchmischen und attraktiv auf einem großen Teller anrichten.

Zum Servieren mit dem Öl beträufeln und mit Haselnüssen und frischen Kräutern bestreuen.

Seetang, Fenchel & Avocado mit Udon-Nudeln

FÜR VIER BIS SECHS

Dieser Salat schmeckt am besten gekühlt. Er ist herzhaft, aber leicht, und steckt voller Vitalität – perfekt für ein entspanntes sommerliches Mittagessen. Wenn Sie keinen Zugang zu Seetang frisch aus dem Meer haben, können Sie im Supermarkt und asiatischen Lebensmittelgeschäften japanischen Seetang kaufen. Ich habe hier Wakame verwendet, der vor lebensspendenden Eigenschaften strotzt.

Wenn es glutenfrei sein soll, nehmen Sie braune Reisnudeln.

DAS BRAUCHT'S

270 g Udon-Nudeln

2 Handvoll Eiswürfel

60 g Wakame-Seetang, in schmale Streifen geschnitten

2 TL geröstetes Sesamöl

2 EL Reisessig

1 TL Demerarazucker

2 TL Tamari

3 TL Limettensaft

4 TL Sake (Mirin oder sogar trockener Sherry tun's auch)

1 Avocado, geschält, entkernt und klein gewürfelt

½ mittelgroße Fenchelknolle ohne Grün, längs in sehr dünne Streifen geschnitten

1 kleine Gurke, geschält, entkernt, längs halbiert und gehackt

1 kleine Möhre, geschält und in dünne Stifte geschnitten

Zum Garnieren

1 EL fein abgeriebene Bio-Limettenschale

3 EL rosa eingelegter Ingwer

SO GEHT'S

Einen Topf mit Wasser zum sprudelnden Kochen bringen und die Nudeln 4–5 Minuten (oder nach Packungsangabe) kochen. Abgießen und unter laufendem kaltem Wasser abschrecken, bis sie kühl sind.

Die Eiswürfel in eine große Schale mit Wasser geben und Nudeln und Seetang hineingeben. Einige Minuten stehen lassen, um sicherzugehen, dass die Nudeln kalt sind (Sie können sie auch in den Kühlschrank stellen). Nudeln und Wakame abgießen und in einer Schüssel mit dem Sesamöl mischen.

Essig, Zucker, Tamari, Limettensaft und Sake miteinander verquirlen. Abschmecken und bei Bedarf mehr Tamari zugeben. Avocado, Fenchel, Gurke und Möhre sanft mit dem Dressing mischen.

Ein Bett aus Nudeln auf einem Teller ausbreiten und den Salat darauf anrichten. Zum Servieren mit Limettenschale und eingelegtem Ingwer bestreuen.

Mediterranes Tofu-Tostada mit spanischem Salat & Feys Dressing

FÜR VIER BIS SECHS

Wir verbringen viel Zeit in Spanien, in den wilden roten Wüsten und den zerklüfteten Bergen Murcias. Jane und ich plündern die Bauernmärkte mit ihrem ganzjährigen Angebot an frischen, saisonalen und billigen Gemüsen. Fey, die Erfinderin des Dressings, ist ein Superstar in einem Tal nicht weit von unserer Casita. Sie müssen die Gemüse für diesen Salat nicht allzu klein schneiden, wichtig ist hier die symmetrische Anordnung auf dem Teller. Ich schneide immer drei große Scheiben Vollkornbrot in Dreiecke, aber traditionell macht man Tostada mit Weißbrot.

Sie können natürlich auch Ihr glutenfreies Lieblingsbrot nehmen.

DAS BRAUCHT'S

12 kleine Stücke Brot

1 Salatkopf (z. B. Eichblattsalat), grob gehackt

2 kleine Salatherzen, längs geviertelt

½ kleine rote Zwiebel, fein gehackt

½ Bio-Gurke, längs geviertelt und gewürfelt

1 Möhre, längs geviertelt und gewürfelt

3 Tomaten, geviertelt und grob gewürfelt

½ Zucchini, geviertelt und grob gewürfelt

2 Handvoll schwarze Oliven, entsteint und längs halbiert

5 Piquillo-Paprikas oder 1 rote Paprika, in Streifen geschnitten

3 kleine Kapern, gut abgetropft

1 Handvoll frische Petersilie, fein gehackt

1 TL Meersalz

½ TL grob gemahlener schwarzer Pfeffer

Für den roten Tofu

400 g fester Tofu, abgetropft

1 große Knoblauchzehe, zerdrückt

1 kleine Selleriestange, fein gewürfelt

2 TL edelsüßes Paprikapulver

½ TL geräuchertes Paprikapulver

½ TL getrockneter Thymian

½ TL getrockneter Oregano

1 Msp. getrockneter Dill

1 Prise getrockneter Rosmarin

8 sonnengetrocknete Tomaten (eingeweicht, dann fein gehackt)

4 EL grüne Oliven, entsteint und gehackt

2 EL frische Petersilie, fein gehackt

½ EL Tomatenmark

2 EL Olivenöl

1 EL Hefeflocken (nach Belieben, s. S. 30)

Meersalz (nach Bedarf)

1× Feys Petersilien-Zitronen-Dressing (s. S. 327)

SO GEHT'S

Das Brot unter dem Backofengrill oder im Toaster toasten. Auf einem Kuchengitter abkühlen lassen. Alle Zutaten für den Tofu im Mixer zu einer glatten, dicken und cremigen Paste mixen. Probieren – es braucht eventuell noch etwas Salz. Dann Feys Dressing zubereiten.

Den Salat in einer großen, flachen Schale anrichten: Mit den weichen Blättern beginnen, dann die Salatherzenviertel um den Rand arrangieren. Die übrigen Gemüse auf dem Salatbett verteilen und mit den Paprika und Kapern abschließen. Dann mit frischer Petersilie bestreuen.

Einen großen Löffel roten Tofu auf jeder der abgekühlten Tostadas verteilen. Die Tostadas auf dem Salat anrichten und zwischen die Zutaten schieben. Pfeffern und salzen und mit einem Lächeln in der Sonne servieren.

Taboulé mit Blumenkohl & Puy-Linsen

FÜR VIER BIS SECHS

Taboulé ist ein echter mediterraner Klassiker, der zusammen mit einem guten Olivenöl und süß geschmortem Blumenkohl zu einem substantiellen Salat wird. Ich liebe die Gewürzmischung Baharat, die Sie statt der gemahlenen Gewürze nehmen können. Für das Dressing nehme ich gerne Granatapfelsirup, der eine schöne Farbe und eine ganz eigene Note gibt. Richtig luxuriös wird es mit Kräutern, Baharat, Granatapfel und gerösteten Mandelstiften.

Wenn es glutenfrei sein soll, ersetzen Sie den Bulgur durch Hirse.

DAS BRAUCHT'S

100 g Puy-Linsen

1 Lorbeerblatt

220 g Bulgur, in kaltem Wasser abgespült

etwa 450 ml kochendes Wasser oder Gemüsebrühe

1 EL natives Olivenöl extra

1 kleiner Blumenkohl, Röschen getrennt, Stiele fein gewürfelt (nichts verschwenden!)

1 große Prise gemahlener Kreuzkümmel

1 große Prise gemahlener Koriander

1 große Prise edelsüßes Paprikapulver

1 große Prise gemahlene Kurkuma

1 große Prise gemahlener Zimt

½ TL Meersalz

4 Frühlingszwiebeln, fein gehackt

½ Bio-Gurke, entkernt und fein gewürfelt

2 reife Tomaten, entkernt und fein gewürfelt

½ Handvoll getrocknete Aprikosen, 2 Stunden eingeweicht, abgetropft und fein gehackt

Kerne von 1 kleinen Granatapfel

1 EL Sesamsamen, geröstet

1 Handvoll frische glatte Petersilie, fein gehackt

½ Handvoll frische Minzeblätter, fein gehackt

1× Granatapfeldressing (s. S. 328)

Zum Garnieren

4 EL Granatapfelkerne

1 Handvoll frische Petersilie und Minze, gehackt

SO GEHT'S

Die Linsen in einem Topf mit Wasser bedecken. 5 Minuten stehen lassen, dann alle aufschwimmenden Linsen absammeln. Abgießen, mit frischem Wasser bedecken und das Lorbeerblatt zugeben. Aufkochen, die Temperatur reduzieren und 30 Minuten köcheln lassen. Zwischendurch umrühren und den Wasserstand prüfen (bei Bedarf auffüllen). Die Linsen sollten gar sein, aber noch Biss haben. Abtropfen lassen, auch wenn nur noch wenig Wasser übrig sein sollte.

Den Bulgur in einer Schüssel 2 cm hoch mit heißem Wasser oder der Brühe bedecken. Abgedeckt 30 Minuten quellen lassen. Den Bulgur mit der Gabel auflockern und abkühlen lassen.

Das Öl bei hoher Temperatur in einer Pfanne erhitzen und den Blumenkohl unter häufigem Rühren 10–12 Minuten anbraten. Sobald er zart ist und Farbe anzunehmen beginnt, mit den Gewürzen und Salz bestreuen und unter Rühren weitere 2 Minuten braten. Abdecken und abkühlen lassen. Der Blumenkohl sollte rundum mit Gewürzen überzogen sein.

Drei Viertel der Linsen mit Blumenkohl, übrigen Zutaten und Kräutern unter den Bulgur heben, mit dem Dressing übergießen und sanft, aber gründlich mit den Händen vermengen. In eine Salatschüssel füllen.

Mit den übrigen Linsen bestreuen und mit Granatapfelkernen und Kräutern garnieren.

Rucolasalat mit gegrillten Feigen & Zitronen-Tofu-Feta

FÜR VIER

Ich finde es schwierig, in Frankreich vegan zu essen. Als wir aber in Sancerre waren und uns durch die umliegende Landschaft tranken, fanden wir ein kleines Restaurant, dessen freundliche Köchin mir ein paar Feigen in Balsamico röstete und zu Rucola servierte. Die natürliche Süße der Feigen und der leicht bittere Rucola waren ein Fest. Für diesen leichten Salat habe ich noch ein wenig Basilikum und einen Schlag Tofu-Feta hinzugefügt.

DAS BRAUCHT'S

3 Handvoll Rucolablätter

1 Handvoll frische Basilikumblätter

½ TL natives Olivenöl extra

6 reife Feigen, geviertelt

2 EL Balsamico-Essig

3 EL Pinienkerne, geröstet

Für den Zitronen-Tofu-Feta

1 EL Hefeflocken (s. S. 30)

Saft von ½ Zitrone

½ TL fein abgeriebene Bio-Zitronenschale

1 EL Olivenöl

400 g fester Tofu, gut abgetropft und zerkrümelt

1 Knoblauchzehe, geschält und zerdrückt

1 große Prise Meersalz

1 Prise grob gemahlener schwarzer Pfeffer

Für das Dressing

1 EL Zitronensaft

1 TL brauner Reissirup

½ EL Balsamico-Essig

1 Prise Meersalz

1 EL natives Olivenöl extra

SO GEHT'S

Für den Zitronen-Tofu-Feta die Hefeflocken mit Zitronensaft und -schale in eine Schüssel geben und auflösen.

Das Öl bei mittlerer Temperatur in einer kleinen Pfanne erhitzen und Tofu und Knoblauch unter Rühren hell goldgelb anbraten, dann Zitronenmix, Salz und Pfeffer zugeben, aufkochen und den Zitronensaft verkochen lassen. In eine Schüssel füllen und abkühlen lassen. Die Mischung sollte ähnlich wie Feta etwas zu salzig sein.

Für das Dressing den Zitronensaft in einer Schüssel mit Sirup, Essig, Salz und Olivenöl verquirlen.

Rucola und Basilikum in einer Schüssel mischen. Mit 1 EL Dressing beträufeln und durchmischen. Den Rest des Dressings für später aufbewahren.

Eine Grillpfanne bei hoher Temperatur erhitzen und mit ein wenig Öl auspinseln. Sobald das Öl zu rauchen beginnt, die Feigen hineinlegen. 2 Minuten unter Bepinseln mit Balsamico-Essig braten. Sobald sie gut karamellisiert sind, wenden und vom Herd nehmen.

Die Blätter attraktiv auf Tellern verteilen und die warmen Feigen, 2 Löffel Zitronen-Tofu-Feta und geröstete Pinienkerne darauf anrichten.

Duftender Wildreissalat mit Wirsing & Pistazien

FÜR VIER BIS SECHS

Ich bin als Kind auf den Philippinen mit Reis aufgewachsen, wo er ein Grundlebensmittel für uns Pinoys war. Als ich letztens mal wieder da war, stiefelte ich durch ein paar beeindruckende Reisterrassen in den Bergen von Luzon und freute mich darüber, dass so viele dieser uralten Anlagen noch in Betrieb sind, die sich über viele Meilen üppig grüner Täler erstrecken und an die unmöglichsten Hänge klammern. Hier ist ein einfacher Salat mit ein paar wunderbaren Zutaten. Er bietet eine Fülle von Geschmacksnoten, von der Süße der Rosinen bis zur Salzigkeit der sonnengetrockneten Tomaten, und ist ein Fest für die Sinne. Er schmeckt auch warm sehr gut, wenn man den Reis nur 20 Minuten abkühlen lässt. Wenn Sie noch gebratenes Tempeh hinzugeben, ist das eine vollständige Mahlzeit.

DAS BRAUCHT'S

250 g Wildreis

1 Möhre, gerieben (wenn vorhanden, das Grün fein hacken und zugeben)

5 Wirsingblätter ohne Strunk, in sehr dünne Streifen geschnitten

3 EL Rosinen, 2 Stunden eingeweicht und grob gehackt

½ Handvoll geröstete Pistazien, grob gehackt

6 Radieschen, geputzt und dünn aufgeschnitten

6 sonnengetrocknete Tomaten mit ihrem Öl, fein gehackt

4 Frühlingszwiebeln, klein geschnitten

¼ Handvoll frischer Dill, gehackt

½ Handvoll Schnittlauch, gehackt

1 Handvoll Bohnen- oder grüne Linsensprossen

Für das Dressing

2 Knoblauchzehen, geschält und zerdrückt

3 EL Olivenöl

Saft von 1 ½ Limetten

fein abgeriebene Schale von ½ Bio-Limette

½ TL Meersalz

½ TL frisch gemahlener schwarzer Pfeffer

Zum Garnieren

1 Handvoll geröstete Pinienkerne

3 EL gehackter frischer Dill

SO GEHT'S

Den Reis mehrfach in kaltem Wasser waschen, bis das Wasser klar bleibt. In einem Topf 3 cm hoch mit Wasser bedecken, aufkochen und den Deckel auflegen. Die Temperatur auf schwächste Stufe reduzieren und den Reis 45–50 Minuten köcheln lassen, bis er zart und das Wasser verkocht ist. Sanft mit einer Gabel auflockern und vollständig abkühlen lassen. Das geht am besten, wenn man ihn auf einem Teller ausbreitet.

Alle Zutaten für das Dressing in einer kleinen Schüssel verquirlen.

Die restlichen Zutaten in einer großen Schüssel gründlich durchmischen (am besten mit den Händen). Das Dressing und den Reis zugeben und gut vermengen.

In flachen Schalen mit Pinienkernen und Dill bestreut servieren.

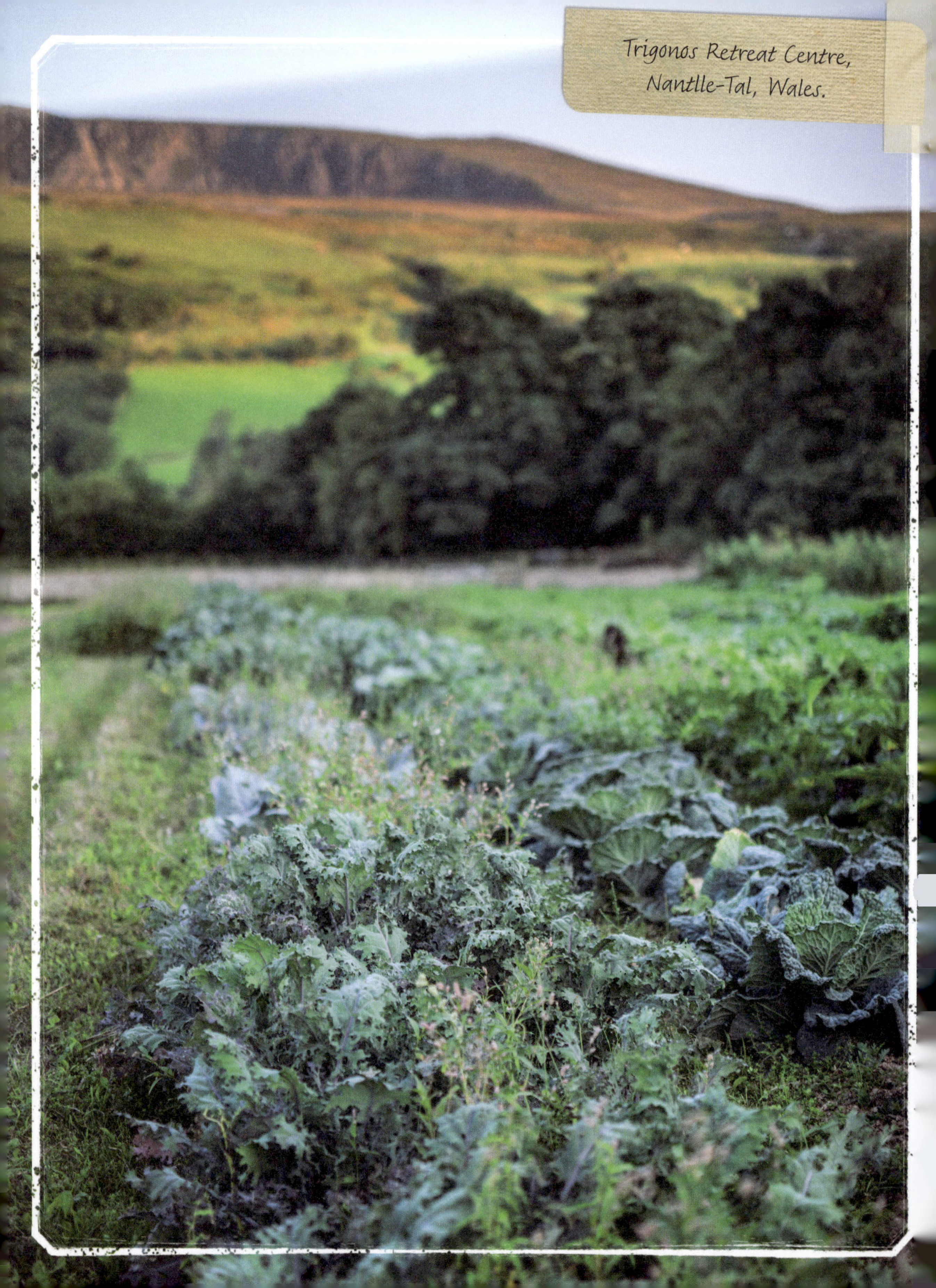

Trigonos Retreat Centre,
Nantlle-Tal, Wales.

Gebratener Kürbis mit Salsa verde, Limabohnen & Piquillo-Paprika

FÜR VIER

Dies ist einer meiner Lieblingssalate, wenn ich in Spanien bin. Die Salsa verde besteht gut neben dem süßen Kürbis und den cremigen Bohnen und prickelt sehr schön auf der Zunge. Die wichtigsten Schritte lassen sich im Voraus ausführen, was die Sache sehr erleichtert. Es lohnt sich, Tofu- oder Tempehwürfel über Nacht in der Salsa zu marinieren, und dann reicht es sogar für ein Hauptgericht. Am besten gelingt der Kürbis in der Grillpfanne. Piquillos sind geröstete spanische Paprika, die man meist im Glas zu kaufen bekommt. Wenn Sie mögen, können Sie auch rote Paprika mit dem Kürbis zusammen in die Grillpfanne legen.

DAS BRAUCHT'S

1 kleiner süßer Kürbis (z. B. Hokkaido), abgeschrubbt, entkernt und geviertelt, dann in 1 cm dicke Spalten geschnitten

12 ungeschälte Knoblauchzehen

2 EL Olivenöl

Meersalz

5 Handvoll junge Spinatblätter (größere Blätter in breite Streifen schneiden)

120 g getrocknete Limabohnen, über Nacht eingeweicht, gekocht und abgetropft

2 reife Tomaten, gewürfelt

1× *Salsa verde (s. S. 157)*

Zum Garnieren

150 g Piquillo-Paprika, in dicke Streifen geschnitten

3 EL geröstete Kürbiskerne

1 Handvoll frisches Koriandergrün

½ TL edelsüßes Paprikapulver

2 TL fruchtiges Olivenöl

SO GEHT'S

Den Backofen auf 200 °C vorheizen und eine Grillpfanne bei hoher Temperatur erhitzen.

Den Kürbis mit den ganzen Knoblauchzehen, 1 EL Öl und 1 TL Salz in eine Schüssel geben. Das Öl in den Kürbis einmassieren, dann die Spalten in die rauchheiße Grillpfanne legen. Mindestens 1 Minute braten, ohne sie zu bewegen, dann wenden und 1 weitere Minute von der anderen Seite braten, damit sich schöne schwarze Linien bilden. Am besten in mehreren Portionen arbeiten.

Die Kürbisspalten auf der einen Hälfte eines Backblechs und die Knoblauchzehen auf der anderen verteilen. Mit dem restlichen Öl übergießen. 20 Minuten im Backofen rösten, bis der Knoblauch weich und cremig ist. Den Knoblauch mit einem Spatel zum Abkühlen auf einen Teller legen. Wenn der Kürbis noch nicht ganz weich ist, muss er noch 7–10 Minuten länger rösten.

Die Salsa verde zubereiten. Den Spinat auf einem großen Vorlegeteller verteilen. Bohnen, ungeschälten Knoblauch, Kürbisspalten und Tomatenwürfel darauf anrichten und mit etwas Salsa verde beträufeln. Sie können Ihrer Kreativität hier freien Lauf lassen und die Sauce und die Bohnen wild herumwerfen – je wilder, desto besser sieht es aus.

Paprikastücke, Kürbiskerne und Koriandergrün auf dem Salat verteilen. Mit etwas mehr Salsa verde beträufeln, mit Meersalz und Paprikapulver bestreuen und mit einem guten Schluck fruchtigem Olivenöl abschließen.

Superhelden-Sprossensalat mit Cashew-Hummus

FÜR VIER BIS SECHS

Sprossen sind eine tolle Methode, sich günstig mit Superfood zu versorgen. Weder schick noch teuer, ist es ein wunderbares Beispiel dafür, wie man Körper und Geist preiswert die besten Nährstoffe schenken kann.

Dieser Salat lässt sich mit praktisch allen Sprossen zubereiten, aber Mungbohnen, Adzukibohnen und grüne Linsensprossen sind am einfachsten selbst zu ziehen. Alfalfa ist ein wenig komplizierter, aber die Sprossen finden sich in vielen Bioläden. Selten erreicht ein Teller Essen solch eine vitale Fülle an Proteinen. Dieser Salat ist ein Hingucker, Baff-Macher und Geschmacksnervenkitzler und eine wahre Explosion purer Pflanzen-Power.

DAS BRAUCHT'S

2 Handvoll Mungbohnensprossen

2 Handvoll grüne Linsensprossen

2 Handvoll Adzukibohnensprossen

1 große Möhre, geschrubbt und gerieben

1 Rote Bete, geschält und gerieben

1 Apfel, entkernt und fein gewürfelt

6 Rosenkohl oder ¼ kleiner Weißkohl (unschöne Blätter entfernt), in sehr dünne Streifen geschnitten

1 Selleriestange, gewürfelt

½ rote Zwiebel, fein gewürfelt

1 gelbe Paprikaschote, fein gewürfelt

2 Handvoll Brokkoliröschen, gehackt

3 EL schwarze Oliven, entsteint und in dünne Ringe geschnitten, oder kleine Kapern

1 Handvoll geröstete Sonnenblumen- oder Kürbiskerne (sie lassen sich übrigens genau wie Bohnen zum Keimen bringen)

1 EL Chia- oder Sesamsamen

1 große Handvoll frische Petersilie, fein gehackt

Romanasalatblätter oder andere grüne Salatblätter für ein Salatnest (Chicoréeblätter eignen sich gut für kleinere Portionen)

1× Superheldendressing (s. S. 327)

1× Cashew-Hummus (s. S. 160)

Zum Garnieren

1 Handvoll Alfalfasprossen

Weizengras, Spirulina etc. (oder alternativ Superhelden-Topping) zum Bestreuen

SO GEHT'S

Zunächst das Superheldendressing und das Cashew-Hummus zubereiten. Alle Salatzutaten, bis auf die Salatblätter, mit dem Dressing in eine große Schüssel geben. Gründlich durchmischen, bis das Dressing alles gleichmäßig benetzt.

Eine große Schüssel mit den Salatblättern auslegen, dann den Salat darauf anrichten und mit Alfalfasprossen und coolen grünen Pulvern (Spirulina etc.) bestreuen – falls Sie welche im Haus haben. Alternativ den Salat auf einzelnen Salatblattschiffchen anrichten und mit den Sprossen bestreuen oder, wenn die Blätter zu weich sind, zu kleinen Salat-Wraps aufrollen.

Mit Cashew-Hummus wird dieser Salat zum Gedicht. Auf Brot kann man dabei gut verzichten – die irrsinnige Menge an Nährstoffen in diesem Salat hält lange satt. Geben Sie ihrer Verdauung rund 20 Minuten und Sie werden sich gut gesättigt fühlen.

Rote-Bete-Apfel-Himbeer-Salat mit Kräuterhirse

FÜR VIER BIS SECHS

Hirse ist ein einzigartiges Vollkorn und eine leckere glutenfreie und kohlenhydratarme Alternative zu Kartoffeln, Reis, Weizen und all den anderen Kohlenhydraten, die wir sonst essen. Sie gedeiht gut und erreichte uns noch vor der Kartoffel und dem Weizen. Selbst in Bergdörfern im Himalaja habe ich Hirsebrei zum Frühstück bekommen. Dort macht man daraus auch Roti (Fladenbrot). Sie wird in Stammesgemeinschaften noch viel benutzt – vor allem in Afrika, wo Weizen noch nicht so verbreitet ist.

Himbeeren und Rote Bete sind kraftvolle Verbündete mit großem Nährwert, einzigartiger Farbe und Geschmack. Manchmal gebe ich noch Tofu hinzu, um den Salat noch etwas reichhaltiger zu machen und den Teller mit Proteinen abzurunden.

DAS BRAUCHT'S

3 Rote Beten, mit Blättern

1 Möhre, geschrubbt und gerieben

1 saurer grüner Apfel, entkernt und grob gerieben

½ kleine rote Zwiebel, geschält und grob gerieben

200 g fester Tofu, in kleine Würfel geschnitten

1 Handvoll Himbeeren

1 Handvoll geröstete Walnuss- oder Haselnusskerne

Für die Hirse

175 g Hirse

1 EL Olivenöl

2 TL frische Thymianblätter

½ TL Salz

3 EL fein gehackte frische Petersilie

1× Himbeerdressing (s. S. 328)

SO GEHT'S

Die Blätter von der Roten Bete abschneiden, aber ganz lassen. Die Stiele in 2 cm lange Stücke schneiden und die Knollen schrubben und grob reiben.

Die Hirse unter Schwenken in einem kleinen Topf 7 Minuten goldgelb rösten. 300 ml Wasser zugießen, die Temperatur auf kleinste Stufe reduzieren und den Topf abdecken. 30 Minuten köcheln lassen. Die Hirse sanft mit der Gabel auflockern und noch ein wenig weitergaren, falls sie noch feucht ist. Dann zum Abkühlen auf einen Teller stürzen.

Olivenöl, Thymian, Salz und den Großteil der Petersilie unter die lauwarme Hirse heben. Sie kann ein wenig klebrig sein, das ist aber okay. Mit den Händen auflockern. Öl und Petersilie helfen dabei.

Das Himbeerdressing zubereiten. Alle geriebenen Zutaten in eine große Schüssel geben und mit dem Großteil des Dressings und den klein geschnittenen Rote-Bete-Stielen durchmischen.

Die Rote-Bete-Blätter klein schneiden und den Tellerrand damit dekorieren. Die Hirse in die Mitte geben. Die geriebenen Zutaten und die Tofu-Stücke darauf anrichten, mit Himbeeren und Walnüssen bestreuen, mit etwas mehr Dressing beträufeln und mit der restlichen Petersilie garnieren.

Beilagen

Als Veganer gewöhnt man sich daran, in Restaurants von Beilagen zu leben. Erst kürzlich waren wir zum 60. Geburtstag meines Vaters in einem renommierten Fischrestaurant und ich aß Rosenkohl als Hauptgang. Er war köstlich! Ein paar Kastanien dazu und ein wenig Madeira und schon offenbarte sich mir das Potential dieser Beilage. Beilagen sind normalerweise feine Randnotizen eines Gerichts, die zeigen, wie sehr der Koch das Essen liebt und was er kann. An schlicht gedünstetem Gemüse ist nichts falsch, aber wer würde schon ein Buch darüber lesen? Hier haben wir verlockende Beilagen, die teilweise sogar dem Hauptgang die Show stehlen.

Beilagen sind wie Streicher in 70er-Jahre-Rocksongs – sie können den Song wunderbar unterstreichen, wie etwa bei »Kashmir« von Led Zeppelin, oder entsetzlich fehl am Platz sein, wie bei allen Songs von ELO mit Ausnahme von »Mr. Blue Sky«, der ein echter Heuler ist und mich immer wieder glücklich macht. Also wählen Sie Ihre Beilagen bitte mit Bedacht!

Diese Beilagen sind keine Mimosen, brauchen also einen passenden Hauptgang, der ihnen gewachsen ist. Genau wie die »Kleinen Leckereien« auf Seite 151–187 kann man auch aus den Beilagen wunderbar ein Tapas-artiges Menü zusammenstellen.

Spinatauflauf mit cremigem Tofu-Ricotta nach türkischer Art

FÜR SECHS ALS BEILAGE UND FÜR VIER ALS HAUPTGERICHT

Türkisches Essen ist großartig. Ich liebe die wilde Mischung an Einflüssen und die unfassbare Fruchtbarkeit des Landes. Eines meiner absoluten Lieblingsrestaurants weltweit ist das *Dalston* im Osten Londons. Hier fühlt man sich sofort wie am Bosporus. Die Menge Spinat für diese türkische Köstlichkeit mag groß erscheinen, aber er fällt in Sekunden zusammen. Sie können aber auch anderes Grün verwenden wie etwa Grünkohl oder auch Rote-Bete-Blätter oder dünn gehobelte, dunklere Kohlblätter. Mit gekochten Kartoffelscheiben und Kirschtomaten wird aus dieser Beilage im Handumdrehen ein Hauptgericht.

DAS BRAUCHT'S

1 EL Olivenöl

4 Knoblauchzehen, geschält und zerdrückt

½ TL gemahlener Piment

1 kg Spinat

2 große Prisen frisch gemahlene Muskatnuss

1 große Handvoll frischer Dill

1 gute Prise Salz

Für den Tofu-Ricotta

700 g fester Tofu

½ TL Meersalz

2 Knoblauchzehen, geschält und zerdrückt

1 EL Zitronensaft

1 EL Hefeflocken (s. S. 30)

1 TL getrocknetes Basilikum oder Oregano

1 gute Prise edelsüßes Paprikapulver

Olivenöl zum Beträufeln

SO GEHT'S

Das Öl bei mittlerer Temperatur im größten verfügbaren Topf erhitzen und den Knoblauch 1 Minute darin anbraten. Den Piment zugeben und unter Rühren einen Moment anbraten. Den Spinat händeweise hineingeben und durchmischen, damit er schneller zusammenfällt. Zwischendurch den Deckel auflegen. Sobald der Spinat zusammengefallen ist, Muskat und Dill mit dem Salz einrühren und unabgedeckt kochen, bis fast die komplette Flüssigkeit verkocht ist. Vom Herd nehmen und abdecken.

Für den Tofu-Ricotta Tofu, Salz, Knoblauch, Zitronensaft, Hefeflocken und getrocknete Kräuter im Mixer glatt arbeiten. Die Creme wird noch besser, wenn man sie am Vortag püriert und über Nacht im Kühlschrank ziehen lässt.

Den Backofen auf 200 °C vorheizen.

Den Spinat gleichmäßig auf dem Boden einer mittelgroßen Auflaufform bis in die Ecken hinein verteilen. Den Tofu-Ricotta in einer dünnen Lage darauf verteilen (ebenfalls bis in die Ecken). Mit Paprikapulver bestreuen und mit etwas Olivenöl beträufeln. 25–30 Minuten goldbraun überbacken.

Warm mit Fladenbrot, geröstetem Gemüse oder einem schönen Glas »Löwenmilch« servieren (das ist Raki – keine Sorge, der ist vegan!).

Auberginen süss-sauer

FÜR VIER

Mehr als eine Milliarde Hindus und Tausende Jahre Tradition haben Indien eine köstliche Fülle vegetarischen Essens beschert. Außerdem unterscheiden sich die Küchen in diesem faszinierenden Land von Region zu Region. An meinem ersten Abend in Delhi habe ich vor vielen Jahren ein ähnliches Gericht wie dieses gegessen und mich gefragt, warum man so etwas bei unserem Inder zu Hause nicht bekommt.

Wenn Sie es authentischer mögen, suchen Sie nach kleineren Auberginen. Baby-Auberginen sind perfekt. Ich lasse das Stielende intakt, da die Auberginen so hübscher aussehen. Wer die Sauce dicker mag, gibt mit dem Wasser noch ein paar gehackte Tomaten dazu. Der Tomaten-Basilikum-Pilaf von S. 143 passt übrigens hervorragend zu diesem Gericht.

DAS BRAUCHT'S

8 Baby-Auberginen, längs geviertelt, Stielenden intakt

1 TL Salz

3 EL Kichererbsenmehl

2 TL Kreuzkümmelsamen

2 TL Korianderkörner

1 EL fein geriebener Ingwer

2 Knoblauchzehen, geschält und zerdrückt

½ TL Cayennepfeffer

1 TL edelsüßes Paprikapulver

1 Handvoll frische Korianderblätter, fein gehackt

3 EL Kokosnussöl (oder Pflanzenöl)

Saft von ½ Zitrone

3 TL Rohrrohzucker

Zum Garnieren

1 Handvoll frische Korianderblätter, gehackt

SO GEHT'S

Die Auberginen mit ½ TL Salz einreiben und in einem Sieb 30 Minuten abtropfen lassen.

Kichererbsenmehl, Kreuzkümmelsamen und Korianderkörner in eine Pfanne geben und bei mittlerer Hitze rösten, bis die Samen zu platzen beginnen und das Mehl Farbe annimmt. In einen Mörser geben und die Samen grob zerstoßen. Ingwer, Knoblauch, Cayennepfeffer, Paprikapulver, Korianderblätter und das restliche Salz in den Mörser geben und alles zu einer dicken, klebrigen Paste zerstoßen.

Die Auberginen mit Küchenpapier trocken tupfen und dann rundum dick mit der Paste einreiben.

Das Öl bei mittlerer Temperatur in einer großen Pfanne (oder einer indischen Karhai, falls vorhanden) erhitzen. Sobald es heiß ist (mit etwas Paste testen), die Auberginen hineingeben und 3–4 Minuten rundum goldbraun braten. 3 EL Wasser zugeben, abdecken und je nach Größe der Auberginen rund 15 Minuten köcheln lassen, bis sie wunderbar zart sind.

Aufdecken, Zitronensaft und Zucker verrühren und über die Auberginen gießen. Die Auberginen unter einmaligem Wenden noch ein paar Minuten kochen, bis die Sauce eingedickt ist und die Auberginen fast zerfallen.

Heiß mit Korianderblättern bestreut servieren.

Nantlle Lake.

Süsskartoffel-Tamarinden-Püree mit Kokosnuss & Kreuzkümmel

Süßkartoffeln und Tamarinde sind die besten Freunde. Sie lieben sich heiß und innig und mit der Zugabe von Kokosmilch wird das Püree einfach galaktisch! Dieses Gericht steckt so voller Aromen, dass Sie dazu vermutlich etwas Einfaches servieren möchten. Mit geröstetem Gemüse (mit wenigen Gewürzen) und blanchiertem Blattgemüse wird es zur idealen ausgewogenen Mahlzeit. Wenn Sie Tamarindenpaste ohne Samen verwenden, benötigen Sie nur die halbe Menge. Wir alle haben schon einmal Püree mit Butter und Milch gegessen, aber dies ist ein Püree von einem anderen Stern.

DAS BRAUCHT'S

450 g mehligkochende Kartoffeln, geschält und in Stücke geschnitten

450 g Süßkartoffeln, geschält und in Stücke geschnitten

1 ½ TL Salz

2 EL Tamarindenmark, 2 Stunden in 3 EL warmem Wasser eingeweicht

1 EL Kokosnussöl

1 große Handvoll Cashewkerne

1 TL Kreuzkümmelsamen

1 TL Senfsamen

1 TL Kasoori Methi (Bockshornkleeblätter)

1 Stängel Zitronengras, halbiert, oder 2 TL Zitronenschale

1–2 TL Chiliflocken (nach Geschmack)

200 ml Kokosmilch

Zum Garnieren

1 Handvoll frischer Koriander, fein gehackt

2 EL Cashewkerne (nach Belieben)

SO GEHT'S

Kartoffeln und Süßkartoffeln in einem Topf mit kaltem Wasser bedecken, 1 TL Salz zugeben und zum Kochen bringen. 25 Minuten kochen, bis sie gar sind. Abgießen und die Flüssigkeit für eine Suppe oder einen Eintopf auffangen (köstlich). 5 Minuten trocken dampfen lassen, dann wieder in den Topf geben und den Deckel auflegen.

Das Tamarindenmark durch ein Sieb streichen. Möglichst viel des Marks durchstreichen, aber die Samen zurückbehalten.

Während die Kartoffeln kochen, das Kokosnussöl in einer Pfanne erhitzen und Cashews, Kreuzkümmel- und Senfsamen sowie Bockshornkleeblätter darin rösten, bis sie platzen. Noch 1 Minute weiter rösten, aber nicht anbrennen lassen. Zitronengras und Chiliflocken zugeben und 1 knappe Minute rösten, dann das Tamarindenmark einrühren. Die Kokosmilch einrühren. Aufwallen lassen, dann 15 Minuten sanft köcheln lassen. Den Topf abdecken und ein wenig ziehen lassen, damit die Aromen sich entfalten können.

Drei Viertel der Kokossauce über die Kartoffeln gießen (das Zitronengras vorher herausnehmen) und die Kartoffeln stampfen. Weiter stampfen, bis alles glatt ist, und nach Bedarf weitere Sauce zugießen. Es werden keine Stücke geduldet. Das Püree abschmecken und bei Bedarf nachsalzen.

Mit frischem Koriander und nach Belieben mit ein paar Cashewkernen bestreut servieren.

Kasha mit Rosmarin, Aprikosen & Walnüssen

FÜR SECHS

Kasha ist schlicht eine andere Bezeichnung für gerösteten Buchweizen, klingt aber viel exotischer! Buchweizen ist wunderbar nährstoffreich und glutenfrei. Sein erdiger Geschmack kommt richtig zur Geltung, wenn er vor dem Dämpfen geröstet wird – so liebe ich ihn. Die Körner halten ihre Form und werden nicht zu Brei. Sie müssen die Aprikosen nicht unbedingt einweichen, sie werden so nur etwas dicker und weicher, was ich gerne mag.

DAS BRAUCHT'S

2 EL Olivenöl

360 g Buchweizen

1 große rote Zwiebel, fein gewürfelt

500 ml Gemüsebrühe oder Wasser

2 große Zweige frischer Rosmarin

125 g getrocknete Aprikosen, 1 Stunde in 2 EL warmem Wasser eingeweicht, dann grob gehackt

1 große Prise schwarzer Pfeffer

1–2 EL Tamari (nach Geschmack)

70 g geröstete Walnusskerne, grob gehackt

1 Handvoll frische Petersilie, fein gehackt

½ Handvoll Kürbiskerne

Zum Garnieren

1 Handvoll geröstete Walnusskerne, gehackt

SO GEHT'S

1 EL Öl bei schwacher Hitze in einer großen Pfanne erhitzen und den Buchweizen unter regelmäßigem Schwenken 5 Minuten sanft rösten. Sobald er Farbe annimmt, ist er fertig.

Die Zwiebel zugeben und unter Rühren 6–7 Minuten weiterrösten, dann Brühe oder Wasser und Rosmarin zugeben. Abdecken, die Temperatur reduzieren und auf kleinster Stufe 15 Minuten köcheln lassen.

Die Rosmarinzweige herausnehmen, den Buchweizen mit der Gabel auflockern und die restlichen Zutaten mit dem übrigen Olivenöl einrühren. Abschmecken, den Deckel wieder auflegen und 5 Minuten ziehen lassen. Warm mit den gehackten Walnüssen bestreut servieren.

Kimchi

ERGIBT EINEN GROSSEN GEFRIERBEHÄLTER VOLL

Kimchi erobert die Welt derzeit im Sturm. Es ist koreanischer fermentierter Kohl mit Gewürzen. Es handelt sich hier um Milchsäuregärung, bei der eine salzige Lake alle schädlichen Bakterien abtötet. Wir verzichten auf die traditionelle Fischsauce und Garnelenpaste und ersetzen sie durch Seetang und Shiitake-Fond, der die nötige Dosis Umami-Geschmack beisteuert. Das Wichtigste ist, das Kimchi täglich zu probieren – es sollte feurig scharf und salzig sein. Immer daran denken, dass man mit wenig sehr weit kommt. Kimchi hält sich gut im Kühlschrank. Ich serviere es gerne mit Wok-Gemüse mit Reisnudeln, gewürzt mit Tamari und Ingwer. Aber wahre Kimchi-Fans essen es auch einfach direkt aus dem Glas!

DAS BRAUCHT'S

1 kg Chinakohl

140 g Meersalz

1,9 l Quellwasser/Mineralwasser

2–4 EL Chiliflocken (nach Geschmack)

1 Apfel, geschält und entkernt

1 Stück Ingwer (2,5 cm), geschält und in dünne Scheiben geschnitten

1 weiße Zwiebel, geschält und grob gehackt

4 EL Tamari

5 Knoblauchzehen, geschält

1 kleine gekochte Kartoffel (grob 2 EL Kartoffelmasse – oder auch 2 EL übrig gebliebener, gekochter Reis)

6 Frühlingszwiebeln, in 5-cm-Stücke geschnitten

1 große scharfe rote Chilischote mit Samen, in dünne Ringe geschnitten

1 EL Sesamsamen

Für den Fond

2 große Stücke Seetang (Kelp)

6 getrocknete Shiitakepilze (oder 1 Pilz-Brühwürfel)

SO GEHT'S

Den Chinakohl halbieren und die Strünke herausschneiden. Die Blätter quer in 5 cm lange Stücke schneiden. Das Salz in einer Schüssel in den Kohl einmassieren – sobald er beginnt, Flüssigkeit abzugeben, den Kohl mit Quellwasser bedecken und mit einem Teller in der Schüssel nach unten drücken, sodass alle Blätter bedeckt sind. 2 Stunden ziehen lassen.

Die Fondzutaten mit 500 ml Wasser in einem Topf auf etwa 175 ml einreduzieren, sodass der Fond sehr aromatisch wird. Abseihen und abkühlen lassen. Den Chinakohl gründlich abwaschen, in ein Sieb geben und 15 Minuten abtropfen lassen. Chiliflocken, Apfel, Ingwer, Zwiebeln, Tamari, Knoblauch und Kartoffel im Mixer mit dem Fond zu einer glatten Paste pürieren.

Überschüssige Flüssigkeit vorsichtig aus dem Kohl herausdrücken und ihn dann mit Frühlingszwiebeln, frischer Chili und Sesamsamen wieder in die Schüssel geben. Die pürierte Paste darübergeben und in die Blätter massieren, sodass sie rundum bedeckt sind (am besten Handschuhe tragen, denn die Chilischoten sind sehr scharf).

Den Kohl in einen luftdicht verschließbaren Behälter (Gefrierdose) oder ein großes Schraubglas geben. Oben rund 2,5 cm Luft lassen. Den Behälter auf einen Teller stellen: Beim Fermentieren kann Flüssigkeit überlaufen. Bei Zimmertemperatur an einem sicheren Ort 1–5 Tage (im Durchschnitt 3 Tage) fermentieren lassen. Jeden Tag probieren und die Blätter wieder in die Salzlake drücken. Sobald Geschmack und Schärfe richtig sind, das Kimchi im Kühlschrank lagern.

Winterwurzeln in Porter

FÜR VIER BIS SECHS

Dieses Schmorgericht kombiniert Winterwurzeln mit einem meiner Lieblingsgetränke für den Winter: tiefschwarzes, berauschendes Porter-Dunkelbier. In diesem kräftigen Gebräu trifft Lakritz auf Espresso und flirtet mit ein wenig Kakao. Mit am Stück gerösteten Baby-Möhren und kleinen Pastinaken schmeckt das Gericht besonders gut, aber wenn Sie die kleinen Gemüse nicht bekommen, schneiden Sie einfach die größeren in Stücke. Bei den jungen Gemüsen bleiben Geschmack und Nährstoffe schlicht beim Rösten besser erhalten. Mit Kasha (s. S. 135) wird es zum köstlichen Hauptgericht.

DAS BRAUCHT'S

100 g Pastinaken

150 g Möhren

150 g weiße Rüben

4 Selleriestangen

200 g kleine Zwiebeln (z. B. Silberzwiebeln), geschält

2 EL Rapsöl

3 Knoblauchzehen, geschält und zerdrückt

175 ml Porter-Bier

1 frischer Rosmarinzweig

1 EL Tomatenmark

250 ml Gemüsebrühe

1 EL Rohrohrzucker

½ TL Meersalz und grob gemahlener schwarzer Pfeffer (nach Geschmack)

SO GEHT'S

Pastinaken, Möhren, Rüben und Sellerie schrubben und in gleichmäßige kleine Stifte schneiden.

Einen kleinen Topf mit Salzwasser zum Kochen bringen und die Zwiebeln 10–15 Minuten darin kochen, bis sie beim Anstechen mit einem scharfen Messer weich sind. Gründlich abtropfen lassen und mit Küchenpapier trocken tupfen.

Das Rapsöl in einem Topf erhitzen und Zwiebeln und Sellerie bei mittlerer Hitze rund 10 Minuten hellgoldgelb anbraten. Den Knoblauch zugeben und 2 Minuten anbraten, dann Pastinaken, Möhren und Rüben zugeben. Durchrühren, dann das Bier angießen. Rosmarin, Tomatenmark, Gemüsebrühe und Zucker einrühren und zum Kochen bringen. Den Topf zudecken und kochen, bis das Gemüse gar ist. Nach 10 Minuten testen.

Der Kochsud sollte nun gut angedickt sein. Falls nicht, die Gemüse mit dem Schaumlöffel herausheben und warm stellen und die Brühe weiter einreduzieren. Die Gemüse wieder hineingeben und den Rosmarin entfernen. Mit Salz und Pfeffer abschmecken. Das Gemüse mit einem herzhaften Gericht, wie Pastinaken-Rumbledethumps (s. S. 204), oder einem nussigen Braten (s. S. 197) als ausgewachsenes Sonntagsessen servieren.

Katalanischer Spinat

FÜR VIER BIS SECHS

Diese Beilage ist so lecker, dass sie auch als Vorspeise oder mit Brot oder Couscous als Hauptgericht dienen kann. Ich liebe Tapas und habe in Katalonien Massen davon gegessen. Für mich als Veganer war dieses traditionelle Spinatgericht meine Rettung.

DAS BRAUCHT'S

50 g Sultaninen

1 EL Olivenöl

1 Zwiebel, fein gehackt

2 Knoblauchzehen, geschält und fein gehackt

800 g Spinat, grob gehackt

4 EL geröstete Pinienkerne, plus einige zusätzlich zum Garnieren

Meersalz und grob gemahlener schwarzer Pfeffer (nach Geschmack)

SO GEHT'S

Die Sultaninen in einer Schüssel mit warmem Wasser 30 Minuten quellen lassen, dann abgießen und beiseitestellen (das Wasser schmeckt herrlich süß).

Das Öl bei mittlerer Temperatur in einem großen Topf erhitzen und die Zwiebeln unter Rühren 6–8 Minuten darin anbraten. Den Knoblauch zugeben und weitere 2 Minuten braten. Die Spinatblätter (bei Bedarf portionsweise) unterrühren, abdecken und 4–5 Minuten garen, bis der Spinat zusammenfällt.

Pinienkerne und Sultaninen in den Topf geben und mit Salz und Pfeffer abschmecken.

Gut durchwärmen und mit ein paar zusätzlichen Pinienkernen bestreut servieren.

Sesam-Mais-Pfannkuchen

ERGIBT ZEHN KLEINE PFANNKUCHEN

Die kleinen Pfannkuchen sind ideal, um Sauce von Currys oder Eintöpfen aufzutunken. Das Kichererbsenmehl liefert eine deutlich erdige Note und reichlich Nährstoffe und das Weizenmehl sorgt für Bindung – eine tolle Paarung. Wer noch mehr Nährstoffe, aber kein Gluten möchte, benutzt einfach Buchweizen- statt Weizenmehl. Dann werden es richtig kesse kleine Pfannkuchen, wenn man sie abkühlen lässt, denn dann nehmen sie eine pinke Farbe an (eine schräge Eigenheit von Buchweizen).

DAS BRAUCHT'S

100 g Weizenmehl

100 g Kichererbsenmehl

2 TL Speisenatron

2 EL Sesamöl (kalt gepresst und ungeröstet)

2 TL Tamari

360 ml Sojamilch (ungesüßt)

30 g Sesamsamen, geröstet

2 Handvoll frische Maiskörner (oder 1 kleine Dose)

2 Frühlingszwiebeln, in dünne Ringe geschnitten

ein wenig Pflanzenöl zum Braten

SO GEHT'S

Beide Mehlsorten und Natron in eine große Rührschüssel sieben. In einer zweiten Schüssel Sesamöl, Tamari und Sojamilch gründlich verquirlen. Dann die Trockenzutaten unter die Feuchtzutaten rühren, bis ein glatter Teig entsteht. Sesamsamen, Maiskörner und Frühlingszwiebeln einrühren. Zudecken und 20 Minuten in den Kühlschrank stellen.

Eine kleine Bratpfanne leicht einölen und bei mittlerer Temperatur erhitzen. 3 EL des Teigs hineingeben und knapp 2 Minuten goldbraun braten, dann wenden und von der anderen Seite braten (das geht etwas schneller). Für den nächsten Pfannkuchen nach Bedarf wieder etwas Öl in die Pfanne geben. Die fertigen Pfannkuchen in ein sauberes Küchentuch einschlagen, um sie warm zu halten.

Zu jedem der Gerichte aus der Curry-Abteilung (s. S. 216–239) genießen oder mit gegrilltem Gemüse und Chermoula einen Wrap (s. S. 158) daraus machen.

Mujaddara mit Röstzwiebeln

FÜR VIER

Dieses Gericht stammt aus Arabien, aber auch andere Länder beanspruchen diese Kombination aus tollem Getreide und Hülsenfrüchten berechtigterweise für sich. Ich bringe hier Linsen und Weizen zu einer wunderbaren Beilage und Basis für viele leckere Variationen zusammen. Mit einem Dressing, gehackten Kräutern und Gemüse wird daraus beispielsweise ein tolles Pilaf. Ich liefere Ihnen hier nur die Grundlage. Wenn Sie mögen, können Sie die Beilage mit knusprig gebratenen Zwiebel verfeinern. Dazu passen Linsen-Falafel (s. S. 175) und ein ordentlicher Schlag Hummus (s. S. 160).

Wenn es glutenfrei sein soll, ersetzen Sie den Bulgur durch Hirse oder Naturreis.

DAS BRAUCHT'S

115 g grüne oder braune Linsen
480 ml Gemüsebrühe
110 g feiner Bulgur
1 EL Olivenöl
2 TL Kreuzkümmelsamen
1 Zwiebel, fein gehackt
Meersalz und gemahlener schwarzer Pfeffer
1 große Prise Chilipulver
1 große Prise gemahlener Zimt

Für das Topping (nach Belieben)
Pflanzenöl
2 Zwiebeln, in dünne Streifen geschnitten
1 Handvoll frische Petersilie, fein gehackt

SO GEHT'S

Die Linsen mit kaltem Wasser bedecken und 5 Minuten einweichen. Dabei alle aufschwimmenden Linsen absammeln. Abgießen, mit der Brühe in einen Topf geben, aufkochen und 35–45 Minuten zart köcheln lassen. Dann den Bulgur einrühren und 2 cm hoch mit Wasser bedecken. Bei sehr schwacher Hitze 5 Minuten köcheln lassen, dann vom Herd nehmen, abdecken und 10 Minuten quellen lassen.

Das Öl in einer Pfanne erhitzen und den Kreuzkümmel 1 Minute darin anbraten. Sobald die Samen zu platzen beginnen, die Zwiebel zugeben und 6–8 Minuten glasig dünsten. Die Kreuzkümmel-Zwiebeln mit einer Gabel unter die Linsen-Bulgur-Mischung heben und mit Salz und Pfeffer, Chilipulver und Zimt würzen. Das Mujaddara mit der Gabel auflockern und abgedeckt warm stellen.

Für das Topping einen guten Schluck Pflanzenöl bei mittlerer Temperatur in einer Pfanne erhitzen – wir wollen die Zwiebeln schwimmend goldgelb und knusprig braten. Sobald das Öl schimmert (und ein Zwiebelstück sofort zu brutzeln beginnt), die Zwiebeln hineingeben und 15 Minuten satt goldgelb und knusprig rösten. Auf einem Schaumlöffel gut abtropfen lassen und auf einen mit Küchenpapier ausgelegten Teller geben. Mit weiterem Küchenpapier trocken tupfen.

Das Mujaddara zum Servieren mit knusprigen Zwiebeln und gehackter Petersilie bestreuen. Es schmeckt warm und kalt.

Tomaten-Basilikum-Pilaf

FÜR VIER BIS SECHS

Dies ist eine eindeutig europäische Pilaf-Variante, ein leckeres Reisgericht, das auch locker als Hauptgericht durchgeht. Im Spätsommer wächst das Basilikum auf unseren Fensterbänken und findet seinen Weg in die meisten meiner Gerichte. Das duftet und schmeckt so gut, dass man kaum glaubt, dass das legal ist! Ich nehme gerne Natur-Basmati, aber weißer Reis tut es auch, der dann aber 10 Minuten kürzer kocht. Mit gekochten Bohnen oder Kichererbsen und weiteren Gemüsen wird ganz schnell ein Hauptgericht daraus.

DAS BRAUCHT'S

400 g Natur-Basmatireis (weißer Basmati geht auch)

4 Tomaten, grob gehackt

2 große Handvoll frische Basilikumblätter

225 ml Gemüsebrühe

2 EL Olivenöl

10 Pfefferkörner

1 Zimtstange (etwa 8 cm)

6 Gewürznelken

2 Lorbeerblätter

1 mittelgroße Zwiebel, fein gehackt

1 TL Meersalz

½ TL Chilipulver (wenn es pikant sein darf)

SO GEHT'S

Den Reis waschen, mit Wasser bedecken und mit der Hand durchrühren. Wiederholen, bis das Wasser klar bleibt. Mindestens 45 Minuten in frischem Wasser einweichen, dann gut abtropfen.

Tomaten und Basilikum im Mixer zerkleinern und in einem großen Messbecher mit der Brühe verrühren. Das sollte 600 ml Sauce ergeben, wenn nicht, mit Wasser auffüllen.

Das Öl bei mittlerer bis hoher Temperatur in einem Topf erhitzen und Pfefferkörner, Zimtstange, Nelken und Lorbeerblätter hineingeben. Ein paar Mal umrühren, dann die Zwiebel zugeben. 5 Minuten rühren, dann den Reis zugeben. Sanft durchrühren, um den Reis mit dem Gewürzöl zu überziehen.

Tomatensauce, Salz und Chilipulver (falls verwendet) einrühren und zum Kochen bringen. Abdecken und bei sehr schwacher Hitze 35–40 Minuten köcheln lassen. Den Deckel nicht abheben – der Reis braucht den Dampf zum Garen.

Den Reis mit einer Gabel gut auflockern und mit einem leckeren Curry nach Wahl servieren (Inspirationen finden Sie auf S. 216–239).

Blumenkohlreis

Dies ist eine wunderbar einfache, glutenfreie und sehr eigene Alternative zu Reis. Es sieht aus wie Reis, bietet aber sehr viel mehr Nährstoffe, weniger Kohlenhydrate und, zumindest für mich, mehr Geschmack. Dieser »Reis« passt prima zu Currys und ich färbe ihn gerne mit ein wenig Kurkuma, was aber für das Rezept nicht zwingend erforderlich ist.

DAS BRAUCHT'S

    1 großer Blumenkohl, sehr fein gehackt
    1 EL Oliven- oder Pflanzenöl
    1 TL gemahlene Kurkuma
    1 TL Meersalz

SO GEHT'S

Der Blumenkohl muss sehr gut klein gehackt sein, das geht am besten mit der Intervallschaltung im Mixer oder der Küchenmaschine. Alle größeren Stücke können abgesammelt und später erneut gehackt werden.

Das Öl bei mittlerer bis hoher Temperatur in einer Pfanne erhitzen und den Blumenkohl unter häufigem Rühren 5–7 Minuten darin anbraten. Sobald er ein wenig Farbe annimmt, Kurkuma und 1 EL Wasser zugeben. Weitere 5 Minuten garen, bis der Blumenkohl zart ist, aber noch ein wenig Biss hat.

Salzen und servieren.

Pico de gallo

Ich liebe diese Salsa, weil sie mehr als die Summe ihrer Bestandteile ist. Pico de gallo bringt Frische in jedes Gericht und passt zu Burgern ebenso wunderbar wie zu Burritos, Suppen und Eintöpfen. Ich habe mal eine ganze Zeit lang auf einer Bananenplantage in Nicaragua gearbeitet, wo wir Pico de gallo zu jedem Bananengericht gegessen haben. Gute Tomaten sind in unseren Breiten oft schwer zu finden, und hier kommen nur die besten in Frage: je süßer, desto besser. Sie können ihnen auch mit etwas Zucker auf die Sprünge helfen.

DAS BRAUCHT'S

3 reife zimmerwarme Tomaten, fein gehackt

½ rote Zwiebel, fein gewürfelt

1 große Handvoll Korianderblätter, fein gehackt

Saft von 1 Limette

1 Chilischote, entkernt und fein gehackt

½ TL Salz

½ TL Demerarazucker (falls die Tomaten nicht süß genug sind)

SO GEHT'S

Alle Zutaten in einer Schüssel vermengen und 30 Minuten ziehen lassen.

Süsse Sake-Zuckererbsen

Sie können hier auch andere knackige junge Erbsen oder grüne Bohnen nehmen und mit der süß-salzigen Sauce kombinieren. Sake, ein leichter japanischer Reiswein, sollte man immer im Haus haben. Er schmeckt warm sehr lecker und kann in der japanischen Küche auch als guter Ersatz für Mirin dienen.

DAS BRAUCHT'S

450 g Zuckererbsen

½ TL Sonnenblumenöl

1 Stück Ingwer (2,5 cm), geschält und gerieben

2 EL Sake

2 TL brauner Reissirup

2–3 TL Tamari (nach Geschmack)

2 TL geröstete Sesamsamen zum Bestreuen

SO GEHT'S

Einen Topf mit Wasser zum sprudelnden Kochen bringen und die Erbsen 1 Minute blanchieren. Abgießen, unter kaltem Wasser abschrecken und abtropfen. Auf einen mit Küchenpapier ausgelegten Teller geben, damit sie zum Braten trocknen können. Das Öl bei hoher Temperatur in einer Pfanne rauchheiß erhitzen. Erbsen und Ingwer 2 Minuten scharf darin anbraten, dann mit Sake und Reissirup ablöschen. Die Flüssigkeit 1 Minute einkochen lassen, dann die Pfanne vom Herd nehmen. Mit Tamari abschmecken, mit Sesamsamen bestreuen und sofort servieren.

Geschmorter Fenchel, Birnen & Radieschen mit gerösteten Mandeln

FÜR VIER

Dies ist eine robuste Beilage für Herbst und Winter, die einen dunklen Abend verschönern kann. Fenchel und Birne sind gute Partner und die Radieschen geben Farbe. Die Birnen sollten allerdings fest sein, damit sie nicht matschig kochen.

DAS BRAUCHT'S

2 EL Olivenöl

1 Prise Meersalz

1 EL Rotweinessig

1–2 EL körniger Senf

1 TL Demerarazucker

2 große Fenchelknollen, längs in 1 cm dicke Scheiben geschnitten

6 Knoblauchzehen, geschält

2 Handvoll Radieschen, gewaschen und geputzt

3 frische Thymianzweige oder 1 TL getrockneter Thymian

50 ml trockener Wermut (z. B. Noilly Prat oder trockener Martini) oder 75 ml Weißwein

2 reife Birnen, längs in dicke Scheiben geschnitten

Für die Garnitur

1 Handvoll geröstete Mandeln, grob gehackt

SO GEHT'S

½ EL des Öls mit Meersalz, Rotweinessig, Senf und Zucker zu einem Dressing verquirlen und beiseitestellen.

Das restliche Öl bei hoher Temperatur in einer großen Pfanne erhitzen. Den Fenchel 3 Minuten darin anbraten, dann Knoblauch und Radieschen zugeben und weitere 4 Minuten regelmäßig im Öl wenden. Thymian und Wermut zugeben, die Temperatur reduzieren und die Pfanne abdecken, um den Dampf einzufangen. Unter regelmäßigem Schütteln 10 Minuten schmoren lassen, bis die Zutaten attraktiv bräunen und karamellisieren.

Das Dressing zugeben und unabgedeckt unter Rühren 5 Minuten köcheln lassen, damit sich die Aromen entfalten können. Die Birnen zugeben und sanft untermischen, bis sie heiß sind, dann vom Herd nehmen.

Auf einem vorgewärmten Teller mit gerösteten Mandeln bestreuen und servieren.

Knabberkram, Dips & kleine Leckereien

Klein, aber perfekt geformt. Bescheidene Geschmacksexplosionen, die den Gaumen kitzeln und die Fantasie beflügeln. Ein Vorspiel für einen perfekten Hauptgang oder auch nur ein Teil einer ganzen Tafel voller kleiner Leckereien – Abwechslung ist schließlich die Würze des Lebens.

Bei diesen Gerichten geht es nicht um Größe, sondern um Intensität. Die besten Esskulturen dieses Planeten häufen keine Berge auf große Teller. Ich liebe kleine Gemeinschaftsteller in der Mitte des Tisches. Kleine Häppchen hier, ein Stückchen dort, gute Gespräche und etwas, was man gemütlich nippen kann, so soll es sein!

Diese Gerichte eignen sich als Vorspeisen, können aber auch auf einem Tapas-Büfett stehen – ein veganer Traum!

Wenn nicht gerade eine Feier ansteht, machen wir uns selten etwas Besonderes zum Knabbern. Dabei ist das nicht schwerer, als eine Tüte Chips zu öffnen. Mit wenig Aufwand kann etwas köstlich Kreatives entstehen. Knabbereien sind Feste für die Finger.

Aber wir scheinen uns immer mehr zum professionellen Snack-Esser zu entwickeln – Hummus ist inzwischen unser Lieblingsdip, und was Supermärkte an Dips und Knabberkram bieten, ist atemberaubend (Das geht mir in Supermärkten mit fast allem so. Bei wie vielen Hummus-Varianten ist es zu viel?). Knabberkram selbst herstellen, macht Spaß und ist preiswert. Ein paar Gemüse, eine heiße Pfanne und schon hat man eine große Schüssel Gemüsechips! Solche kleinen Dinge machen mich glücklich.

Selbst gemachtes schmeckt immer besser – und die Gäste wissen es zu schätzen. Man bekommt mehr Weihnachtskarten, meist mit Lob für die leckeren Ahorn-Pekannüsse. Hier kommen kleine geröstete Leckereien und perfekte Pürees, die nicht »gekauft« schmecken und zudem vergleichsweise gesund sind. Außerdem haben sie eine Fabrik noch nicht einmal aus der Ferne gesehen!

Die Rezepte sind einfach zuzubereiten und eine tolle Ausrede, eine Party zu feiern. Die Resultate möchten Sie bestimmt mit Freunden und Familie teilen – und keiner wird merken, dass er vegan knabbert.

Selbst gemachte Gemüsechips

ERGIBT EINE GROSSE SCHÜSSEL (GENUG FÜR ACHT BIS ZEHN KNABBERER)

Gemüsechips sind so einfach zu machen, dass Sie nie wieder welche kaufen werden. Das Schöne beim Selbstmachen ist, dass Sie den Salzgehalt selbst bestimmen und sie sogar warm essen können – traumhaft. Die meisten Gemüse eignen sich hierfür, aber je mehr Stärke sie enthalten, desto besser. Ich mische gerne noch einen Apfel dazwischen.

Der Gemüsehobel ist ein gefährliches Gerät, also bitte immer den Gemüsehalter verwenden. Sie können auch die Küchenmaschine nehmen, aber die liefert unterschiedlich gute Ergebnisse. Oftmals bleiben ein paar krumme Enden übrig. Schneiden Sie die einfach von Hand so dünn wie möglich.

DAS BRAUCHT'S

1 Rote Bete
1 Pastinake
1 Kartoffel
1 Möhre
1 kleine Süßkartoffel
1 Apfel
Pflanzenöl zum Frittieren
Meersalz

SO GEHT'S

Den Backofen auf 150 °C vorheizen.

Das Gemüse schrubben und den Apfel schälen. Dann alles auf dem Gemüsehobel oder mit der Küchenmaschine in hauchdünne Scheiben schneiden. Eine große Pfanne ein Drittel hoch mit Öl füllen und auf 180 °C erhitzen (bis ein Wassertropfen sofort zu zischen beginnt – das dauert etwa 4 Minuten).

Das Gemüse portionsweise zwischen mehreren Lagen Küchenpapier kräftig trocken drücken, dann frittieren. Da die Gemüse unterschiedlich lange Zeit brauchen, sollten Sie sie separat frittieren – also bitte nicht Apfel und Kartoffel gemeinsam ins Öl geben. Leicht umrühren, damit sie nicht zusammenkleben. Mit Rote Bete und Möhren beginnen, da sie nach dem Frittieren weich werden können und länger brauchen, um im Ofen knusprig zu werden.

Wenn die Chips golden sind, sind sie fertig. Auf Küchenpapier abtropfen lassen, dann auf ein Backblech legen und 10–15 Minuten im Ofen knusprig backen. Warm mit etwas Meersalz bestreut servieren.

Bohnen-Avocado-Dip
mit Zitrone & Thymian

ERGIBT EINE GROSSE SCHÜSSEL

Herrlich grün und voll köstlich frischem Geschmack ist dieser Dip eine wunderbar sonnige Beilage oder ein toller Aufstrich. Die Erntezeit der dicken Bohnen ist eine meiner liebsten Jahreszeiten. Ich ploppe sie gerne aus ihren Schoten – das hat etwas Therapeutisches und viele Bohnen landen einfach direkt im Mund. Da die meisten Menschen sie aber leicht gekocht bevorzugen, blanchieren wir sie hier. Wenn die Bohnen nicht frisch gepflückt sind oder die Saison zu Ende geht, sollte man die manchmal ledrige Hülle abschälen. Ansonsten mischt man sie einfach mit knackigem Grün und genießt sie mit Gemüsesticks.

DAS BRAUCHT'S

300 g dicke Bohnen, ausgelöst

2 reife Avocados, geschält und entkernt

2 Knoblauchzehen, geschält und fein gehackt

1 große Handvoll frische Minze, gehackt

Blätter von 3 frischen Thymianzweigen

Saft von 1 Zitrone

fein abgeriebene Schale von ½ Bio-Zitrone

½ TL Meersalz

1 große Prise gemahlener schwarzer Pfeffer

2 EL Olivenöl

SO GEHT'S

Die dicken Bohnen in kochendem Salzwasser 5 Minuten blanchieren. Abgießen und abkühlen lassen.

Alle Zutaten bis auf das Olivenöl in den Mixer geben. Das Öl während des Pürierens einträufeln. Der Dip sollte schön glänzen. 2 EL sollten ausreichen, aber es darf bei Bedarf auch ruhig etwas mehr sein.

Dazu passen Gemüsesticks – Möhren sind immer beliebt, Sie können aber auch Rote Bete oder Kohlrabi zu Sticks schneiden oder Apfelspalten und Chicorée-Schiffchen dazu servieren.

Artischocken-Mandel-Püree

Dieses Püree beweist, wie cremig Gemüse sein kann. Die Mandeln sind ein wunderbares Gegengewicht zur Bitterkeit von Artischocke und Zitrone – ein mediterranes Traumpaar. In Spanien begegnet man dieser Kombination häufig und erwiesenermaßen lieben auch »Fleischesser« diesen Dip. Manche behaupten sogar, er sei der Höhepunkt der Mahlzeit. Ich kaufe frische Artischocken, wenn ich Zeit habe, sie mit Liebe und Sorgfalt zuzubereiten, verwende aber auch Herzen aus dem Glas. Die sind viel besser als die Dosen-Variante.

DAS BRAUCHT'S

400 g Artischockenherzen (aus dem Glas ist ok)

2 große Handvoll Mandeln, über Nacht in Wasser eingeweicht, geschält, oder blanchierte Mandeln

2 Knoblauchzehen, geschält und fein gehackt

1 TL getrocknete Minze

Saft von ½ Zitrone

½ TL Meersalz

3 EL Olivenöl

Zum Garnieren

grüne Kräuter nach Belieben (Petersilie, Minze oder auch Schnittlauch sind perfekt)

1 große Prise edelsüßes Paprikapulver

SO GEHT'S

Alle Zutaten in der Küchenmaschine oder im Mixer glatt pürieren.

Zum Garnieren mit frischen Kräutern und Paprikapulver bestreuen. Tipp: Meist serviere ich zum Dip Körner-Grissini oder richte ihn für schickere Anlässe in kleinen, ausgehöhlten Kirschtomaten an, was zugegebenermaßen etwas fummelig ist. Einfacher, aber ebenso schick: Obst- und Gemüsescheiben (Möhren, Gurke, Zucchini, grüne Äpfel etc.) mit etwas Dip belegt und mit Kräutern und Paprika bestreut!

Brunnenkresse-Wachsbohnen-Püree

Brunnenkresse wächst an sauberen Bächen oder Flüssen wie Unkraut. Wer wenig Zeit hat, kann Bohnen aus der Dose nehmen. Ich weiche meine Bohnen lieber selbst ein und koche sie dann. Dosenware schmeckt nicht so gut, hat eine andere Konsistenz und man bekommt auch nicht den leckeren Kochsud, den man weiterverwenden kann – um zum Beispiel das Püree damit zu verdünnen. Hefeflocken sind ein toller veganer Parmesanersatz bei allem, bei dem man Käsearoma haben möchte.

DAS BRAUCHT'S

6 große Handvoll Brunnenkresse

250 g getrocknete Wachsbohnen, eingeweicht und gekocht, oder 800 g Bohnen aus der Dose, abgetropft

2 große Knoblauchzehen, geschält und zerdrückt

3–5 EL Olivenöl

Saft von ½ Zitrone

1 TL Meersalz

Zum Garnieren

1 Handvoll Löwenzahnblätter (nur junge, frische Blätter)

2 EL Hefeflocken (s. S. 30) (nach Belieben)

SO GEHT'S

Die Brunnenkresse waschen, die Stielenden abschneiden. In einem kleinen Topf mit kochendem Salzwasser 1 Minute blanchieren, dann abgießen und gründlich abtropfen.

Alle Zutaten in der Küchenmaschine oder im Mixer zu einer dicken Creme pürieren. Mit ein wenig Wasser (oder Bohnensud) verdünnen.

Mit Körner-Grissini und gehackten Löwenzahnblättern servieren. Den Dip über die Blätter geben und mit Hefeflocken bestreuen.

Wachtelbohnen-Pâté mit Walnüssen & Rosinen

ERGIBT EINE GROSSE SCHÜSSEL

Diese herzhafte und leckere Pâté hat ein rauchiges Paprikaaroma. Da sie kräftig ist, serviere ich sie gerne in den Wintermonaten. Sie passt gut zu Drinks, da sie fast eine eigenständige Mahlzeit ist und sich die Happy Hour so gut in den späten Abend erstrecken kann. Geräuchertes Paprikapulver ist von wechselnder Qualität. Vom guten reicht 1 Teelöffel aus.

DAS BRAUCHT'S

285 g Wachtelbohnen, eingeweicht und gekocht, oder 800 g Bohnen aus der Dose, abgetropft

½ kleine rote Zwiebel, fein gewürfelt

3 Knoblauchzehen, geschält und zerdrückt

2 EL frische Thymianblätter

1 Handvoll frische Petersilie, fein gehackt

3 EL Olivenöl

75 g Kürbiskerne, geröstet

70 g Walnusskerne, grob gehackt

3 EL Rosinen, grob gehackt

1 TL geräuchertes Paprikapulver

1 TL Meersalz

Zum Garnieren (nach Belieben)

etwas Olivenöl zum Beträufeln

1 Prise geräuchertes Paprikapulver zum Bestreuen

SO GEHT'S

Alle Zutaten in den Mixer geben. 120 ml Wasser bei laufendem Motor einträufeln. Pürieren, bis eine stückige Konsistenz erreicht ist. Nicht zu fein pürieren. Ein wenig Olivenöl und Paprikapulver runden am Ende alles ab.

Der Dip schmeckt köstlich zu getoastetem Pumpernickel oder anderen kräftigen Brotsorten, wie etwa Schwarzbrot – dem Vater aller kräftigen Brote. Das volle Aroma und die Dichte von Vollkornbroten passen hervorragend zu dieser Wachtelbohnen-Pâté.

Salsa verde

FÜR SECHS

Jede Party braucht Salsa verde auf dem Canapé-Tisch – diese perfekte Mischung aus Zitrusspritzigkeit, Kräutern und feuriger Chili. Diese Art der grünen Sauce (nichts anderes heißt »Salsa verde«) gibt es überall auf der Welt, von Italien bis Mexiko. Wie ihr Geschmack ausbalanchiert ist, entscheidet jeder selbst. Ein paar warme Tortillas zu diesem einfachen Rezept und schon sind Sie fertig. Wenn Sie keine grünen Tomaten finden können, nehmen Sie einfach rote. Leicht unreif sind sie für Salsa am besten. Tomatillos – wenn man sie findet (manchmal bekommt man sie online) – haben einen herrlich bitteren, typisch mexikanischen Geschmack.

DAS BRAUCHT'S

4 große grüne Tomaten oder Tomatillos

2 große Handvoll frischer Koriander

1 große Handvoll frische Petersilie

1–2 frische rote Chilischoten, fein gewürfelt

2 Knoblauchzehen, geschält und zerdrückt

Saft von 1 großen Zitrone oder 2 kleinen Limetten

fein abgeriebene Schale von ½ großen Bio-Zitrone oder 1 kleinen Bio-Limette

½–1 TL Meersalz

SO GEHT'S

Alle Zutaten im Mixer glatt pürieren und bei Bedarf mit etwas mehr Wasser verdünnen. Manchmal möchte man die Salsa dünnflüssig, manchmal etwas dicker – je nach Verwendung. Für Dips sollten Sie sie dicker machen! Sie kann kalt oder auch warm serviert werden.

Grillgemüse mit Chermoula & Cashew-Hummus

FÜR VIER

Ein veganes Barbecue kann schon recht trist wirken, aber diese Gemüse sind ideal für den Grill und die kräftige Chermoula und das cremige Hummus entschädigen allemal für jegliche verbrannte Wurst. Chermoula bringt Würze und Feuer in jede Party. Sie gehört zu den Saucen, die nicht begleiten, sondern zum Star des Tellers werden. Cashew-Hummus ist einfach noch ein Stück dekadenter als sein Cousin aus Kichererbsen.

DAS BRAUCHT'S

1 rote Paprikaschote, in breite Streifen geschnitten

1 gelbe Paprikaschote, entkernt und in breite Streifen geschnitten

1 Aubergine, in 2 cm dicke Scheiben geschnitten

2 mittelgroße Zucchini, in 2 cm dicke Scheiben geschnitten

3 rote Zwiebeln, geviertelt

2 Fenchelknollen, in 1 cm dicke Scheiben geschnitten

4 EL Olivenöl

2 TL Kreuzkümmelsamen

2 TL Kümmelsamen

Meersalz und frisch gemahlener schwarzer Pfeffer

2 Handvoll Kirschtomaten

1× Cashew-Hummus (s. S. 160)

Für die Chermoula

1 TL Korianderkörner oder ½ TL gemahlener Koriander

1 TL Kreuzkümmelsamen oder ½ TL gemahlener Kreuzkümmel

100 g frischer Koriander

50 g frische Petersilie

2 Knoblauchzehen, geschält und zerdrückt

2 EL Zitronensaft

2 TL Bio-Zitronenabrieb

8 EL Olivenöl

SO GEHT'S

Die Grillpfanne oder den Grill anheizen. Das Gemüse (bis auf die Tomaten) in einer großen Schüssel mit dem Öl mischen. Unter häufigem Wenden auf dem Grill oder bei starker Hitze in der Pfanne rundum anrösten – falls nötig, portionsweise arbeiten. Abgedeckt warm stellen.

Den Backofen auf 200 °C vorheizen.

Das Gemüse mit Kreuzkümmel und Kümmel in eine Auflaufschale geben und mit dem restlichen Öl aus der Schüssel beträufeln. Mit Salz und Pfeffer abschmecken.

Unter zweimaligem Wenden und Beträufeln mit dem austretenden Saft 25–30 Minuten backen. Die Tomaten 5 Minuten vor Ende der Garzeit zugeben. In der Zwischenzeit das Cashew-Hummus zubereiten.

Für die Chermoula Koriander und Kreuzkümmel bei mittlerer Hitze in einer kleinen Pfanne 1 Minute trocken rösten, bis sie platzen. Dabei ständig schwenken, damit sie nicht anbrennen und bitter werden. Im Mörser zu Pulver zerstoßen. Dann die restlichen Zutaten, bis auf das Öl, zugeben und alles zerstoßen. Dabei das Öl langsam einträufeln. Die Sauce sollte dünnflüssig sein, daher nach Bedarf mehr Öl zugeben. In eine Schüssel füllen und beiseitestellen.

Das Gemüse auf einem großen, vorgewärmten Teller servieren und großzügig mit Chermoula beträufeln. Das Hummus dazu reichen. Luftiges Couscous rundet dieses Gericht perfekt ab. Mit Sesam-Mais-Pfannkuchen (s. S. 141) kann man aber auch köstliche Wraps herstellen.

Cashew-Hummus

ERGIBT EINE GROSSE SCHÜSSEL

Cashewkerne sind das Schlagsahne-Extra der veganen Küche. Die meisten Veganer lieben ihre Cashewkerne heiß und innig wegen ihrer seidigen Konsistenz und ihres herrlich cremigen Geschmacks. Durch Einweichen schließt man die Enzyme der Nüsse auf, wodurch der Körper ihre Nährstoffe einfacher verwerten kann. Außerdem werden sie dadurch wunderbar weich und sind einfacher zu pürieren. Ich gebe gerne viel Tahin in mein Hummus. Das macht das Rezept nicht nur noch gesünder, sondern auch superlecker. Dieses Hummus ist ziemlich reichhaltig, man braucht also nur wenig davon. Nur nicht übertreiben! Manchmal rühre ich noch zwei Handvoll Basilikum ein.

DAS BRAUCHT'S

300 g Cashewkerne, über Nacht eingeweicht

1–2 große Knoblauchzehen, geschält und zerdrückt

Saft von ½ Zitrone

½ TL Meersalz

3 EL Tahin

½ TL frisch gemahlene Kreuzkümmelsamen

100 ml Olivenöl, plus etwas Öl zum Beträufeln

SO GEHT'S

Cashewkerne, Knoblauch, Zitronensaft, Salz, Tahin und Kreuzkümmelsamen im Mixer glatt pürieren. Dabei die Maschine mehrfach abstellen und die Masse von den Gefäßwänden nach unten schieben.

Sobald alles vermengt ist, weitermixen und das Olivenöl einträufeln. Wenn das Hummus fast die richtige Konsistenz hat, 75 ml Wasser zugeben (es macht das Hummus etwas leichter). Weiter Öl einträufeln, bis das Hummus cremig ist. Mit Cashewkernen dickt es im Gegensatz zu Kichererbsen im Kühlschrank nicht an, darf also nicht zu stark verdünnt werden.

Mit ein wenig Olivenöl beträufeln und mit Selleriestangen zum Dippen und einem Lächeln servieren.

Gebackene »Hühnererbsen«

FÜR SECHS

Supereinfaches Party-Essen und köstlicher selbst gemachter Knabberkram. Die Kichererbsen sind sehr nährstoffreich – aber tausendmal preiswerter als Chips. Auf Englisch heißen Kichererbsen »Chickpeas«, also »Hühnererbsen«, daher der Name des Rezepts. Gesunde Snacks gibt es viel zu selten und die aus Kichererbsen sind meist frittiert. Dabei macht das viele Öl die positiven Eigenschaften zunichte. Zugegeben, auch diese Kichererbsen bekommen einen kräftigen Schluck Öl ab, aber sie gelingen auch mit weniger. Würzen Sie die gerösteten Kichererbsen nach Lust und Laune – ich nehme gerne rauchige Gewürze.

DAS BRAUCHT'S

350 g getrocknete Kichererbsen, über Nacht eingeweicht
250 ml Sonnenblumen- oder Erdnussöl
1 ½ TL Meersalz
½ TL geräuchertes Paprikapulver
¼ TL Cayennepfeffer
1 Msp. gemahlener Zimt

SO GEHT'S

Den Backofen auf 180 °C vorheizen.

Die Kichererbsen gründlich abtropfen und mit Küchenpapier trocken tupfen. Auf einem Backblech gründlich mit dem Öl mischen und dann gleichmäßig in einer Lage verteilen. Sie sollten nicht übereinanderliegen. 20 Minuten backen, einmal gut wenden und weitere 10–15 Minuten backen. Nun sollten sie goldgelb und schön knusprig sein.

Auf einen mit reichlich Küchenpapier ausgelegten Teller geben, um das überschüssige Öl loszuwerden, dann in eine Servierschüssel füllen. Salz und Gewürze in einer Schüssel vermengen und die noch heißen Kichererbsen damit bestreuen.

Ein paar der »Hühnererbsen« für sich selbst zur Seite stellen, denn diese Tierchen haben keine große Überlebenschance. Sofort servieren.

Süss-würzige Pekannüsse

FÜR VIER

Süß-würzig ist eine tolle Kombination für Nüsse; und Pekannüsse und Ahornsirup passen zusammen wie Mountie und Elch – sie sind sozusagen Kanadas Antwort auf Chapatti und Chai, Tequila und Nachos, schwarzen Kaffee und dunkle Schokolade. Dies ist ein Snack für einen besonderen Anlass, denn Pekannüsse sind wertvoll. Aber auch andere Nüsse schmecken mit dieser Zubereitung einfach umwerfend. Echter Ahornsirup ist nicht ganz preiswert, aber man sollte immer ein wenig im Vorratsschrank haben. Bei Ahornsirup gilt sowieso, dass weniger mehr ist, aber er schmeckt einfach unvergleichlich.

DAS BRAUCHT'S

200 g Pekannüsse

2 EL Rohrohrzucker

1–1 ½ TL Meersalz

2 Msp. Cayennepfeffer

1 große Prise gemahlener Zimt

1 TL edelsüßes Paprikapulver

1 große Prise gemahlener Ingwer

3 EL Ahornsirup

2 TL Pflanzenöl

1 TL fein abgeriebene Bio-Orangenschale

SO GEHT'S

Eine große Pfanne bei mittlerer Temperatur erhitzen und die Nüsse unter häufigem Schwenken oder Rühren rösten, damit sie nicht anbrennen. Nach 7–8 Minuten sollten sie ein wunderbares Nussaroma entfalten. Nun die restlichen Zutaten sowie 1 EL Wasser in die Pfanne geben, durchwärmen und 2–3 Minuten bei schwacher Hitze rühren.

Die Nüsse auf einem Backblech oder einer großen Platte ausbreiten – sie sollten mit Würzmischung umhüllt sein. Leicht abkühlen lassen und warm servieren.

Chewra-Nussmischung

FÜR SECHS

Was für ein Nuss-Fest! Inder sind einfach die Könige der kleinen Knabbereien und haben maßlos komplexe Rezepte für herzhafte Snacks, in Indien *namkeen* genannt, erdacht. Die meisten dieser salzigen Snacks werden frittiert und kommen in allen erdenklichen Farben und Variationen daher. Anscheinend werden jegliche Körner und Hülsenfrüchte zu *namkeen* verwandelt – die perfekten Snacks für eine Zugreise durch Indien. Geriebene Zwiebeln, Tomaten und frischer Koriander passen perfekt dazu – und natürlich eine kräftige Prise Gewürze. Im Winter sind Kastanien eine schöne Ergänzung im Chewra und senken den Fettgehalt ein wenig.

DAS BRAUCHT'S

3 EL Pflanzenöl

1 TL Kreuzkümmelsamen

2 TL schwarze Senfsamen

3 EL unraffinierter brauner Zucker (oder ein Zucker nach Wahl – Rohrzucker passt gut)

2 TL Garam masala

½ TL gemahlene Kurkuma

1 große Prise Cayennepfeffer

1 große Prise frisch gemahlener schwarzer Pfeffer

1–1 ½ TL Meersalz

je 1 Handvoll ungeröstete Mandeln, Erdnüsse, Cashew- und Walnusskerne und Rosinen

2 Handvoll gepufftes Getreide (traditionell nimmt man Reis, aber andere Varianten funktionieren ebenso)

SO GEHT'S

Den Backofen auf 180 °C vorheizen.

Das Öl in einer großen Pfanne bei mittlerer Temperatur 1 Minute erhitzen, dann Kreuzkümmel- und Senfsamen hineingeben und 30 Sekunden rösten, bis sie platzen. Den braunen Zucker zugeben und anschmelzen, dann Gewürze und Salz zufügen. Rühren, bis die Zuckermasse Blasen wirft, den Zucker aber nicht anbrennen lassen – er soll nicht karamellisieren, sondern nur leicht schmelzen.

Die Nüsse in die Pfanne geben und rundum mit der Würzmischung umhüllen. Dann auf einem mit Folie ausgelegten Backblech verteilen und 15–20 Minuten backen, bis sie goldbraun sind. Während des Backens mehrfach wenden und aufpassen, dass sie nicht anbrennen.

Die Nüsse auf dem Blech leicht abkühlen lassen, dann in einer Rührschüssel mit den Rosinen und dem gepufften Getreide mischen.

Warm servieren – und die Huldigungen der Gäste entgegennehmen.

Lauch, Brunnenkresse & Spargel mit Tofu-Gribiche

FÜR VIER BIS SECHS

Camping an der französischen Côte d'Or während der *vendange* (der Traubenernte) gehört zu meinen schönsten Erinnerungen. Wir waren schon um 9 Uhr morgens angeschickert (natürlich nur aus medizinischen Gründen wegen Rückenschmerzen) und hatten um 10 Uhr jeder schon ein ganzes Baguette mit Butter, marinierten Artischocken, Käse der Region und großen Schokoladenstücken intus (das schnelle Frühstück des Traubenpflückers – in meiner vorveganen Phase ungezügelter Verdauungsstörungen). Wie eine dicke Rolle Salzbutter, aber mit Beaujolais-geröteten Wangen und einem Lächeln kehrte ich nach England zurück. Seitdem hat sich viel geändert, aber meine Liebe zu gutem französischem Wein und *Sauce gribiche* ist geblieben. Dies ist meine vegane Version der traditionellen Sauce mit dem wunderbaren Kräutergeschmack.

DAS BRAUCHT'S

500 g junger Lauch, geputzt und gewaschen

400 g junger grüner Spargel, geputzt

300 g Brunnenkresse, gründlich gewaschen und getrocknet

1 EL Olivenöl

3 EL geröstete Pinienkerne

Für die Tofu-Gribiche
240 g fester Tofu, gut abgetropft

3 TL Kapern, abgetropft und grob gehackt

2 EL gehackte frische Estragonblätter

1 EL gehackter frischer Kerbel oder Petersilie

3 EL Olivenöl

½ TL unraffinierter brauner Zucker

1 EL Zitronensaft

1 TL Dijonsenf

Meersalz und frisch gemahlener schwarzer Pfeffer (nach Geschmack)

SO GEHT'S

Die *Sauce gribiche* vorab zubereiten. Dazu den Tofu in einer Schüssel mit der Gabel zerkleinern, bis er an gehacktes hart gekochtes Ei erinnert. Mit Kapern und Kräutern vermengen. Öl, Zucker, Zitronensaft, Senf, Salz und Pfeffer in einer Schüssel verquirlen, dann mit dem Tofu vermengen. Abdecken und mindestens 30 Minuten (besser 2 Stunden) im Kühlschrank ziehen lassen.

Einen mittelgroßen Topf zu zwei Dritteln mit Wasser füllen, etwas Salz hineingeben und sprudelnd zum Kochen bringen. Den Lauch 2 Minuten darin blanchieren, mit dem Schaumlöffel herausheben und abkühlen lassen. Das Wasser erneut aufkochen, dann den Spargel einige Minuten darin kochen, herausheben und beiseitestellen. Das Wasser nochmals aufkochen und die Brunnenkresse 30 Sekunden darin blanchieren, dann beiseitestellen (das Wasser als Brühe weiterverwenden).

Abgekühlten Lauch und Spargel mit Küchenpapier trocken tupfen (den Lauch vielleicht ein wenig drücken). Eine Grillpfanne bei hoher Temperatur erhitzen und mit ein wenig Öl einpinseln. Lauch und Spargel von jeder Seite 1 Minute rösten.

Das abgekühlte Gemüse mit der Brunnenkresse in eine flache Schüssel geben. Die Tofu-Gribiche darübergeben und mit Pinienkernen bestreuen – ein grünes Festmahl!

Geröstete Zucchini, Tomaten & Riesen-Croûtons mit Mandelcreme

FÜR VIER

In meiner Vorstellung ist dies genau das, was Millionen Italiener in einer geruhsamen Mittagspause essen. Ich selbst esse nur wenig Brot, aber wenn, dann am liebsten Sauerteigbrot. Ich bin meist auch zu faul, meine Tomaten zu schälen! Diese wunderbare Vorspeise nutzt frische sommerliche Zutaten und Brot, das schon ein wenig altbacken ist.

Wenn es glutenfrei sein soll, nehmen Sie Ihr bevorzugtes glutenfreies Brot.

DAS BRAUCHT'S

350 g reife Tomaten

2 kleine grüne Zucchini, geputzt und längs in 1 cm dicke Scheiben geschnitten

reichlich natives Olivenöl extra

3 Knoblauchzehen, geschält und mit 1 TL Meersalz zerdrückt

1 Handvoll frische Majoranblätter

je 1 große Prise Meersalz und grob gemahlener schwarzer Pfeffer

3 dicke Scheiben Sauerteigbrot (etwas altbacken ist prima)

1 Handvoll frische Basilikumblätter

1 TL Zitronensaft

Für die Mandelcreme

1 große Handvoll Mandeln, eingeweicht und aus den Häuten gedrückt oder blanchiert

50 ml ungesüßte Mandelmilch (oder Sojamilch)

1 TL Hefeflocken (s. S. 30)

1 Prise Meersalz

½ EL natives Olivenöl extra

SO GEHT'S

Den Backofen auf 200 °C vorheizen. Einen kleinen Topf mit Wasser zum Kochen bringen, die Tomaten unten X-förmig einschneiden und 1 Minute blanchieren. In einer Schüssel mit Eiswasser abschrecken, dann die Haut abziehen.

Die Zucchinischeiben auf ein Backblech legen und mit Olivenöl einpinseln. Knoblauch, Majoran und 2 EL Olivenöl in einer kleinen Schüssel verquirlen, dann salzen und pfeffern. Die Zucchini damit beträufeln und 15–20 Minuten im Backofen rösten.

In der Zwischenzeit das Sauerteigbrot in 5 cm große Würfel reißen, auf ein zweites Blech legen und mit einem guten Schluck Olivenöl beträufeln. Mit den Händen mischen. 5–7 Minuten in den Backofen geben, erneut durchmischen und weitere 3–4 Minuten rösten. Die Croûtons sollten außen knusprig, aber innen noch weich sein.

Für die Mandelcreme die eingeweichten, geschälten Mandeln im Mixer zur Konsistenz von Erdnussbutter pürieren. Dabei die Wände des Mixerbehälters mehrfach freikratzen. Die übrigen Zutaten zugeben und zu einer glatten Sauce mixen.

Die Sauerteig-Croûtons auf einer großen Servierplatte verteilen. Die Tomaten horizontal halbieren und das Brot mit Saft und Kernen der Hälfte der Tomaten beträufeln. Das Fruchtfleisch grob hacken und darüber verteilen. Die gerösteten Zucchini darauf anrichten und mit den restlichen halbierten Tomaten belegen. Die Basilikumblätter klein zupfen und darüberstreuen, dann mit Zitronensaft beträufeln. Zum Schluss mit Mandelcreme beträufeln und sofort servieren.

Rote-Bete-Kreuzkümmel-Puffer mit Meerrettich-Dill-Joghurt

ERGIBT ACHT BIS ZEHN PUFFER

Diese kleinen Puffer bersten förmlich vor Geschmack und der Kräuter-Meerrettich-Joghurt rundet das Bouquet perfekt ab. Eine kräftig-frische Sauce passt zu jedem gebratenen Essen und erfrischt den Gaumen. Die süße Erdigkeit der Roten Bete und der Duft des Kreuzkümmels sind wie füreinander gemacht. Ich greife hier gerne zu allen möglichen Erbsen oder Bohnen, aber Edamame haben einfach eine schöne knackige Textur, die prima zum nussigen Biss der Puffer passt. Sie können jedes beliebige Mehl nehmen, aber ich bevorzuge glutenfreies Kichererbsenmehl.

DAS BRAUCHT'S

1 große Kartoffel, geschrubbt und gewürfelt

125 g fester Tofu, abgetropft und zerdrückt

40 g Buchweizen- oder Vollkorn-Weizenmehl

1 Handvoll frische Minzeblätter, fein gehackt

fein abgeriebene Schale von 1 Bio-Zitrone

1 TL Meersalz

1 Msp. frisch gemahlener schwarzer Pfeffer

300 g Rote Bete, geschrubbt und grob gerieben

1 Handvoll Edamame/Erbsen/dicke Bohnen

1 ½ TL Kreuzkümmelsamen

Pflanzenöl zum Frittieren

1× Meerrettich-Dill-Joghurt (s. S. 330)

Zum Garnieren

1 große Handvoll Brunnenkresse oder Spinatblätter (nach Belieben)

2 Frühlingszwiebeln, in dünne Ringe geschnitten (nach Belieben)

SO GEHT'S

Die Kartoffel in einem Topf mit Wasser bedecken, leicht salzen und zum Kochen bringen. 25 Minuten gar kochen. In ein Sieb abgießen, gut stampfen und abkühlen lassen.

Den Meerrettich-Dill-Joghurt zubereiten. Das geht auch im Voraus.

Die handwarme Kartoffel mit Tofu, Mehl, Minze, Zitrone, Salz und Pfeffer vermengen. Die geriebene Rote Bete und die Erbsen mit den Händen sanft einarbeiten, bis alles gut vermengt ist. Wir mögen es, wenn die Puffer noch stückig sind und ordentlich Textur haben.

Die Kreuzkümmelsamen bei mittlerer bis schwacher Hitze in einer Pfanne 1 Minute rösten, bis sie platzen und zu duften beginnen. Im Mörser grob zerstoßen, dann in den Pufferteig rühren.

In der gleichen Pfanne ½ EL Öl bei mittlerer Temperatur erhitzen und darauf achten, dass der Pfannenboden von Öl überzogen ist. 2 gehäufte EL Pufferteig auf einmal in die Pfanne geben und mit dem Löffelrücken flach streichen, bis der Puffer ungefähr 1 cm dick ist. 3–4 Minuten von einer Seite und etwas kürzer von der anderen Seite braten. Auf diese Weise mehrere Puffer auf einmal braten und wiederholen, bis der Teig aufgebraucht ist. Auf Küchenpapier abtropfen lassen und im Backofen warm stellen.

Die warmen Puffer nach Belieben auf einem Bett aus Brunnenkresse oder Spinatblättern anrichten, mit Frühlingszwiebeln garnieren und mit dem Meerrettich-Dill-Joghurt servieren.

Muhammara (syrischer Paprika-Walnuss-Dip) mit warmen schwarzen Oliven

ERGIBT EINE KLEINE SCHÜSSEL

Dieses Gericht ist weit mehr als ein schlichter Dip. Die Geschmackskombinationen sind typisch südliches Mittelmeer, das Paradies für vegan veranlagte Gourmets. Viele Kulturen beanspruchen Muhammara für ihre Landesküche und ich werde mich hier fein raushalten. Ich weiß nur, dass die Welt in Ordnung ist, wenn warmes Fladenbrot mit Muhammara und salzigen Oliven zusammenfindet. Rote Paprika sind eine der besten Quellen für Vitamin C und dazu sind sie auch noch süß und fruchtig und passen perfekt in dieses Rezept.

Wenn es glutenfrei sein soll, ersetzen Sie das Brot durch eine glutenfreie Sorte.

DAS BRAUCHT'S

2 große rote Paprikaschoten

2 EL fruchtiges Olivenöl

1 TL Chiliflocken

2 Scheiben Vollkornbrot ohne Kruste (am besten vom Vortag)

2 große Handvoll Walnusskerne

1 ½ EL Granatapfelsirup (ersatzweise Saft von ½ Zitrone)

1 TL Rohrohrzucker

½ TL geräuchertes Paprikapulver

125 g fester Tofu

½ TL Meersalz

Zum Garnieren

1 Schluck Olivenöl

½ Handvoll frische Petersilie, fein gehackt

1 große Prise geräuchertes Paprikapulver

Für die warmen Oliven

2 EL Olivenöl

½ TL Kreuzkümmelsamen

½ TL Fenchelsamen

½ TL Chiliflocken

1 Knoblauchzehe, zerdrückt

200 g schwarze Oliven

fein abgeriebene Schale von ½ Bio-Zitrone

2 EL gehackte frische Petersilie

SO GEHT'S

Den Backofen auf 220 °C vorheizen.

Die Paprika mit ein wenig Olivenöl einreiben und auf einem Backblech unter einmaligem Wenden 15–20 Minuten im Ofen rösten, bis die Schale leicht ansengt und das Fruchtfleisch sehr zart ist. In eine Schüssel legen, mit Frischhaltefolie abdecken und abkühlen lassen. Die Paprika halbieren und die Kerne auslösen. Die bittere Schale abziehen – das sollte ganz leicht gehen.

Die Paprika mit den übrigen Zutaten für das Muhammara im Mixer cremig mixen.

Für die warmen Oliven Öl, Kreuzkümmel- und Fenchelsamen, Chiliflocken und Knoblauch in einer kleinen Pfanne 30 Sekunden braten, dann Oliven und Zitronenschale zugeben und zum sanften Köcheln bringen. Vom Herd nehmen und die Petersilie einrühren. Bis zum Servieren abgedeckt beiseitestellen.

Das Muhammara zum Servieren in die Mitte eines großen Tellers geben, mit Olivenöl beträufeln und mit Petersilie und Paprikapulver bestreuen. Getoastetes Fladenbrot um den Tellerrand herum anrichten und eine Schale mit den warmen Oliven dazu reichen.

Shiitake-Tempura mit Wasabi-Mayo

FÜR VIER BIS SECHS

Die Japaner wissen alles über die Kunst des Frittierens und zaubern dabei die leichtesten, knusprigsten Teige mit ganz wenig Öl. Diese Art des Frittierens ist tatsächlich gesünder als Braten. Dabei kommt es auf die perfekte Temperatur an, bei der das Frittiergut nur wenig Öl aufnimmt und einfach nur perfekt goldgelb frittiert. Tempura funktioniert nur mit wirklich heißem Öl und gekühltem Teig. Übrig gebliebenen Teig können Sie einfach als leckeren kleinen Snack frittieren. Wenn Sie keine Shiitakepilze bekommen, können Sie auch jeden anderen Pilz auf diese Weise zubereiten.

DAS BRAUCHT'S

500 ml Frittieröl (oder genug zum Frittieren)

4 EL Weizenmehl zum Bestäuben

300 g frische Shiitakepilze (Austernpilze sind auch prima)

Für den Teig

240 g Weizenmehl

½ TL Meersalz

Für die Wasabi-Mayo

250 g Seidentofu

Saft von ½ Zitrone

3–4 EL Wasabipaste

2 EL Olivenöl

Meersalz (nach Geschmack)

Zum Garnieren

3 Handvoll Brunnenkresse oder Spinatblätter

SO GEHT'S

Für die Mayonnaise den Tofu mit Zitronensaft und Wasabi im Mixer verrühren und das Öl in dünnem Strahl zugießen, bis die Mayo glänzt. Mit Salz abschmecken und die Mayo zum Dippen in eine kleine Schale füllen (ich liebe Wasabi und gebe meist noch einen weiteren Löffel dazu).

Für den Teig Mehl und Salz mit 475 ml eiskaltem Wasser in einer flachen Schüssel verquirlen. Klumpen sind kein Problem und machen das Tempura noch leichter. Den Teig 20 Minuten im Kühlschrank kalt stellen.

Den Ofen auf niedrigster Stufe vorheizen. Das Öl in einem großen, schweren Topf auf 160–180 °C erhitzen. Es ist bereit, wenn es leicht raucht und ein Tropfen Teig kräftig brutzelt.

Das Mehl auf einen Teller streuen und die Shiitakepilze locker darin wenden, damit der Teig besser haften bleibt.

Die Pilze in den Teig tauchen, um sie rundum zu überziehen, dann sofort ins heiße Öl geben. Das funktioniert am besten, wenn man schnell arbeitet. Je näher die Teigschüssel an der Fritteuse steht, desto weniger muss man hinterher putzen. 1–2 Minuten frittieren, dann mit einem Schaumlöffel zum Abtropfen auf Küchenpapier legen.

Weitere Portionen frittieren, ohne die Fritteuse zu überfüllen, bis alle Pilze fertig sind. Einen Grillrost auf ein Backblech legen und bereitstellen, sodass die fertigen Tempura darauf im warmen Ofen abtropfen können. Mit einer guten Vorbereitung hat man weniger Stress, wenn es beim Frittieren schnell gehen muss. Tempura MUSS knusprig sein.

(Forts.) ➡

Warm mit Brunnenkresse oder Spinat und kleinen Schalen Wasabi-Mayo zum Dippen servieren. Mit übrig gebliebenem Teig können Sie Früchte und Gemüse ausbacken, die Sie gerade herumliegen haben. Tempura-Teig eignet sich wirklich für alles!

Extras

- Tempura ist wahnsinnig vielseitig: Sie können zum Beispiel gehackte Zwiebeln und Maiskörner in den Teig rühren und sich binnen einer Minute einen leckeren Puffer machen.

- Tempura-Pastinaken sind unfassbar lecker und werden genauso gemacht wie die Shiitake. Sie brauchen nur eine Minute länger im Öl.

Enoki- & Kastanien-Gyoza mit Teriyaki-Dipsauce

ERGIBT ZWANZIG TEIGTASCHEN

Enokipilze stammen aus Japan, sind aber heute fast überall erhältlich. Wantan-Blätter ohne Ei findet man in asiatischen Lebensmittelgeschäften, die sie meist in großen Packungen verkaufen, sodass man einen Teil für später einfrieren kann. Gelbliche Blätter enthalten vermutlich Ei, während eifreie Teigblätter meist blass, aber immer noch sehr lecker sind. Die Zubereitung der Teigtaschen ist ein bisschen fummelig, aber sobald Sie den Dreh raushaben, wird es einfacher, diese leckeren Taschen zu füllen. Ich dämpfe meine Gyoza gerne, aber Sie können sie auch knusprig, golden und verführerisch braten. Durch das Dämpfen bekommt man halt den typischen knusprigen Boden und die weiche Oberseite wie bei richtigen japanischen Gyoza (im Chinesischen *jiaozi*, die in China auch gelegentlich »Topfkleber« genannt werden).

Wenn es glutenfrei sein soll, nehmen Sie Wantan-Blätter aus Reismehl.

DAS BRAUCHT'S

10 geröstete Kastanien, geschält und fein gehackt

2 Knoblauchzehen, geschält und fein gerieben

1 Stück Ingwer (4 cm), geschält und gerieben

½ gelbe Paprikaschote, fein gewürfelt

2 Frühlingszwiebeln, in dünne Ringe geschnitten

½ Aubergine, fein gewürfelt

2 TL geröstetes Sesamöl

2 EL Pflanzenöl

80 g Enokipilze ohne die holzigen Stiele, grob gehackt

1½ EL Tamari

½ Packung eifreie Wantan-Blätter

Chiliöl

1× Selbst gemachte Teriyaki-Sauce (s. S. 329)

(Forts.) ➡

SO GEHT'S

Zunächst die Teriyaki-Sauce zubereiten.

Wenn die Kastanien noch nicht geröstet sind, auf der gewölbten Seite kreuzförmig einschneiden und auf ein Backblech setzen. Den Backofen auf 180 °C vorheizen und unter einmaligem Wenden 20 Minuten im Ofen rösten, bis sie süß und zart sind (und nicht bereits platzen!).

Ich röste meist eine größere Menge und hebe einen Teil für später auf.

Knoblauch, Ingwer, Paprika, Frühlingszwiebeln, Aubergine und Sesamöl im Mixer mit der Intervallschaltung grob zerkleinern.

1 EL Pflanzenöl bei mittlerer Hitze in einer Pfanne erhitzen. Die Auberginenmischung hineingeben und 5–7 Minuten braten, dann Enokipilze, Kastanien und Tamari zugeben. Weitere 5 Minuten sanft köcheln lassen, bis die Flüssigkeit komplett verkocht ist.

Die Wantan-Blätter auslegen. Die obere Hälfte jedes Blattes mit ein wenig Wasser bepinseln. 1½ TL der Füllung in die Mitte jedes Teigblattes geben und die untere Hälfte des Blatts über die Füllung schlagen, sodass die Ränder aufeinanderliegen. Den Teig sanft an die Füllung drücken und die Ränder zusammenpressen.

Die Taschen nicht überfüllen, weil sie sonst platzen! Hier braucht es ein wenig origamiartiges Feingefühl, wenn Sie Mini-Empanadas falten oder einfach die Ränder zwischen Zeigefinger und Daumen zusammendrücken, sodass die Taschen aufrecht stehen.

Eine große Pfanne mit 1 EL Pflanzenöl auspinseln und bei mittlerer bis hoher Temperatur erhitzen. Sobald das Öl rauchheiß ist, die Teigtaschen hineinsetzen und 1 Minute hellgoldgelb anbraten. 100–150 ml Wasser angießen, einen dicht schließenden Deckel auflegen und die Taschen dämpfen. Sie sind gar, wenn das komplette Wasser verkocht und die Unterseite schön goldbraun ist – das sollte 1–2 Minuten dauern. Wenn das Wasser zu schnell verkocht, mehr Wasser nachfüllen. Aufdecken und die Taschen 1 weitere Minute im restlichen Öl braten, bis die Unterseiten dunkelbraun und knusprig und die Oberseiten gar sind. Die Taschen setzen gerne am Pfannenboden an, lassen sich aber leicht mit einem dünnen Pfannenwender ablösen.

Direkt aus der Pfanne mit Chiliöl oder der Teriyaki-Sauce servieren oder 3 EL Tamari mit 3 EL Reisessig und 2 EL braunem Reissirup zu einer einfachen japanischen Dipsauce verrühren. Guten Appetit!

Diese Gyoza lassen sich wunderbar einfrieren. Ich mache meist die doppelte Menge und lege die eine Hälfte für später ins Gefrierfach.

Linsen- & Quinoa-Falafel mit Tahin-Zitronen-Sauce

ERGIBT ZWANZIG BIS VIERUNDZWANZIG FALAFEL

Ich liebe Falafel, und die besten Falafel-Wraps der Welt gibt es in Acton in West-London: Brot aus dem Steinofen, Hummus, das auf der Zunge schmilzt, knackiger Salat … und das alles zubereitet von einem charmanten Schnauzbart aus Beirut.

Dies ist eine tolle Idee für ein veganes Barbecue. Die Tahinsauce spendet Cremigkeit und die Illusion eines libanesischen Imbissstands. Sobald Sie das Rezept beherrschen, können Sie es nach Herzenslust anpassen: Burger kommen bei Grillpartys immer gut an, aber Sie können auch bei der üblichen Falafel-Form bleiben. Ich verwende manchmal glutenfreies Kichererbsenmehl anstelle der Semmelbrösel.

DAS BRAUCHT'S

175 g braune oder grüne Linsen

175 g Quinoa

1 kleine Zwiebel

3 Knoblauchzehen

1 Stück Ingwer (2,5 cm), geschält

1 TL Kreuzkümmelsamen

2 TL Korianderkörner

2 EL Olivenöl

½ TL gemahlene Kurkuma

1 Msp. gemahlener Piment

1 Msp. Chiliflocken oder 1 Msp. Chilipulver

1 TL Meersalz

100 g Seidentofu

80 g Semmelbrösel oder 50 g Kichererbsenmehl

½ TL Speisenatron

3 EL geröstete Sonnenblumenkerne

½ EL Sesamsamen

1 Handvoll frische Petersilie, fein gehackt

2 EL Rosinen, fein gehackt

fein abgeriebene Schale von ½ Bio-Zitrone

Zum Bestäuben

25 g Kichererbsenmehl

½ EL Sesamsamen

Für die Tahin-Zitronen-Sauce

100 g Tahin

fein abgeriebene Schale und Saft von ½ Bio-Zitrone

50 g Seidentofu

1 große Knoblauchzehe, geschält und zerdrückt

¼ TL gemahlener Kreuzkümmel

1 große Prise Meersalz

Zum Servieren

4–6 Vollkorn-Wraps

1 Handvoll knackige Salatblätter

2 Tomaten, fein gehackt

3 Frühlingszwiebeln, in dünne Ringe geschnitten

½ TL geröstete Sesamsamen

½ Handvoll frische Petersilie, gehackt

1 TL Sumach (nach Belieben)

SO GEHT'S

Linsen und Quinoa am besten im Voraus kochen. Bis zur Verwendung im Kühlschrank aufbewahren.

(Fort.) ➡

Die Linsen in einem Topf mit Wasser bedecken. Alles, was auf dem Wasser schwimmt, absammeln. Abgießen und mit frischem Wasser bedecken. Zum Kochen bringen, die Temperatur auf schwache Hitze reduzieren und 30–35 Minuten gar köcheln lassen. Gut abtropfen und abkühlen lassen.

Die Quinoa im gleichen Topf 2 cm hoch mit Wasser bedecken. Zum Köcheln bringen, dann abdecken und 15–20 Minuten (oder nach Packungsangabe) köcheln lassen. Mit einer Gabel auflockern, dann abkühlen lassen. Mit den Linsen vermengen und beiseitestellen.

Zwiebel, Knoblauch und Ingwer im Mixer zu einer dicken Paste pürieren.

Kreuzkümmelsamen und Korianderkörner in einer großen Pfanne 1 Minute rösten, bis sie zu duften beginnen, dann im Mörser zerstoßen. 1 EL Olivenöl in der Pfanne erhitzen und bei mittlerer Temperatur erhitzen. Die Zwiebelpaste unter häufigem Rühren 5 Minuten darin anbraten, bis sie hellgoldgelb ist. Gewürze und Salz zugeben und 2 Minuten erhitzen, bis sie duften. Den Seidentofu einrühren und zum Abkühlen beiseitestellen.

Semmelbrösel (oder Kichererbsenmehl) und Natron mit der Zwiebelmischung und zwei Dritteln der Linsen-Quinoa-Mischung im Mixer glatt mixen. In eine große Schüssel geben, dann Kerne und Samen, Petersilie, Rosinen, Zitronenschale und den Rest der Linsen-Quinoa-Mischung zugeben. Mit einem Holzlöffel gründlich vermengen und 30 Minuten in den Kühlschrank stellen.

Den Backofen auf 180 °C vorheizen.

Den Teig mit feuchten Händen (das geht deutlich einfacher) zu etwas mehr als golfballgroßen Falafeln formen. Kichererbsenmehl und Sesamsamen auf einem Teller mischen und die Falafel in dieser Panade wälzen, um sie rundum zu überziehen. Auf ein großes eingeöltes Backblech setzen und im Öl wälzen. Unter einmaligem Wenden 25–30 Minuten im Backofen backen.

Für die Tahin-Zitronen-Sauce alle Zutaten im Mixer vermengen und 75 ml Wasser nach und nach zugeben. Es sollte eine dünnflüssige, gießfähige und sämige Sauce von der Konsistenz süßer Sahne entstehen.

Die Falafel auf warmen Vollkorn-Wraps mit knackigen Salatblättern und gehackten Tomaten sowie Frühlingszwiebeln anrichten, mit der Tahin-Zitronen-Sauce beträufeln (weitere Sauce in einer Schale bereitstellen) und mit Sesamsamen und gehackter Petersilie bestreuen. Mit Sumach bestreuen (falls verwendet). So gehört das!

Dazu schmeckt auch ganz hervorragend ein Grüne-Tomaten-Ingwer-&-Orangen-Chutney (s. S. 331).

Kalte Lumpia mit Dipsauce

ERGIBT ZWÖLF FRÜHLINGSROLLEN

Lumpia sind im Prinzip philippinische Frühlingsrollen. Man reicht dazu in der Regel eine Dipsauce, aber ich mag auch Pinakurat, einen fermentierten Kokosessig (wenn Sie ihn bekommen können), oder Malzessig. Lumpia sind meist recht schlicht – Möhren, Bohnensprossen und Kohl –, aber ich habe hier noch ein paar meiner Lieblingszutaten hinzugefügt. Ich lasse die Rollen gerne roh. Die frittierten Frühlingsrollen sind auch sehr lecker, aber meist auch sehr fettig. Diese Variante ist leicht und einfach zuzubereiten. Es sollten zwei schöne dicke Rollen pro Person herausspringen.

DAS BRAUCHT'S

12 Reispapierblätter

1× Dipsauce (s. S. 330)

Für die Füllung
½ kleine Süßkartoffel, geschält und grob gerieben

2 große Handvoll Bohnensprossen

½ gelbe Paprikaschote, in dünne Stifte geschnitten

6 Blätter Chinakohl oder Pak Choi, in dünne Streifen geschnitten

200 g fester Tofu, abgetropft und zerkrümelt

3 Frühlingszwiebeln, klein geschnitten

3 EL frische oder getrocknete Kokosraspeln

2 Knoblauchzehen, geschält und zerdrückt

1 Stück Ingwer (4 cm), gerieben

1 große rote Chilischote ohne Kerne, sehr fein gewürfelt

1 Handvoll Cashewkerne, fein gehackt

Saft und fein abgeriebene Schale von ½ Bio-Limette

1 Msp. Fünf-Gewürze-Pulver

1 Handvoll Koriandergrün, fein gehackt

½ TL Meersalz

Zum Servieren
75 ml Kokosessig (Pinakurat, nach Belieben)

SO GEHT'S

Die Dipsauce ein wenig im Voraus zubereiten, damit sich ihre Aromen entfalten können.

Alle Zutaten für die Füllung in einer großen Schüssel gut vermengen.

Die Reispapierblätter nach Anleitung auf der Verpackung in warmem Wasser einweichen. Auf einem leicht feuchten Schneidebrett auslegen und 3 EL der Füllung näher an einer der beiden Längsseiten auf jedes Blatt geben. Die Enden einschlagen und die Blätter zweimal um die Füllung aufrollen. So sollten schöne, fest gepackte, durchscheinende Frühlingsrollen entstehen. Es ist alles nur eine Frage der Übung, die man schnell hat. Wenn man es einmal beherrscht, ist es wie Radfahren!

Die Lumpia entweder ganz oder diagonal halbiert servieren, sodass man die leckere Füllung sehen kann. Reichen Sie dazu Schalen mit Dipsauce und Kokosessig, wenn Sie welchen haben. Lumpia schmecken auch großartig mit guter Tamari oder lecker-süßer Chilisauce.

Masarap (lecker)!

Oliven-Artischocken-Pissaladière mit Pinienkernen

FÜR VIER

Dies ist eine superleckere provenzalische Pizzavariante. Eigentlich gehören Sardellen zu diesem Rezept, aber die Oliven, Paprika und Artischocken sind hier ein guter Ersatz. Mein Kumpel Mike (überzeugter Fleischliebhaber und Besitzer des *Pot Kiln* in Berkshire) macht die beste Pissaladière der Welt. Ich glaube, sogar er würde diese vegane Variante mögen. Für dieses Rezept brauchen Sie hochwertige schwarze Oliven und gut abgespülte Artischockenherzen aus dem Glas (es sei denn, Sie wollen sie frisch zubereiten).

DAS BRAUCHT'S

3–4 EL Olivenöl

3 große Zwiebeln, geschält und gehackt

2 Knoblauchzehen, geschält und zerdrückt

½ TL Rohrohrzucker

1 EL Balsamico-Essig

2 rote Paprikaschoten, in dicke Streifen geschnitten

4 EL schwarze Oliven, halbiert

2 EL frische Thymianblätter

200 g Artischockenherzen, in dünne Scheiben geschnitten

Meersalz und frisch gemahlener schwarzer Pfeffer

Für den Teig

1 TL Trockenhefe

250 g Mehl (Type 550)

½ TL Salz

2 EL Olivenöl

Zum Garnieren

4 EL Pinienkern-Parmesan (s. S. 336)

SO GEHT'S

Für den Teig die Hefe in 1 EL Wasser auflösen, dann Mehl und Salz in eine große Schüssel sieben. Eine Mulde in die Mitte drücken, Hefe und 170 ml Wasser sowie das Olivenöl hineingießen und mit den Händen zu einem klebrigen Teig vermengen. 5–6 Minuten auf einer leicht bemehlten Arbeitsfläche kneten, bis der Teig schön elastisch ist. Mit den Händen leicht einölen und in eine Schüssel legen. Mit einem feuchten Küchentuch abdecken und etwa 1 Stunde an einem warmen Ort auf doppeltes Volumen gehen lassen.

1 EL Olivenöl in einer Pfanne erhitzen und die Zwiebeln unter häufigem Rühren 45 Minuten bei geringer Hitze braten, bis sie karamellisiert und tiefgolden sind. Einen Spritzer Wasser zugeben und die Temperatur leicht reduzieren, wenn die Zwiebeln ansetzen. Den Knoblauch zugeben, die Temperatur erhöhen und 3 Minuten braten, dann Zucker und Essig zufügen. Durchrühren und weitere 10 Minuten garen. Auf diesem Weg sollte eine wunderbar süße Zwiebelkonfitüre entstehen – perfekt! 2 EL Olivenöl in einer kleinen Pfanne erhitzen und die Paprika darin anbraten. 8–10 Minuten rundum karamellisieren. Den Backofen auf 200 °C vorheizen.

Den Teig kurz zurückschlagen, dann auf leicht bemehltem Backpapier sehr dünn zu einem etwa 30 × 25 cm großen Rechteck ausrollen. Er wird im Backofen noch etwas aufgehen. Den Boden mit dem Papier auf ein Backblech heben und die Zwiebeln darauf verteilen, gefolgt von Oliven und Thymian, Artischocken und Paprikastreifen. Leicht mit Olivenöl besprenkeln, dann salzen und pfeffern. Den Teigrand mit Olivenöl einpinseln und die Pissaladière 20–25 Minuten backen, bis der Boden knusprig und goldbraun ist. Mit Pinienkern-Parmesan garnieren und servieren.

Seitan- & Süsskartoffel-Kebabs mit Mango-Barbecue-Sauce

FÜR SECHS GROSSE KEBABS

Diese herzhaften und süßen Spieße sind das perfekte Essen, wenn Freunde und Familie zu Besuch sind, die nicht alle zur Tofu-Brigade zählen. Kaufen Sie für diese Kebabs große Seitan-Blöcke – es schmeckt wie Fleisch (was jeden Fleischesser verwirren wird!). Schieben Sie die Spieße einfach unter den Backofengrill und feiern Sie ein zünftiges Grillfest!

DAS BRAUCHT'S

240 g Seitan, in 5-cm-Stücke geschnitten

2 EL Tamari

2 Süßkartoffeln, abgeschrubbt und in 2,5-cm-Würfel geschnitten

1 EL Pflanzenöl

1 gelbe Paprikaschote, in 5-cm-Stücke geschnitten

1 grüne Paprikaschote, in 5-cm-Stücke geschnitten

1 Kochbanane, in 5-cm-Stücke geschnitten

1 rote Zwiebel, geviertelt, dann halbiert

6 große rote Chilischoten (nach Geschmack)

3 EL Olivenöl

Meersalz und schwarzer Pfeffer

Brunnenkresse (oder Spinat, nach Belieben)

1× Mango-Barbecuesauce (s. S. 325)

SO GEHT'S

6 Holzspieße 1 Stunde wässern, damit sie nicht anbrennen, oder Metallspieße verwenden.

Den Backofen auf 180 °C vorheizen. Den gut abgetropften Seitan (überschüssige Flüssigkeit ausdrücken) mit der Tamari in eine Schüssel geben. Durchmischen und 30 Minuten im Kühlschrank marinieren. Die Süßkartoffeln in etwas Pflanzenöl wenden und vor dem Grillen 20 Minuten im Backofen vorgaren.

Alle Zutaten bereitstellen und auf die Spieße geben. Es kommt hier nicht auf Genauigkeit an, solange Seitan und Gemüse gut verteilt auf den Spießen stecken. Jeden Spieß mit einer dicken Chili abschließen. Auf einen großen Teller legen, gut mit Olivenöl bepinseln und mit Salz und Pfeffer bestreuen.

Die Mango-Barbecue-Sauce zubereiten. 6 EL der Sauce im Mixer lassen und glatt mixen. Das ist die Marinade für die Kebabs. Der Rest kommt als Sauce mit auf den Tisch.

Die Spieße nicht auf dem Holzkohlegrill verbrennen (das ist unter dem Backofengrill viel leichter zu kontrollieren). Die Hitze soll gleichmäßig, aber nicht zu stark sein. Am besten wartet man, bis die Flammen erlöschen und die Kohle weiß glüht – das dauert etwa 30 Minuten. Die Kohle gleichmäßig verteilen, dann die Kebabs auf den Rost legen. Wir mögen knusprige, leicht angesengte Ränder, aber keinen rohen Zwiebelgeschmack oder noch halb rohe Süßkartoffeln.

Die Kebabs unter regelmäßigem Wenden 10 Minuten grillen, aber nicht zu viel bewegen. Sobald sie gut gebräunt sind, mit der Marinade bepinseln und 10 Minuten weiter wenden und bepinseln. Die Kebabs im Backofengrill auf die unterste Schiene legen und alle paar Minuten wenden. Sie sollten 15–20 Minuten brauchen – gegen Ende der Garzeit regelmäßig bepinseln. Die Marinade passt auch zu Ofengemüse. Die Kebabs zum Servieren nach Belieben mit Brunnenkresse oder Spinat garnieren und mit der Mangosauce beträufeln.

Griechische Filo-Taschen mit cremigem Pesto

ERGIBT VIERUNDZWANZIG TEIGTASCHEN

Die griechische Küche hat mich als jungen Mann sehr beeindruckt. Auf den meisten Speisekarten spielen natürlich frische Meeresfrüchte und herzhafte Fleischgerichte die Hauptrolle, aber wie in allen großen Kochkulturen findet man unter der Oberfläche auch eine Fülle veganer Angebote. Ich liebe Dolmades, kann aber in Wales keine vernünftigen Weinblätter finden. Deshalb habe ich zu Filoteig gegriffen und die Kulinarik um den klassischen Geschmack von Dolmades in einer knusprigen Filohülle frisch aus dem Ofen bereichert. Am besten schmecken die Taschen in der Sonne beim Schwelgen in Erinnerungen.

DAS BRAUCHT'S

125 ml Olivenöl, plus 1 EL Öl zum Braten der Zwiebel

1 große rote Zwiebel, in dünne Streifen geschnitten

175 g Langkorn-Naturreis (weißer Reis ist auch cool, Hirse ist noch cooler!)

1 TL gemahlener Piment

1 TL Meersalz

½ TL frisch gemahlener schwarzer Pfeffer

3 EL Zitronensaft

1 EL fein abgeriebene Bio-Zitronenschale

3 EL Korinthen, grob gehackt

½ Handvoll Minzeblätter, fein gehackt

1 Handvoll frischer Dill, fein gehackt

3 EL geröstete Pinienkerne

12 Blätter Filoteig

1× Cremiges Pesto (s. S. 333)

Zum Garnieren

1 Bio-Zitrone, in Spalten geschnitten

SO GEHT'S

1 EL Öl in einem großen Topf erhitzen und die Zwiebel 3–4 Minuten sanft darin anbraten, dann Reis, Piment, Salz und Pfeffer sowie die Hälfte des Zitronensafts einrühren. 3 cm hoch mit Wasser bedecken und langsam aufkochen. Einen gut schließenden Deckel auflegen und 35–40 Minuten sanft köcheln lassen. Aufdecken und den Reis mit einer Gabel lockern und sanft den übrigen Zitronensaft und -schale, Korinthen, Minze, Dill und Pinienkerne unterheben. Mit Salz und Pfeffer abschmecken und abkühlen lassen. In dieser Zeit das Cremige Pesto zubereiten.

Die nächsten Schritte brauchen ein bisschen Platz und sind umso einfacher, je besser sie vorbereitet sind. Vorsicht mit dem Filoteig, er reißt leicht ein. Ein Teigblatt auf einer gut eingeölten Fläche auslegen und gründlich mit Olivenöl einpinseln. Ein zweites Teigblatt möglichst passgenau darauflegen (das ist nicht einfach). Mit Olivenöl bepinseln, ein drittes Blatt darauflegen und (Überraschung!) mit Öl bepinseln. Das verhindert, dass der Teig beim Backen austrocknet.

Das Rechteck mit der scharfen Messerspitze in sechs Quadrate schneiden. 1 EL der Füllung in die Mitte jedes Quadrats geben und die Ränder mit ein wenig Öl bepinseln. Die Ecken über der Füllung zusammennehmen und zusammendrücken, sodass ein fester kleiner Beutel entsteht. Mit Olivenöl bepinseln (vor allem die exponierten Ränder). Mit flinken und geschickten Fingern viele weitere leckere Taschen anfertigen.

Den Backofen auf 170 °C vorheizen. Die Taschen mit einem Pfannenwender vorsichtig auf ein oder zwei eingeölte Backbleche setzen. 10 Minuten backen, dann die Bleche wechseln und drehen (damit die Taschen gleichmäßig bräunen) und die Taschen weitere 10 Minuten goldgelb und knusprig backen. Mit Pesto und frisch geschnittenen Zitronenspalten servieren.

Lahmacun für Faule

FÜR VIER

Ich spare mir das Brotbacken für besondere Gelegenheiten auf und diese Lahmacun ist ein leckerer »Quickie« für zwischendurch. Lahmacun ist eine türkische Pizza, die normalerweise mit Hackfleisch belegt und im Holzofen gebacken wird. Sie können natürlich auch Ihren eigenen Teigfladen herstellen, aber es gibt heute fantastische Pita- und Fladenbrote zu kaufen. Dabei gilt: je dünner, desto besser – perfekt ist ein arabisches Chubz-Fladenbrot. Sie können aber auch einfach ein Pitabrot aufschneiden. Kein pflanzlicher Ersatz kommt der Textur und dem vollen Geschmack von Hackfleisch so nahe wie gebackene Aubergine, die zusammen mit Paprika, Pinienkernen und frischen Kräutern eine epische Pizza ergibt.

DAS BRAUCHT'S

1 große Aubergine

1 rote Paprikaschote

3 EL Olivenöl

1 kleine Zwiebel

5 Knoblauchzehen, geschält und zerdrückt

150 g Champignons, in Scheiben geschnitten

1 TL gemahlener Koriander

1 große Prise gemahlener Zimt

1 Msp. gemahlener Kreuzkümmel

1–2 Msp. Chilipulver

½ TL Meersalz

½ TL frisch gemahlener schwarzer Pfeffer

1 TL getrocknetes Basilikum

2 Tomaten, gerieben

½ Handvoll frische glatte Petersilie, gehackt

4 Vollkorn-Brotfladen

Saft von ½ Zitrone

Für den Belag

1× Zironen-Tofu-Feta (nach Belieben, s. S. 115)

5 EL Cashewkerne, grob gehackt

SO GEHT'S

Den Backofen auf 200 °C vorheizen. Die Aubergine rundum mehrfach mit der Gabel einstechen, dann mit der Paprika auf ein Backblech legen und mit etwas Olivenöl einreiben. Im Ofen backen. Die Paprika nach 15 Minuten prüfen, dann beides mit einem Pfannenwender wenden und weitere 15 Minuten backen. Die Paprika aus dem Ofen nehmen und die Aubergine noch 10 Minuten weiterbacken. Beide sollten weich und gut gebräunt sein. Die Paprika entkernen, die Aubergine entstielen und beides grob hacken. Den Ofen nicht ausschalten.

In der Zwischenzeit 1 EL Öl bei mittlerer Temperatur in einer Pfanne erhitzen und die Zwiebel 6–8 Minuten darin anbraten. Knoblauch, Champignons, Gewürze, Salz und Pfeffer zugeben und weitere 3–4 Minuten braten. Bei Bedarf mehr Öl zufügen. Paprika, Aubergine, Basilikum und Tomaten zugeben und bei schwacher Hitze 6–7 Minuten durchwärmen. Die Petersilie einrühren, abdecken und warm stellen.

Die Fladenbrote auf Backblechen auslegen und mit Olivenöl bepinseln. Die Gemüsemischung dünn auf den Fladen verstreichen – normalerweise reichen 4 EL Belag pro Lahmacun. Mit Zitronen-Tofu-Feta (falls verwendet) und Cashews bestreuen und 12–15 Minuten im Ofen backen.

Zum Servieren mit Olivenöl und einem Spritzer Zitronensaft beträufeln. Je nach Größe des Fladenbrots gibt es eine kleine oder große Portion. Man kann die Lahmacun auch in Ecken schneiden und als Vorspeise oder zu einem Salat servieren. Dazu passt Cashew-Hummus (s. S. 160).

Große Portionen

Großer Appetit = große Portionen. Hier folgen einige herzhafte vegane Gerichte, die auch den größten Bärenhunger stillen.

Ich höre oft Beschwerden von Nichtveganern, veganes Essen sei nicht herzhaft und reichhaltig, was mich eher verwundert. Mit Nüssen, Tofu und kräftigen Saucen kann Veganes extrem sättigend und trotzdem gut verdaulich sein. Zudem leiden wir »Pflanzenfresser« nicht unter dem Suppenkoma!

Ich koche immer auch mit dem Fleischesser im Hinterkopf und habe auch dieses Buch so geschrieben – für mich eine wunderbare Herausforderung und Teil meiner Mission! Ich will nicht wie ein Fanatiker klingen, sondern freue ich mich einfach über ein paar Menschen mehr, die im Reformhaus oder Bioladen die Tempeh-Regale durchforsten, die Vorteile von Hefeflocken oder die riesige Vielfalt der bescheidenen Bohne entdecken. »Ich würde öfter vegan essen, wenn es immer so schmecken würde«, ist eines der größten Komplimente, das man einem veganen Koch machen kann.

Mir tun Freunde und Verwandte immer ein wenig Leid, wenn sie uns besuchen, und noch mehr, wenn wir sie besuchen – vor allem zu besonderen Anlässen wie Geburtstagen oder Weihnachten. Als ich Freunden von meinem veganen Kochbuchprojekt erzählte, sagten alle dasselbe: »Gott sei Dank, dann wissen wir endlich, was wir nächstes Mal für dich kochen sollen!« Das hat mich verblüfft, aber ich weiß natürlich, wie viel Stress Kochen machen kann, ganz besonders, wenn man für Menschen kocht, die man gerne hat. Man möchte dann einfach, dass alles stimmt.

Ich hoffe, dieses Buch hilft Ihnen, wenn Veganer zu Besuch kommen. Panik ist völlig unnötig. Ich versichere Ihnen: Wir kommen in Frieden. Ich glaube, ich spreche für alle Veganer, wenn ich sage, dass wir beim »auswärts essen« keine hohen Erwartungen haben (leider).

Ganz ehrlich, wir Veganer knabbern gerne lauwarme Bohnen mit ein paar Möhren. Alles Weitere ist dann die Kür. Also, machen Sie sich keinen Druck, wir wissen, wie schwierig wir sind. (Versuchen Sie mal, wie wir zu sein!)

Hier kommen große Portionen, die sich für besondere Anlässe eignen, wenn ein geliebter Veganer mit am Tisch sitzt. Die teils zahlreichen Arbeitsschritte lohnen sich, denn die Resultate sind köstlich. Außerdem ist die Zubereitung trotz der vielen Schritte meist einfach.

Kürbis-Gnocchi mit Tomaten, Fenchel & Spinat-Pistou

FÜR VIER BIS SECHS

Gnocchi aus buntem Gemüse zu machen, ist eine tolle Idee. Das geht mit allen stärkehaltigen Wurzeln: Pastinake, Süßkartoffel, violette Kartoffeln, Maniok ... Aber das leuchtende Orange eines Kürbisses ist optisch und geschmacklich der Kracher. Dieses Gericht ist ebenso ein Fest für die Augen wie für den Gaumen!

Pistou ist die provenzalische Variante des Pestos ohne den Hartkäse und die Pinienkerne. Es ist leichter als ein Pesto und lässt den Kräutern mehr Raum, um sich zu entfalten. Ich habe noch ein paar Haselnüsse für die Substanz hinzugefügt. Pistou schmeckt am besten, wenn man es am Vortag zubereitet, und es veredelt Suppen, Eintöpfe und Pasta. Eine nette Variation sind Brennnesselblätter und Bärlauch anstelle von Spinat und Basilikum. Dieses Rezept schmeckt am besten im Frühling, wenn man seine Kräuter selbst pflücken kann.

Glutenfrei wird es mit Kichererbsen- oder Kartoffelmehl anstelle des Weizenmehls.

DAS BRAUCHT'S

1 großer stärkehaltiger Kürbis (wie z. B. Butternuss), geschält und in grobe Stücke geschnitten

Olivenöl zum Backen

Meersalz

1 große Fenchelknolle, längs in dünne Scheiben geschnitten

240 g fester Tofu, gut abgetropft

300 g Weizenmehl, gesiebt

1 TL Meersalz

½ TL gemahlener weißer Pfeffer

1½ TL getrockneter Salbei

2 große Handvoll sonnengetrocknete Tomaten, grob gehackt

1× Spinat-Pistou (s. S. 333)

Für das Topping

2 EL grob gehackte geröstete Haselnusskerne

SO GEHT'S

Zunächst das Spinat-Pistou zubereiten (am besten einen Tag im Voraus).

Den Backofen auf 200 °C vorheizen.

Den Kürbis auf ein eingeöltes Backblech legen, mit etwas Öl und Salz einreiben und unter einmaligem Wenden 30 Minuten rösten. Er muss nicht bräunen, sondern nur schön zart werden. Den Fenchel in Olivenöl wenden und auf einem zweiten Blech mit einer Prise Salz bestreuen. Unter einmaligem Wenden 30 Minuten goldgelb und süß rösten. Den Kürbis mit dem Tofu im Mixer glatt arbeiten. Dann in einer Schüssel mit Mehl, Salz, Pfeffer und Salbei zu einem weichen Teig vermengen. Abkühlen lassen – er ist dann wesentlich einfacher zu handhaben.

Mithilfe zweier Teelöffel kleine Nocken aus dem Teig formen und auf ein eingeöltes Backblech legen. Dabei 5 cm Abstand zueinander lassen, damit die Gnocchi aufgehen können. Die Gnocchi mit etwas mehr Öl bepinseln und 20–25 Minuten knusprig und hellgoldgelb backen.

Die warmen Gnocchi zum Servieren auf dekorativen Tellern großzügig mit Pistou beträufeln. Fenchel, sonnengetrocknete Tomaten und weiteres Pistou darauf verteilen und zum Abschluss mit gehackten gerösteten Haselnüssen bestreuen.

Farotto mit Palmkohl, Kürbis, Ahorn-Chicorée & Pekannüssen

FÜR VIER BIS SECHS

Ein »Farotto« ist im Grunde ein Risotto aus Dinkel (»Farro«) statt Reis, der viel nährstoffreicher als der normale Risotto-Reis ist (übrigens auch als Weizen). Er enthält nur wenig Gluten und hat einen schönen nussigen Geschmack, der gut zur Süße des Ahornsirups und des Kürbisses passt. Schwarzkohl ist einer der nahrhaftesten und köstlichsten Blattsalate, die die Menschheit kennt! Er gedeiht in unseren Gärten an den Hängen von Nord-Wales und hat keine Probleme mit Nebel oder Stürmen. Wir verwenden ihn sogar in Smoothies und Säften (s. S. 75–78) und ich liebe den Kontrast zum Kürbis. Wenn Sie mit Dinkel spielen, brauchen Sie kräftige Kräuter, wie Salbei und Rosmarin, die dieser Herausforderung gewachsen sind. Die Nüsse sind ein purer Luxus: Nicht wirklich nötig, aber eine tolle Ergänzung zu diesem Gericht.

Wenn es glutenfrei sein soll, nehmen Sie Risotto- oder Naturreis und passen die Garzeiten an.

DAS BRAUCHT'S

4 EL Olivenöl

400 g Kürbis, geschält und in 3-cm-Würfel geschnitten

275 g Lauch, in dünne Scheiben geschnitten

4 Knoblauchzehen, zerdrückt

Blätter von 4 Thymianzweigen

6 frische Salbeiblätter, fein gehackt

2 TL fein gehackte frische Rosmarinblätter

300 g Dinkel

125 ml Weißwein (vegan)

1,5 l Gemüsebrühe

200 g Schwarzkohl, Blätter in dünne Streifen geschnitten

1 TL Meersalz

1 TL frisch gemahlener schwarzer Pfeffer

Für den ofengerösteten Ahorn-Chicorée

4 große Chicorée, längs halbiert

2 EL Ahornsirup

1 EL Olivenöl

1 Handvoll Pekannüsse, sehr grob gehackt

Saft und abgeriebene Schale von ½ Bio-Zitrone

150 ml Gemüsebrühe

1 Prise Meersalz

Zum Garnieren
einige frische Thymianzweige

SO GEHT'S

1 EL Olivenöl in einer Pfanne erhitzen, dann den Kürbis bei hoher Temperatur darin rösten, bis er schön karamellisiert (rund 5–7 Minuten). Abgedeckt beiseitestellen. Er sollte außen goldgelb und leicht angesengt und innen fest sein, er gart später im Farotto fertig.

1 EL Olivenöl in einem großen Topf erhitzen und den Lauch darin andünsten. Den Knoblauch und 3 Minuten später die Kräuter zugeben. 2 Minuten dünsten, dann den Dinkel einrühren und 2 Minuten bei mittlerer Hitze garen.

Den Wein angießen und unter Rühren aufkochen. Kochen, bis der Wein fast vollständig aufgenommen ist, dann 2 Kellen Brühe einrühren. Die Brühe absorbieren lassen, dann unter häufigem Rühren kellenweise weitere Brühe zugeben.

Alle beschädigten oder verfärbten äußeren Blätter des Chicorées entfernen und die Oberseite der Hälften mit etwas Ahornsirup bepinseln. ½ EL Olivenöl bei mittlerer Temperatur in einer großen Pfanne erhitzen und die Chicoréehälften mit der Oberseite nach unten hineinlegen. 5–7 Minuten braten, bis der Chicorée schön karamellisiert ist, dann wenden, den Rest der Zutaten zugeben und mit einem Deckel oder einem Teller abdecken. Die Temperatur reduzieren und 20–25 Minuten köcheln lassen, bis der Chicorée schön zart ist.

Die Chicoréestücke aus der Jus heben und vierteln. Warm stellen. Die Jus sollte dickflüssig sein, wenn nicht, muss sie noch unabgedeckt weiter einreduzieren.

Nach etwa 30 Minuten Garzeit Kürbis und Kohl zum Farotto geben. Weiterkochen, bis der Dinkel zart und kernig ist, was vermutlich insgesamt 40–50 Minuten dauern wird (etwa doppelt so lang wie ein Risotto). Es sollte noch einige Flüssigkeit im Farotto verbleiben, denn es gibt nichts Schlimmeres als trockenen Dinkel! Zum Abschluss 2 EL Olivenöl einrühren, mit Salz und Pfeffer abschmecken, abdecken und vom Herd nehmen.

Den Farotto auf Suppenteller verteilen und mit Chicoréestücken und Pekannüssen garnieren. Zum Servieren mit Jus aus der Pfanne beträufeln, mit Thymianzweigen garnieren und servieren.

Flammkuchen mit Spargel & Cashew-Creme und Feigen-Apfel-Kompott

FÜR VIER BIS SECHS

Spargel ist für mich immer das Zeichen, dass der Sommer vor der Tür steht. Es ist diese kurze Zeit im Jahr, in der der Spargel bei unserem Haus in Spanien wild in ausgetrockneten Flussbetten wächst. Hier ist der perfekte Flammkuchen für warme Abende mit einem trockenen Weißwein. Ich mag diese mehrlagigen, farbenfrohen und leckeren Teigfladen. Das Rezept klingt vielleicht kompliziert, ist aber eigentlich schnell und einfach zubereitet. Es ist eines dieser Gerichte, die ohne große Mühe beeindruckend aussehen. Sie können die Cashews durch Sonnenblumenkerne ersetzen. Wenn gerade keine Spargelsaison ist, nehmen Sie Zucchini oder Brokkoli.

DAS BRAUCHT'S

500 g dünner grüner Spargel
(dicke Stangen längs halbieren)

2 TL Olivenöl

Meersalz und frisch gemahlener schwarzer Pfeffer

300 g Spinatblätter

500 g Blätterteig (am besten ganz unkompliziert aus dem Gefrierfach)

1 Handvoll Pinienkerne (nach Belieben)

1× Feigen-Apfel-Kompott (s. S. 332)

Für die Cashew-Creme

150 g Cashewkerne, 2 Stunden in Wasser eingeweicht

1 EL Maisstärke

½ TL Zitronensaft

1 EL Hefeflocken (s. S. 30)

1 Msp. Salz

1 ½ TL Dijonsenf

150 ml ungesüßte Mandelmilch

SO GEHT'S

Das Kompott zubereiten, dann den Backofen auf 200 °C vorheizen.

Einen Topf mit Wasser zum Kochen bringen und den Spargel putzen (einfach die holzigen Enden abbrechen). Den Spargel kurz blanchieren und dann in kaltem Wasser abschrecken. Trocken tupfen, in etwas Olivenöl mit 1 Prise Salz wenden und beiseitestellen.

Den Spinat im selben Topf 1 Minute blanchieren und gut abtropfen. In ein Küchen- oder Passiertuch einschlagen und möglichst viel Flüssigkeit herauspressen (oder in ein Sieb drücken).

Den Teig auf einer kalten Arbeitsfläche mit einer Teigrolle etwa 2,5 cm dick und 40 × 20 cm groß ausrollen, sodass er auf ein Backblech passt. Den Teig bis in die Ecken des Blechs ziehen und die Ränder nach Wunsch gerade abschneiden oder unregelmäßig lassen. Mit einem scharfen Messer rundum einen 1 cm breiten Rand einschneiden und den Teigboden mehrfach mit einer Gabel einstechen. 20 Minuten im Kühlschrank kalt stellen.

Für die Cashew-Creme die eingeweichten Cashews im Mixer cremig pürieren, bis sie die Konsistenz dünnflüssiger Erdnussbutter annehmen. Währenddessen wiederholt die Wand des Mixbechers abschaben. Die übrigen Zutaten zugeben und die Milch in dünnem Strahl zugießen. Zu einer glatten Sauce mixen und bei Bedarf mit etwas Wasser verdünnen – sie darf aber nicht zu dünnflüssig werden, damit sie nicht über den Rand läuft.

Den Teigboden 12 Minuten im Ofen blindbacken. Das Blech um 90 Grad drehen und weitere 12 Minuten backen. Der Boden sollte jetzt dunkelgoldgelb sein. Den Teig innerhalb des Randes mit einer Palette leicht flach drücken, um eine Mulde für die Füllung zu erhalten.

Die Cashew-Creme mit der Palette bis an den Rand auf dem Teigboden verstreichen. Den Spinat klein zupfen und in einer Lage verteilen. Dann die Spargelstangen in ordentlichen Reihen quer darauf anrichten. Mit Meersalz und schwarzem Pfeffer (sowie nach Belieben mit Pinienkernen) bestreuen. Den Rand leicht mit Öl einpinseln. 10–12 Minuten auf der obersten Schiene backen, bis der Teigrand tief goldgelb ist.

Den Flammkuchen in große Quadrate schneiden und mit dem Kompott servieren. Dazu passt ein frischer grüner Salat.

Auberginen-Tomaten-Nuss-Braten mit Macadamia-Senfsauce

FÜR SECHS

Dies ist der ultimative, himmlisch-leichte Nussbraten und die cremige Macadamia-Sauce ist die perfekte Krönung. Ich mache diesen Braten meist sonntags und fühle mich mit meiner Portion auf dem Teller den Vegetarier-Pionieren der 60er und 70er nahe: Dieses Rezept beruht auf einem Rezept, das ich in einem staubigen alten Buch gefunden habe. Es braucht eine Menge Nüsse, aber schließlich ist es auch ein Sonntagsbraten. Sie können Ihre ganz eigene Mischung nehmen, sollten aber die arg dominanten Erdnüsse meiden. Gutes Rapsöl verleiht dem Braten eine wunderbar buttrige Note, aber Pflanzenöl tut es auch.

DAS BRAUCHT'S

2 Auberginen

Rapsöl

2 TL Kreuzkümmelsamen

2 TL Korianderkörner

1 große Zwiebel

4 Knoblauchzehen

½ TL gemahlener Zimt

4 reife Tomaten, grob gehackt

1 Handvoll sonnengetrocknete Tomaten, fein gehackt (mit ihrem Öl)

½ TL Salz

1 Msp. schwarzer Pfeffer

1 TL getrocknete Minze

1 TL getrockneter Thymian

je 2 Handvoll Walnuss- und Cashew-, Sonnenblumen- und Kürbiskerne, Haselnüsse, 4 Stunden eingeweicht, plus 1 Handvoll nicht eingeweichte Sonnenblumenkerne für die Form (nach Belieben)

2 EL Sultaninen, 2 Stunden eingeweicht

1 Handvoll gemahlene Mandeln

1 große Handvoll Kichererbsenmehl oder 2 Handvoll Semmelbrösel (mehr nach Bedarf)

je 1 TL Meersalz und schwarzer Pfeffer

2 große Handvoll frische Petersilie, fein gehackt

1× *Macadamia-Senfsauce (s. S. 326)*

Zum Garnieren

2 EL fein gehackte frische Petersilie

SO GEHT'S

Den Backofen auf 200 °C vorheizen. Die Auberginen rundum mit Öl einreiben und auf einem Backblech unter mindestens einmaligem Wenden 40–45 Minuten rösten, bis sie sehr weich sind. Abgedeckt beiseitestellen. Das abgekühlte Fleisch auslösen und grob hacken. Die Schalen wegwerfen. Die Ofentemperatur auf 150 °C reduzieren.

Kreuzkümmelsamen und Korianderkörner in einer Pfanne 1 Minute rösten, bis sie platzen und leicht bräunen. Dann im Mörser mahlen. Zwiebel und Knoblauch schälen und im Mixer pürieren. ½ TL Öl bei mittlerer Temperatur in einer Pfanne erhitzen und das Zwiebel-Knoblauch-Mus unter Rühren 4 Minuten darin anbraten. Die Gewürze zugeben und 1 Minute braten. Aubergine, Tomaten, Salz und Pfeffer zufügen, gefolgt von den getrockneten Kräutern, und 12–15 Minuten kräftig köcheln lassen, bis die Tomaten zerfallen sind und eine sämige Sauce entsteht.

Nüsse und Sultaninen im Mixer grob krümelig zerkleinern. In einer großen Schüssel mit dem Rest der Zutaten vermengen und zum Schluss die warme Tomatensauce zugeben. Mit einem Holzlöffel oder den Händen alles gründlich vermengen. Der Teig sollte leicht trocken sein, aber an den Fingern kleben bleiben. Man sollte kleine Kugeln aus ihm formen können. Wenn er zu feucht ist, mehr Mehl oder Semmelbrösel unterrühren.

(Forts.) ➡

Nach Belieben eine Lage Sonnenblumenkerne über den Boden einer eingeölten und mit Back-papier ausgeschlagenen 450-g-Kastenform streuen und den Teig hineindrücken. 35–40 Minuten backen, bis die Oberseite bräunt und knusprig wird. Mit einem Spieß prüfen: Die Mitte sollte kochend heiß sein. Aus dem Ofen nehmen und 5 Minuten in der Form ruhen lassen, dann auf ein Kuchengitter stürzen.

Während der Nussbraten backt, die Macadamia-Senfsauce zubereiten.

Den Braten auf eine vorgewärmte Platte setzen und in dicke Scheiben schneiden. Mit frischer Petersilie bestreuen und mit reichlich Macadamia-Senfsauce servieren. Dazu passt ein Haufen geröstetes oder gedämpftes Gemüse (perfekt wären die Winterwurzeln in Porter auf S. 138).

Persischer Bohneneintopf mit Seitan & grünen Kräutern

FÜR VIER BIS SECHS

Dies ist eine Variante von gormeh sabzi, des Nationalgerichts des Irans, den auch die Iraker und Aserbaidschaner lieben. Die iranische Küche ist eigenständig und abwechslungsreich und hat viele ihrer Nachbarn bis nach Indien und zum Mittelmeer beeinflusst. Der Name bedeutete »Grüner Eintopf« und wir verwenden Unmengen von Kräutern. Sie sind die ent-scheidende Zutat und hier darf man nicht sparen. Seitan findet man vereinzelt in Super-märkten und in Reformhäusern oder man macht ihn selbst (s. S. 26). Getrocknete Limetten sind im Iran eine beliebte Zutat und unter Umständen schwer zu bekommen. Als Ersatz können Sie aber eingelegte Zitronen nehmen. Traditionell verwendet man hier Kidneyboh-nen, aber ich habe es mal mit dicken Bohnen versucht und bin dabei geblieben. Iraner wür-den frische Bockshornkleeblätter nehmen, aber ich habe mich aus praktischen Gründen für getrocknete entschieden, die man in der indischen Küche als methi kennt.

DAS BRAUCHT'S

2 Gemüsezwiebeln, geschält und in Spalten geschnitten

3 EL Olivenöl

50 g Kichererbsenmehl oder Weizenmehl

Meersalz und frisch gemah-lener schwarzer Pfeffer

300 g Seitan (s. S. 26) oder fester Tofu, in 3-cm-Würfel geschnitten

1 TL gemahlene Kurkuma

1 EL getrocknete Bockshornkleeblätter (Methi)

5 frische Thymianzweige (nur die Blätter)

1½ Zimtstangen oder 1 TL gemahlener Zimt

2 Lorbeerblätter

2 getrocknete iranische Limetten, rundum angestochen

3 Streifen Bio-Zitronenschale

3 mittelgroße Möhren, längs geviertelt und in 1-cm-Stücke geschnitten

2 Selleriestangen, längs halbiert und in 1-cm-Stücke geschnitten

1 Handvoll kleine Radies-chen, geputzt und halbiert

200 ml Weißwein (vegan)

2 EL Tomatenmark

4 braune Champignons (oder andere fleischige Pilze), in 5-cm-Stücke geschnitten

250 g getrocknete dicke Bohnen, über Nacht ein-geweicht und gekocht (Sud aufbewahren)

300 ml Pilzbrühe oder Bohnenwasser

2 große Handvoll frische Petersilie (ein wenig als Garnitur zurückbehalten)

1 große Handvoll frischer Dill (ein wenig als Garnitur zurückbehalten)

6 große Handvoll Spinat, fein gehackt

Zum Bestreuen
1 Handvoll Granatapfelkerne

SO GEHT'S

Die Zwiebeln in einem Bräter oder großen Topf (mit Deckel) in 1 EL Olivenöl 10 Minuten karamellisieren. Angesetzte Zwiebeln vom Topfboden lösen. In einer großen Schüssel beiseitestellen.

Das Kichererbsenmehl in einer flachen Schale mit 1 TL Salz und 1 großzügigen Prise Pfeffer vermengen. Den Seitan gut abtropfen lassen und mit den Händen im Mehl wenden, bis er rundum überzogen ist. Überschuss abschütteln. Das Mehl haftet von selbst am feuchten Seitan.

Den Topf bei mittlerer bis hoher Temperatur erhitzen, 1 EL Olivenöl hineingeben und den Seitan rundum darin anbräunen. Zu den Zwiebeln geben und abdecken. Je nach Größe des Topfs muss das portionsweise passieren. Angesetzten Seitan vom Topfboden lösen.

Zwiebeln und Seitan bei mittlerer Hitze wieder in den Topf geben und Kurkuma, Bockshornklee, Thymian, Zimt, Lorbeerblätter, Limetten und Zitronenschale zugeben. 1 Minute braten, dann Möhren, Sellerie und Radieschen zufügen. Den Wein angießen und das Tomatenmark einrühren. Bei starker Hitze 2–3 Minuten kochen, bis die Sauce einreduziert und andickt.

Pilze, Bohnen und Pilzbrühe oder Bohnensud zugeben und aufkochen. Abdecken und bei schwacher Hitze 20–25 Minuten köcheln lassen.

Aufdecken und prüfen, ob die Möhren zart sind. Frische Kräuter und Spinat einrühren, abdecken und vom Herd nehmen. 5 Minuten ziehen lassen, damit sich die Aromen entfalten und der Spinat zusammenfallen kann. Die Sauce sollte schön sämig und nicht dünnflüssig sein. Kurz vor dem Servieren 1 EL Olivenöl einrühren, damit die Sauce schön glänzt.

Das Gormeh Sabzi über gedämpften weißen Reis geben und mit frischen Kräutern und Granatapfelkernen bestreuen. Dazu passt auch hervorragend warmes Fladenbrot.

Tofu-Filets in würziger Polentakruste mit Gelbe-Bete- & Blutorangen-Salsa

FÜR VIER

Ich habe Tofu das erste Mal in Thailand gegessen und konnte kaum glauben, dass die knusprige, cremige Köstlichkeit kein Frischkäse ist. Seitdem bin ich ein absoluter Tofu-Fan und liebe seine Vielseitigkeit. Nehmen Sie hier festen Tofu, damit er beim Braten die Form behält. Gut gemachter Tofu nimmt reichlich Marinade und damit Geschmack auf.

DAS BRAUCHT'S

500-g-Block fester Tofu, gepresst und abgetropft, dann quer in 1-cm-Scheiben geschnitten

80 g Polenta

½ TL Chilipulver

½ TL gemahlene Kurkuma

½ TL Meersalz

4 EL Sonnenblumenöl

Für die Marinade

3 Tomaten

Saft von 1 Limette

Schale von ½ Bio-Limette

1 Handvoll frische Korianderblätter

½ Handvoll Minzeblätter

1 Jalapeño-Chili (oder andere scharfe Chili), fein gehackt

2 Knoblauchzehen, geschält und fein gehackt

1 Stück Ingwer (3 cm), geschält und fein gehackt

½ TL gemahlener Kreuzkümmel

½ TL Salz

Für die Blutorangen-Salsa

1 große Gelbe oder Rote Bete, geschält und fein gewürfelt

1 grüner Apfel, entkernt und fein gewürfelt

1 Blutorange oder 1 kleine rote Grapefruit, geschält und fein gehackt

1 kleine Gurke, geschält, entkernt und fein gewürfelt

1 Handvoll geröstete Erdnüsse, grob gehackt

½ Handvoll frische Minzeblätter, grob gehackt

1 Prise Meersalz

Saft von ½ Zitrone

SO GEHT'S

Überschüssige Flüssigkeit aus dem Tofu drücken: Dazu den Tofu in ein Küchentuch einschlagen und auf einen Teller legen. Einen zweiten Teller darauflegen und mit einigen Büchern beschweren. Das Gewicht sollte reichen, um den Tofu sanft auszudrücken. 1 Stunde stehen lassen und zwischendurch Flüssigkeit abgießen. Auf diese Weise wird Tofu wunderbar porös und nimmt Sauce und Geschmack besser auf. Außerdem verbessert sich so seine Textur.

Alle Zutaten für die Marinade im Mixer zu einer schön sämigen Sauce mixen. Die Tofuscheiben in einen relativ großen Behälter legen und mit der Marinade bedecken. Abdecken und 1 Stunde oder besser über Nacht im Kühlschrank marinieren. Alle Salsa-Zutaten in einer Schüssel vermischen.

Die Polenta auf einem großen Teller mit Gewürzen und Salz vermengen. Die Tofuscheiben aus der Marinade heben, abtropfen (Marinade auffangen) und in der Polentamischung wenden, um sie rundum gründlich zu panieren. Anschließend auf einem zweiten Teller ablegen.

Das Öl bei hoher Temperatur in einer mittelgroßen Pfanne erhitzen und die Tofuscheiben in mehreren Portionen 1–2 Minuten von jeder Seite goldgelb braten. Auf einem mit Küchenpapier ausgelegten großen Teller warm stellen. Vorsicht, dass dabei die Panade nicht abfällt. Die warmen Tofuscheiben mit Schalen voller Salsa und Marinade zum Dippen servieren.

Tempeh mit einer Ahorn-Orangen-Glasur, Pak Choi & Soba-Nudeln

FÜR ZWEI

In Asien essen die Menschen schon ewig Tempeh, Tofu und Seitan. Tempeh ist allerdings nichts für den zartbesaiteten Veganer, da es halbfermentiert ist und eine fleischige Textur hat. Man lässt es gründlich abtropfen oder dämpft es zuerst, falls man es in großen Blöcken kauft. Bei diesem Gericht ist die gründliche Vorbereitung der Schlüssel zum Erfolg.

DAS BRAUCHT'S

200 g Tempeh, Seitan oder fester Tofu
1–2 EL Pflanzenöl
250 g Pak Choi, Blätter längs halbiert

Für die Ahorn-Orangen-Glasur
1 TL geröstetes Sesamöl
1 Stück Ingwer (2 cm), geschält und gerieben
1 Knoblauchzehe, geschält und zerdrückt
½ rote Chilischote, entkernt und gewürfelt
3 EL Tamari
2 ½ EL Ahornsirup

fein abgeriebene Schale und Saft von ½ Bio-Orange
1 EL Reisweinessig

Für die Miso-Nudelbrühe
135 g Soba-Nudeln
1 EL Tamari
1 Sternanis
3–4 EL braune Reis-Misopaste

Für das Topping
1 Handvoll frischer Koriander, fein gehackt
2 Frühlingszwiebeln, klein geschnitten

SO GEHT'S

Das Tempeh in einem Sieb abtropfen lassen und mit Küchenpapier trocken tupfen. Für die Glasur das Sesamöl in einem Topf erhitzen und Ingwer und Knoblauch 1 Minute darin anbraten, dann die restlichen Zutaten zugeben. Aufkochen und 5 Minuten köcheln lassen. Das Tempeh zugeben und abdecken. Vom Herd nehmen und 30 Minuten bis 1 Stunde marinieren.

Das Tempeh abtropfen lassen und die Marinade auffangen. 1 EL Pflanzenöl bei mittlerer Temperatur in einer großen Pfanne erhitzen. Das Tempeh 2–3 Minuten anbraten. Nach und nach die Glasur zugießen, bis sie klebrig wird – dies braucht bei leichtem Köcheln rund 10 Minuten. Abgedeckt warm stellen. Die Pfanne für später ausspülen.

Für die Nudeln einen großen Topf zur Hälfte mit Wasser füllen und zum Kochen bringen. Die Nudeln nach Packungsangabe kochen. Abgießen und 500 ml des Wassers auffangen. Die Nudeln im Topf warm stellen. Ein wenig Öl unterheben, damit sie nicht verkleben.

Das Nudelwasser in einem Topf mit Tamari und Sternanis verrühren. Etwa 1–2 EL Misopaste in eine kleine Schüssel geben und mit ein paar Esslöffeln warmem Wasser zu einer flüssigen Paste verrühren. Die Paste ins Wasser rühren, abdecken und bei schwacher Hitze köcheln lassen. Die Brühe sollte intensiv schmecken – falls nötig, mehr Tamari und Miso einrühren.

½ EL Öl in der Pfanne erhitzen und den Pak Choi bei hoher Temperatur 2 Minuten darin andünsten. 2 EL Miso zugeben und 1 Minute dünsten. Die Brühe leicht aufkochen. Die Nudeln auf vorgewärmte Schalen verteilen, den Pak Choi darauf anrichten und mit Brühe auffüllen. Einen Stapel Tempeh daraufsetzen und mit Koriander und Frühlingszwiebeln bestreuen.

Pastinaken-Walnuss-Rumbledethumps mit selbst gemachten Baked Beans

FÜR VIER

In Schottland habe ich viele meiner schönsten Jahre vergeudet und dies ist ein echt schottisches Essen. Dieses Gericht ist pures Hüftgold, schon der Gedanke daran lässt meinen Hunger verfliegen. Selbst gemachte Baked Beans sind die besten, egal was auf den Dosen steht. Versuchen Sie's, sie sind nicht so süß wie die aus der Dose, aber das ist bei fast allem so. Wer es aber eilig hat, dem vergebe ich, wenn er gelegentlich zum Dosenöffner greift. Es lohnt sich, die doppelte Menge zu kochen, da sie sich prima einfrieren lassen.

Glutenfreie Variante: Einfach nicht mit Mehl bestäuben – es schmeckt auch ohne!

DAS BRAUCHT'S

2 Kartoffeln, geschrubbt und in kleine Stücke geschnitten

2 Möhren, geschrubbt und in kleine Stücke geschnitten

3 Pastinaken, geschrubbt und in kleine Stücke geschnitten

1–2 TL Meersalz

1 große Prise gemahlener weißer Pfeffer

100 ml Sojamilch

3 EL Rapsöl

2 rote Zwiebeln, fein gehackt

150 g Rosenkohl, geputzt und fein geschnitten

1 TL getrockneter Salbei

1 TL getrockneter Thymian

3 EL Vollkornmehl zum Bestäuben

½ TL Meersalz

Für die Baked Beans

1 EL Sonnenblumen- oder Rapsöl

1 Zwiebel, fein gewürfelt

2 Knoblauchzehen, geschält und zerdrückt

1 Apfel, geschält, entkernt und fein gewürfelt

2 EL Tomatenmark

4 große Tomaten, grob gehackt

2 TL Senfpulver

1 große Prise gemahlener Piment

2 EL Zuckerrohrmelasse oder brauner Reissirup (kein Zuckerrübensirup)

1 TL Meersalz

1 EL Sherryessig

2 Lorbeerblätter

175 g getrocknete weiße Bohnen, eingeweicht und gekocht

Für das Senf-Walnuss-Topping

3 EL körniger Senf

2 Handvoll Walnusskerne, geröstet und fein gehackt

½ EL Rapsöl

½ Handvoll frische Petersilie, fein gehackt

SO GEHT'S

Kartoffeln, Möhren und Pastinaken in einen großen Topf mit kaltem Wasser geben, etwas Salz zufügen und zum Kochen bringen. 20 Minuten sanft köcheln lassen. Gut abtropfen und die Gemüse 2–3 Minuten ausdampfen lassen. In eine große Schüssel geben und mit etwas Salz, Pfeffer und Sojamilch stampfen. Die Milch nach und nach zugießen, bis das Püree die gewünschte Konsistenz hat. Nochmal abschmecken – Püree liebt Salz! Zudecken und zur Seite stellen.

1 EL Rapsöl in einer Pfanne erhitzen und die Zwiebeln darin 15 Minuten goldgelb und süß karamellisieren. Rosenkohl und Kräuter zugeben und weitere 3–4 Minuten dünsten. Sobald der Kohl weich ist, die Mischung unter das Püree heben. Erneut abschmecken.

Das Püree zu vier großen Küchlein formen. Mehl und Salz vermengen und die Küchlein von beiden Seiten damit bestäuben. 1 Stunde in den Kühlschrank geben.

Für die Bohnen das Sonnenblumenöl in einem großen Topf erhitzen und die Zwiebel darin unter Rühren 10 Minuten karamellisieren – sie ist die Basis für das volle Aroma. Den Knoblauch zugeben und weitere 2 Minuten braten, dann Apfel, Tomatenmark, Tomaten, Senfpulver, Piment, Melasse, Salz, 50 ml Wasser, Sherryessig und Lorbeerblätter zugeben. Zum Kochen bringen, abdecken und unter gelegentlichem Rühren bei schwacher Hitze 30 Minuten köcheln.

Gründlich durchrühren, damit sich Äpfel, Zwiebeln etc. zu einer dicken Sauce verbinden. Die Bohnen einrühren und abgedeckt bei schwacher Hitze weitere 20 Minuten köcheln. Ist die Sauce noch nicht dick genug, ohne Deckel weiterköcheln.

Die restlichen 2 EL Rapsöl in einer Pfanne erhitzen und die Rumbledethumps von jeder Seite 5 Minuten goldbraun und knusprig braten. Die Topping-Zutaten in einer Schüssel vermengen, über die Rumbledethumps geben und warm mit den Baked Beans servieren.

Filo-Schicht-Pie mit Pürees aus geröstetem Blumenkohl & Möhren

ERGIBT ZWEI PIES (FÜR ZWEI BIS VIER)

Das ist das volle vegane Paket … Die Schichttechnik eignet sich für alle nur erdenklichen Zutatenkombinationen und der Filoteig umhüllt Pürees jeder Art mit knuspriger Köstlichkeit. Sie sollten Ihre armen Geschmacksnerven aber nicht mit zu vielen Geschmacksnoten überfordern, denn dann schmeckt man nur noch wenig heraus. Sie benötigen kleine, hohe Pie-Formen, am besten als Springform mit herausnehmbarem Boden. Ich selbst kann eine ganze Pie verputzen, die meisten Menschen schaffen aber nur eine halbe. Diese Pies habe ich in hohen Schüsseln gebacken, aber so zerbrechen sie beim Auslösen leicht und man sieht die tollen Schichten nicht. Statt Blumenkohl- können Sie Kartoffelpüree verwenden, aber mir gefällt die leichte Note des Blumenkohls.

DAS BRAUCHT'S

5 Knoblauchzehen, ungeschält

1 Zwiebel, grob gehackt

1 kleiner Blumenkohl, grob gehackt

1½ TL Meersalz

4 EL Olivenöl

75 ml Mandel- oder Sojamilch

1 TL fein abgeriebene Bio-Zitronenschale

2 EL gehackte Petersilie

3 große Möhren, gehackt

1 Msp. frisch geriebene Muskatnuss

2 TL Hefeflocken (s. S. 30)

6 Blätter Filoteig

Für das Topping

1 EL Olivenöl

1 große rote Paprikaschote, entkernt und fein gewürfelt

2 Knoblauchzehen, geschält und zerdrückt

1 TL Fenchelsamen

2 Handvoll schwarze Oliven, entsteint und grob gehackt

2 EL feine Kapern, gut abgetropft (große Kapern hacken)

2 TL Zitronensaft

½ TL frisch gemahlener schwarzer Pfeffer

4 EL grob gehackte geröstete Mandeln

1 große Prise Meersalz (nach Belieben)

(Forts.) ➡

SO GEHT'S

Den Backofen auf 220 °C vorheizen. Knoblauch, Zwiebel und Blumenkohl auf ein Backblech geben, mit 1 TL Meersalz bestreuen und mit 1 TL Olivenöl mischen. 15 Minuten backen, dann prüfen, ob der Knoblauch weich ist, und ihn herausnehmen. Zwiebel und Blumenkohl wenden und weitere 10–15 Minuten backen. Sie sollten durchgegart und leicht karamellisiert sein. Den leicht abgekühlten Knoblauch aus seiner Haut drücken und im Mixer mit Zwiebel, Blumenkohl, Mandelmilch, Zitronenschale und Petersilie cremig pürieren. Abschmecken, abdecken und beiseitestellen.

Die Möhren mit 1 TL Olivenöl mischen, auf ein Backblech geben, mit Alufolie abdecken und 30–35 Minuten backen, bis sie weich sind. Mit Muskat und Hefeflocken in den Mixer geben und in ein paar Intervallen pürieren, aber kleine Stücke lassen. Abdecken und beiseitestellen.

Ein Teigblatt auf einer leicht bemehlten Arbeitsfläche auslegen. Vorsicht: Sie reißen leicht! Mit Öl einpinseln, ein zweites Teigblatt darauflegen, mit Öl einpinseln und ein weiteres Blatt auflegen. Die Teigblätter über eine kleine, runde Pie-Form (20 cm Durchmesser, 10 cm Höhe) legen und mit den Fingern sanft nach unten drücken, bis die Form ausgekleidet ist. Die zweite Form ebenso auslegen. Die Ofentemperatur auf 200 °C reduzieren.

Die Füllungen sollten nun abgekühlt, aber noch warm sein. Mit dem Löffel eine Schicht Möhrenpüree gleichmäßig auf dem Boden jeder Form verteilen. Darauf eine Schicht Blumenkohlpüree verteilen, sodass sie bis 1 cm unter den Rand reicht. Den überhängenden Filoteig rundum auf rund 4 cm einkürzen. Am Ende sollen die Pies wie Blüten aussehen, die von Teigblättern umhüllt sind. Die Pies mit Olivenöl bestreichen und auf mittlerer Schiene im Backofen 15 Minuten backen. Wenn der Teig zu schnell dunkel wird, mit Alufolie abdecken.

1 EL Olivenöl in einer Pfanne erhitzen und die Paprika 6–8 Minuten darin anbraten, bis sie karamellisieren. Knoblauch und Fenchelsamen zugeben und unter Rühren 2 Minuten braten, dann Oliven, Kapern, Zitronensaft, Pfeffer und Mandeln zufügen. Abschmecken und, falls nötig, salzen (die Kapern sind meist salzig genug). Abdecken und bei schwacher Hitze 10 Minuten durchwärmen. Beiseitestellen.

Die warmen Pies mit einer ordentlichen Schicht Paprika und Mandeln als Topping servieren. Dazu passt gedämpftes Blattgemüse. Lob kassieren und dann die Früchte der eigenen Arbeit genießen.

Schokoladen-Rote-Bete-Bohnen mit Chili-Polenta & Avocado-Limetten-Salsa

FÜR SECHS BIS ACHT

In Mexiko wird Schokolade schon ewig für herzhafte Gerichte genutzt. Als ich *mole poblano*, eine kräftige Sauce mit Schokolade, Chilis, Bananen und Erdnüssen, zum ersten Mal probiert habe, hat sich meine Einstellung zum Essen völlig verändert – und ich habe entspannt geseufzt. Chipotle-Chilis oder -Paste gibt es inzwischen relativ häufig in Supermärkten. Wenn Sie sie dennoch nicht finden, nehmen Sie für das herrliche Raucharoma geräuchertes Paprikapulver. Ich empfehle, die frischen Chilischoten zu entkernen, da sie sehr scharf sein können. Wer das mag, lässt die Kerne halt drin.

DAS BRAUCHT'S

1 EL Sonnenblumenöl

2 große Rote Bete, geschält und in 2-cm-Würfel geschnitten

2 rote Paprikaschoten, entkernt und in 2-cm-Stücke geschnitten

1 EL Balsamico-Essig

2 Zwiebeln, fein gehackt

4 Knoblauchzehen, geschält und zerdrückt

2 Selleriestangen, fein gehackt

16 Champignons (braun oder weiß), geputzt, Stiele entfernt und halbiert

2–3 große Chipotle-Chilischoten, fein gehackt, oder 1 sehr frische rote Chilischote und 2 TL geräuchertes Paprikapulver

1–2 rote Chilischoten, entkernt und fein gewürfelt

2 TL getrockneter Oregano

2 EL Tomatenmark

1 TL gemahlener Piment

2 TL gemahlener Kreuzkümmel

225 g schwarze Bohnen, eingeweicht und gekocht

400 ml Gemüsebrühe (oder Bohnenkochwasser)

75 g sehr dunkle vegane Schokolade, fein gehackt

1–2 TL Meersalz

Für die Chili-Polenta

2 Maiskolben (oder 200 g Mais aus der Dose)

2 EL Olivenöl

2 Knoblauchzehen, geschält und zerdrückt

200 g grobe Polenta

1 EL Hefeflocken (s. S. 30 – sehr lecker, aber nur auf Wunsch)

1 TL getrockneter Oregano

1 große rote Chilischote, fein gewürfelt, oder ½ TL Chiliflocken

1 TL Salz

½ TL Speisenatron

Für die Avocado-Limetten-Salsa

1 Avocado, geschält, entkernt und in kleine Stücke geschnitten

1 Handvoll frischer Koriander, grob gehackt

Saft und fein abgeriebene Schale von ½ Bio-Limette

1 Prise Meersalz

SO GEHT'S

½ EL Öl in einer großen Pfanne erhitzen und die Rote Bete unter regelmäßigem Wenden und Rühren 5 Minuten langsam darin anbraten. Die Paprikas zugeben, die Temperatur erhöhen und 5 Minuten braten. Den Balsamico zugeben und 1 Minute leicht einreduzieren, dann 2 EL Wasser zufügen, abdecken und bei schwacher Hitze 10 Minuten dünsten.

½ EL Öl bei mittlerer Temperatur in einem großen Topf erhitzen und die Zwiebeln 5 Minuten darin anbraten. Knoblauch, Sellerie, Champignons, Chilis, Oregano, Tomatenmark und Gewürze zugeben und 5 Minuten braten. Die Bohnen mit ausreichend Brühe (oder ihrem Kochwasser) zugeben, sodass eine dicke Sauce entsteht. Aufkochen, Rote Bete und Paprika mit ihrem Kochsud zugeben, abdecken und 15–20 Minuten sanft köcheln lassen.

Die Schokolade zugeben und schmelzen lassen, dann mit ein paar Stößen mit dem Stabmixer pürieren, sodass die Sauce eine cremige Konsistenz erhält. Abschmecken.

Für die Polenta 750 ml Wasser im Wasserkocher aufkochen. Die Maiskörner mit einem scharfen Messer senkrecht vom Kolben abschneiden – Vorsicht: Sie springen ab, aber vor allem auf die Finger aufpassen!

Den Backofen auf 190 °C vorheizen. Eine Auflaufform (etwa 23 × 30 cm) einölen und den Boden mit Backpapier auslegen.

Das Olivenöl in einer Pfanne erhitzen und die Maiskörner 2 Minuten darin anbraten, bis sie karamellisieren. Den Knoblauch zugeben und unter Rühren 1 Minute andünsten, dann die Polenta zufügen und 1 Minute unter Rühren erhitzen. Nun ein Viertel des heißen Wassers zugießen und Klumpen glatt rühren.

Bei mittlerer Hitze mit dem Spatel weiter rühren und das Wasser nach und nach (jeweils rund ein Viertel der Menge) einrühren und darauf achten, dass die Polenta nicht ansetzt; 6–8 Minuten so fortfahren. Die Polenta nimmt währenddessen das komplette Wasser auf. Hefeflocken, Oregano, Chili, Salz und Natron einrühren und probieren. Die Polenta sollte cremig sein und keinen Biss mehr haben. Mögliche restliche Klumpen mit dem Stabmixer kurz glatt pürieren.

Die Polenta in die Auflaufform geben und mit dem Spatel glatt streichen. Sie sollte etwa 2,5 cm dick sein. Im Backofen 30–25 Minuten goldbraun backen, sodass sie eine Kruste bekommt. Herausnehmen und 5 Minuten in der Form abkühlen lassen, dann die Ränder mit einem (oder auch zwei) Küchenspateln lösen und die Polenta herausheben. 5–10 Minuten auf einem Kuchengitter abkühlen lassen – dabei wird sie fest. Auf ein Schneidebrett legen und – ganz nach Lust und Laune – in Quadrate oder Dreiecke schneiden (hübsch werden die Formen auch mit einem Plätzchenausstecher).

Das hört sich nach viel Arbeit an, aber ich kenne kaum eine leckerere Polenta. Sie lohnt den Aufwand auf jeden Fall, ist außen wunderbar knusprig und innen weich.

Alle Salsa-Zutaten in einer Schüssel vermengen.

Die Bohnen über die Polenta geben und mit der Avocado-Limetten-Salsa servieren.

Pappardelle mit Artischocken-Mandel-Sauce, Grünkohl & Spargel

FÜR VIER

Welch ein Fest für die Sinne! So viele Grüntöne, vollgepackt mit Geschmack und Nährstoffen. Artischocken haben einen einzigartigen Geschmack und ergeben ein überraschend cremiges Püree. Mit ein paar Mandeln wird es sogar noch köstlicher. In Spanien nehme ich frische Artischocken, die dort nur ein paar Cent kosten. In unseren Breitengraden empfehle ich aber lieber Artischockenherzen aus dem Glas. Für dieses Gericht verwende ich weißen Spargel, im Herbst oder Winter suche ich aber eher nach Schwarzwurzeln, einem cremigen, reichhaltigen Wurzelgemüse, das perfekt zu dieser leicht bitteren Sauce passt.

DAS BRAUCHT'S

2 TL Olivenöl

8–10 Stangen weißer Spargel

75 ml Weißwein (vegan)

Meersalz und frisch gemahlener schwarzer Pfeffer

400 g Pappardelle

400 g violetter Grünkohl, dicke Stängel entfernt, grob gehackt

Für die Artischocken-Mandel-Sauce

5 EL Olivenöl

1 Handvoll Mandeln, 2 Stunden eingeweicht und aus den Häuten gedrückt

2 Knoblauchzehen, geschält und zerdrückt

4 große Handvoll Brunnenkresseblätter

390 g Artischockenherzen (aus dem Glas)

Saft von ½ Zitrone

Für das Topping

1 kleine Handvoll Mandeln, geröstet und fein gehackt

1 große Handvoll frische Petersilie, gehackt

1 Handvoll Brunnenkresse

SO GEHT'S

Für die Sauce 1 EL Öl in einer Pfanne erhitzen und die Mandeln 1 Minute darin anbraten. Den Knoblauch zugeben und weitere 2 Minuten braten. Die Brunnenkresseblätter zufügen, abdecken, vom Herd nehmen und abkühlen lassen.

Den Inhalt der Pfanne mit Artischocken, Zitronensaft und dem restlichen Öl im Mixer glatt pürieren. Die Sauce sollte dickflüssig und glänzend sein. Bei Bedarf mit etwas Wasser verdünnen.

2 TL Öl in einer großen Pfanne erhitzen und den Spargel 6–8 Minuten rundum karamellisieren. Mit einem Schuss Weißwein ablöschen. Wenn er verkocht ist, mit Salz und Pfeffer würzen, die Pfanne abdecken und ziehen lassen.

Einen großen Topf mit Salzwasser zum Kochen bringen und die Nudeln darin etwa 8 Minuten al dente kochen. Den Grünkohl nach der Hälfte der Kochzeit zugeben. Abgießen, gut abtropfen lassen und ein wenig des Kochwassers auffangen. Nudeln und Kohl zur Artischocken-Mandel-Sauce geben und durchmischen. Bei Bedarf etwas Kochwasser zugeben.

In flache, vorgewärmte Schüsseln geben, den Spargel kreuzweise darauf anrichten und mit den gerösteten Mandeln und Petersilie bestreuen. Zum Schluss die Brunnenkresse darübergeben und salzen und pfeffern.

Im Nantlle Valley, unterhalb von Mount Snowdon.

Currys

Ich erinnere mich an meinen ersten Besuch in einem britischen Curry-Haus: Ich war sieben und wir alle bestellten verkohltes Hühnchen Chow mein und matschig gekochten Reis. Oma nahm Pie, Fritten und pürierte Erbsen. Das war in Leicester Ende der 1980er-Jahre und ich erschaudere bis heute bei der Erinnerung.

Ich bin mehrfach quer durch Indien gereist, in den Bergen des Himalajas geklettert, an einem Strand von Kerala aufgewacht, habe über Wochen in Klöstern meditiert und wie ein glücklicher Buddha gespeist, habe Zeit bei verborgen lebenden Volksstämmen verbracht und beim Melken der Yaks geholfen (was mir Milch für immer verleidet hat). Ich habe sogar Pasta im Fond eines Jeeps gekocht, während eine Lawine abging. Die Pasta war leicht verkocht, aber wir haben überlebt!

Ich war fasziniert vom bunten Treiben der indischen Kultur und der Geschichte, den allgegenwärtigen Gewürzmärkten, dem feurigen Masala Chai zum Frühstück. Curry (ein ausgesprochen britischer Begriff) verkörpert die Vielfalt und Magie dieses faszinierenden Landes. Indien zu bereisen ist ein ständiges Abenteuer, das einen viel über das Leben, das Universum und den ganzen Rest lehrt … aber auch das Essen ist ziemlich klasse!

Die indische Küche variiert extrem von Region zu Region, ist aber immer stark vom Handel und Eroberern geprägt. Das Wort »Curry« hat im Indischen keine Bedeutung. Jedes Gericht hat seine eigene Bezeichnung, meist eine lange Tradition – und strikte Zubereitungsregeln. Ich neige dazu, mich nicht ganz daran zu halten, aber meine indischen Freunde mögen die Ergebnisse meist trotzdem!

Currys koche ich besonders gerne, da ich es mag, mit Gewürzen und Farben zu spielen. Die indische Küche ist so vielfältig, dass man kein Gericht zweimal kochen muss – von den köstlichen kleinen Häppchen der Straßenhändler bis zu üppigen, mehrere Tage währenden Hochzeitsbanketten, bei denen feinstes Ghee aus silbernen Bechern über das Essen gegossen wird und man sich zwischen Biryani-Bergen in die Zeit der Maharadschas versetzt fühlt. Indien ist ein ehrfurchtgebietendes Land mit dazu passender Kochkultur.

Die indische Küche kann zudem sehr gesund sein. Es ist hilfreich, die wichtigsten Gewürze, wie Kurkuma, Kreuzkümmel, Koriander, Paprika und vielleicht Asant, gemahlen im Haus zu haben (s. S. 31). Kaufen Sie lieber wenig und verwenden Sie sie häufig, denn frisch gemahlen sind Gewürze am besten. Connaisseure rösten ihre Gewürze (vor allem Kreuzkümmel und Koriander) selbst und verwenden andere, wie Zimtstangen, Sternanis und Gewürznelken, am Stück. Beim indischen Lebensmittelhändler finden Sie vielleicht auch frische Gelbwurz (Kurkuma) und andere magische Zutaten.

Oder noch besser: Sie fahren nach Delhi, hüpfen in eine Autorikscha und gehen auf Restaurant-Tour, erkunden die Snacks der Süßwarenläden, die Thalis der Dhabas (Straßenrestaurants) und den Hauch der Opulenz der Moghul-Zeit in einem der feinen Restaurants. Nur im Ursprungsland erhält man einen echten Einblick in dessen Küche. Jedes Gericht, jeder Happen ist Ausdruck einer Kultur.

Die meisten Gerichte hier sind höchst untraditionell. Ich habe viele stark verändert – manchen meiner indischen Freunde fallen beim Lesen der Zutaten fast die Augen aus dem Kopf und sie murmeln etwas wie »komplett verrückt« oder »Mutter wäre nicht glücklich«. Aber beim Kochen geht es auch um das Spielen mit Zutaten, eigenen Stil und vor allem um den Genuss.

Ich mache meist einen Bogen um Dosen und Tuben. Ich weiß, dass es einfacher ist, Tomaten aus der Dose zu benutzen, aber es geht nichts über eine frisch gekochte Sauce, und so viel mehr Zeit und Mühe kostet es nicht. Gute Tomaten machen einen deutlichen Unterschied – was frisch nach nichts schmeckt, schmeckt auch in der Schüssel nicht. Etwas Zucker und Salz helfen dem Aroma vielleicht auf die Beine, aber wer zur Super-Saucen-Gang gehören will, braucht erstklassige Tomaten!

Om Namah Shivaya!

Rüben-Spinat-Curry Kaschmir mit Rote-Bete-Raita

FÜR VIER

Kaschmir! Schon der Name ruft Bilder einer entlegenen Region der Erde voller erhabener Schönheit und mit kristallklarem Himmel hervor. Kaschmir ist für seine Rüben berühmt und wer sie je probiert hat, weiß, warum – sie sind eine Klasse für sich! Der Trick ist, die Rüben kräftig zu salzen, um jede Bitterkeit herauszuziehen, bevor sie himmlisch golden geröstet werden. Steckrüben sind ein guter Ersatz, wenn man keine weißen Rüben findet, sie müssen aber etwas länger kochen.

DAS BRAUCHT'S

750 g weiße Rüben, geschrubbt und in 5 cm breite Spalten geschnitten

Meersalz

3 ½ EL Pflanzenöl

600 g Spinatblätter (je größer, desto besser), in 2 cm breite Streifen geschnitten

2 TL Kreuzkümmelsamen

2 TL Korianderkörner

5 EL Sojajoghurt (ungesüßt)

1 Zwiebel, in Streifen geschnitten

1 Stück Ingwer (2,5 cm), geschält und gerieben

3 Knoblauchzehen, geschält und zerdrückt

1 EL getrocknete Bockshornkleeblätter (Methi)

½ TL gemahlener Bockshornklee

1–2 TL Chilipulver

Saft von ½ Zitrone

1× Rote-Bete-Raita (s. S. 330)

SO GEHT'S

Die Rüben in einem Sieb mit 1 EL Salz bestreuen und durchmischen. In eine Schüssel oder ins Spülbecken stellen und 30 Minuten abtropfen lassen. Einen Topf bei mittlerer Temperatur erhitzen. ½ EL Öl und die Hälfte des Spinats hineingeben und rühren, bis der Spinat zusammenfällt. Abdecken, die Temperatur reduzieren und einige Minuten dünsten, dann gründlich abtropfen.

Kreuzkümmelsamen und Korianderkörner in einer kleinen Stielkasserolle 1 Minute rösten, bis sie platzen, dann im Mörser zermahlen. Den Sojajoghurt unter den gedünsteten Spinat heben und im Mixer zu einer grünen Sauce pürieren.

Die Rüben waschen und mit einem sauberen Tuch abtrocknen. Die Hälfte des restlichen Öls in einer großen Pfanne erhitzen und die Rüben bei starker Hitze 8–10 Minuten goldgelb darin anbraten. Vom Herd nehmen und beiseitestellen. Das restliche Öl in die Pfanne geben und die Zwiebel bei starker Hitze 6 Minuten karamellisieren. Ingwer, Knoblauch und Methi zugeben und 2 Minuten braten, dann gemahlenen Bockshornklee, Kreuzkümmel, Koriander und Chilipulver zugeben. Weitere 2 Minuten braten, damit die Gewürze durchwärmen, sich verbinden und entfalten. Die Rüben in die Pfanne geben und die grüne Sauce mit 3 EL Wasser und dem restlichen Spinat einrühren. Ohne Deckel 5 Minuten erhitzen, sodass die Sauce andickt und die Rüben weich werden. Vom Herd nehmen und abdecken. Nun die Rote-Bete-Raita zubereiten.

Nach ein paar Minuten ist das Curry wunderbar durchgezogen. Die Sauce bei Bedarf mit etwas Wasser verdünnen. Mit Zitronensaft und Salz würzen. Am besten mit großen Mengen Lieblingsreis und einem kräftigen Schlag leuchtend violettem Raita servieren.

Chana Masala mit braunen Kichererbsen, Tamarinde & Grünkohl

FÜR VIER

Dieses Gericht kommt direkt aus dem Punjab, dem grünen Land der vielen Flüsse im Nordwesten Indiens, Heimat der Sikhs und des Goldenen Tempels. In diesem fruchtbaren Landstrich gedeihen Kichererbsen. Punjabi-Essen ist sehr aromatisch und reichhaltig – ein Punjabi Thali ist alles andere als leicht. Dies ist ein einfaches, herzhaftes Curry für Tage, an denen Sie nicht viel tun möchten. Braune Kichererbsen sind etwas robuster, etwas kleiner und bieten mehr Ballaststoffe als die übliche Kichererbse – die Sie natürlich auch nehmen können, auch wenn sie im Vergleich recht blass wirkt.

DAS BRAUCHT'S

6 große Grünkohlblätter (oder andere Kohlsorten), harte Stiele entfernt und in dünne Streifen geschnitten

240 g getrocknete braune Kichererbsen, eingeweicht und gekocht

200 ml Kichererbsensud oder Gemüsebrühe

Für das Masala
2 EL Pflanzenöl

1 TL Kreuzkümmelsamen

2 Lorbeerblätter

1 kleine Zimtstange (oder 1½ TL gemahlener Zimt)

6 Gewürznelken

1 große Zwiebel, fein gewürfelt

2 Möhren, grob gerieben

3 Knoblauchzehen, geschält

1 Stück Ingwer (4 cm), geschält

1 scharfe rote Chilischote, in feine Ringe geschnitten

2 TL Garam masala

4 Datteln, 2 Stunden eingeweicht, dann fein gewürfelt

1 Handvoll Cashewkerne, 2 Stunden eingeweicht

6 reife Tomaten, gewürfelt

2 TL Tamarindenpaste

¾ TL Meersalz

¾ TL schwarzer Pfeffer

Zum Garnieren
2 EL Cashewkerne, geröstet und grob gehackt

½ Handvoll frischer Koriander, grob gehackt

SO GEHT'S

Für das Masala das Öl bei mittlerer Temperatur in einer großen Pfanne erhitzen und Kreuzkümmel, Lorbeerblätter, Zimtstange und Nelken 30 Sekunden rösten, bis sie platzen. Zwiebel und Möhren zugeben und gründlich durchrühren. 6–8 Minuten braten, bis die Zwiebeln bräunen.

Knoblauch, Ingwer und Chili im Mixer glatt pürieren. Dabei rund 50 ml Wasser zugeben, sodass eine lockere Paste entsteht. In die Pfanne rühren und 1 Minute kochen. Sobald der Knoblauch kräftig duftet, das Garam masala zufügen und unter Rühren 2 Minuten anbraten, ohne dass die Gewürze ansetzen. Bei Bedarf 1 EL Wasser einrühren.

Datteln und Cashews abtropfen lassen und mit Tomaten und Tamarindenpaste im Mixer (vorher auswaschen) glatt arbeiten. Dies kann auch im Voraus geschehen. Die Tomatensauce in die Pfanne geben und verrühren. Zum Köcheln bringen und 15 Minuten sanft kochen. Den Kohl zugeben und weitere 5 Minuten köcheln lassen. Die Kichererbsen zufügen und die Sauce mit dem Kichererbsensud verdünnen (nur falls nötig, denn die Sauce sollte dickflüssig und konzentriert sein). Salzen und pfeffern (mit dem schwarzen Pfeffer nicht sparen). Umrühren und weitere 5 Minuten durchwärmen, dann mit gehackten Cashewkernen und Koriander bestreut servieren.

Dazu passen Berge von Vollkorn-Chapatis (oder Vollkornreis-Chapatis, s. S. 237).

Pakistanisches Kürbis-Rote-Bete-Bhuna mit Bananen-Limetten-Raita

FÜR SECHS

Verglichen mit ihrem indischen Pendant kommt mir die pakistanische Küche immer sehr intensiv und erdig vor, obwohl sie sich eigentlich sehr ähneln. Vermutlich liegt das daran, dass ich bei Pakistan immer gleich an den Karakorum Highway, den Chaiber-Pass und den Norden Pakistans denke, der nach wilder, karger Weite klingt.

Dieses Gericht ist sehr einfach zuzubereiten – man verteilt einfach alles auf einem Backblech und röstet es wunderbar golden. Die Sauce sollte glänzend und cremig, die Gewürze gut geröstet sein. Dieses Bhuna ist eine Art trockenes Curry, also mit wenig Flüssigkeit. Da kommt die Raita ins Spiel. Die Masala kann am Vorabend zubereitet werden, das macht sie kräftiger. Rote-Bete-Blätter sind eine tolle Zutat voller Nährstoffe. Wenn Sie sie nicht finden können, können Sie sie durch violetten Mangold oder große Spinatblätter ersetzen.

DAS BRAUCHT'S

2 große Rote Beten, geschrubbt und in 5 cm breite Spalten geschnitten, plus Rote-Bete-Blätter, grob gehackt, Stiele fein gehackt

3 EL Raps- oder Pflanzenöl

1 ½ TL Kreuzkümmelsamen

1 TL schwarze Senfsamen

1 kleiner Kürbis, geschrubbt, entkernt und in 5 cm breite Spalten geschnitten

5 Bananenschalotten oder 1 große Zwiebel, in Spalten geschnitten (etwa so groß wie die Rote Bete)

½ TL Meersalz

½ TL frisch zerstoßener schwarzer Pfeffer

10 große Knoblauchzehen

Für das Masala

½ EL Pflanzenöl

1 große Zwiebel, in feine Streifen geschnitten

4 Knoblauchzehen, geschält und zerdrückt

1 großes Stück Ingwer (2,5 cm), geschält und gehackt

½ TL Chilipulver

1 Msp. gemahlener Kardamom (oder 4 Kardamomkapseln, zerstoßen)

½ TL gemahlene Kurkuma

2 Msp. gemahlener Zimt

6 große Tomaten, gehackt

1 EL Tomatenmark

2 TL Garam masala

½ TL Meersalz

Für die Bananen-Limetten-Raita

400 ml Sojajoghurt (ungesüßt)

2 gerade reife Bananen, geschält, längs halbiert und in 1-cm-Stücke geschnitten

1 Handvoll frischer Koriander, fein gehackt

Saft von ½ Limette

1 TL fein abgeriebene Bio-Zitronenschale

½ TL Salz

Zum Garnieren

1 EL Pflanzenöl

1 große Zwiebel, in feine Streifen geschnitten

1 gelbe Paprikaschote, in feine Streifen geschnitten

1 Handvoll frische Korianderblätter

SO GEHT'S

Den Backofen auf 200 °C vorheizen. Für das Masala das Öl in einer großen Pfanne erhitzen und die Zwiebel 3 Minuten darin anbraten. Knoblauch und Ingwer im Mörser oder Mixer zerkleinern und zu den Zwiebeln geben. 3 Minuten anbraten, dann Chili, Kardamom, Kurkuma und Zimt zugeben und unter Rühren 1 Minute durchwärmen.

(Forts.) ➡

Tomaten, Tomatenmark und 100 ml Wasser in einem Topf zum Kochen bringen und abgedeckt 10 Minuten köcheln lassen. Garam masala und gehackte Rote-Bete-Blätter einrühren und salzen. Zum Abkühlen beiseitestellen. Dann im Mixer (oder mit dem Mixstab) glatt pürieren.

Die Rote Bete auf einem Backblech mit dem Öl durchmischen. Abdecken und 25 Minuten im vorgeheizten Ofen rösten. Kreuzkümmel- und Senfsamen, Kürbis, Schalotten, Salz und Pfeffer zugeben, gründlich mischen und großzügig verteilen. Falls nicht genügend Platz ist, ein zweites Backblech verwenden. Wieder in den Ofen geben und weitere 30–35 Minuten rösten. Nach der Hälfte der Zeit wenden. Zu diesem Zeitpunkt Knoblauch und Rote-Bete-Stiele zugeben. Das Gemüse sollte gut karamellisiert und weich sein, aber bei Weitem nicht matschig. Die Rote Bete testen, sie kann etwas hartnäckig sein.

Für die Bananen-Limetten-Raita alle Zutaten in einer Schüssel vermengen. Für die Garnitur eine schwere Pfanne bei hoher Temperatur erhitzen, das Öl hineingeben und Zwiebel und Paprika 5–6 Minuten pfannenrühren, bis sie rundum leicht angeröstet sind. Mit 1 Prise Salz würzen und warm stellen.

Die Ofentemperatur auf 180 °C reduzieren. Das Masala über das geröstete Gemüse geben und gründlich durchmischen. Vorsicht, dass der Kürbis nicht zerfällt. Im Ofen 10 Minuten durchwärmen. Die Sauce sollte nun sehr konzentriert sein.

Das Bhuna mit den warmen Zwiebeln und Paprika bestreuen, frischen Koriander darübergeben und in der Mitte des Tisches platzieren. Große Löffel Raita sind ein Muss, und dazu gibt es herrlich lockeren Reis.

Geröstete Mandel-Kohlrabi-Koftas mit Tomaten-Ingwer-Masala

ERGIBT ZEHN KOFTAS

Koftas sind wie Kroketten mit Sauce und verbinden Indiens feinste Aromen. Außen himmlisch knusprig und innen wunderbar weich, werden sie normalerweise frittiert, aber ich habe sie – als gesündere Version – im Ofen gebacken. Koftas werden eigentlich in einem reichhaltigen Masala gekocht. Da ich sie aber knusprig mag, gebe ich die Sauce nur darüber. Man kann Koftas mit allen möglichen Gemüsen zubereiten, sie sind eine Bereicherung für jedes vegane Kochrepertoir und zudem traditionell glutenfrei, da sie Kichererbsenmehl enthalten. Gemahlener Koriander gibt immer ein schönes nussiges Orangenaroma und wirkt zudem als Dickungsmittel. Geben Sie so viele Mandeln dazu, wie Sie mögen – je mehr, desto besser!

DAS BRAUCHT'S

750 g Kartoffeln, geschält und in kleine Würfel geschnitten

1 TL Meersalz

3 EL Sonnenblumenöl

2 rote Zwiebeln, in feine Streifen geschnitten

1 große Möhre, geschrubbt und grob gerieben

1 großer Kohlrabi, geschrubbt und grob gerieben

2 rote Chilischoten, entkernt und sehr fein gewürfelt, oder 1 TL Chiliflocken

2 TL Korianderkörner

2 TL Kreuzkümmelsamen

1 TL gemahlene Kurkuma

½ TL gemahlener Kardamom

½ TL gemahlener Zimt

1 Prise Asant

2 Handvoll frischer Koriander (Stiele und Blätter), fein gehackt

2 große Handvoll gemahlene Mandeln, grob gehackt

3 EL Kichererbsenmehl

3 gehäufte EL Stärkemehl zum Bestäuben der Kofta

Für das Tomaten-Ingwer-Masala

6 Kardamomkapseln oder ½ TL gemahlener Kardamom

1 große Prise Meersalz

3 Knoblauchzehen, geschält und gerieben

1 Stück Ingwer (5 cm), geschält und gerieben

1 EL Pflanzenöl

1 TL Kreuzkümmelsamen

1 große Zwiebel, geschält und gerieben

1 große Prise Asant

1 TL Fenchelsamen

1 rote Chilischote, in feine Ringe geschnitten, oder ½ TL Chiliflocken

½ TL gemahlener Koriander

5 große Tomaten, grob gehackt

1 EL Kichererbsenmehl oder gemahlene Mandeln

1 TL unraffinierter brauner Zucker (je nach Süße der Tomaten)

½ EL Zitronensaft

Olivenöl

Zum Garnieren

1 Handvoll frische Korianderblätter, gehackt

(Forts.) ➡

SO GEHT'S

Die Kartoffeln mit ½ TL Salz in einem großen Topf mit kaltem Wasser bedecken und zum Kochen bringen. Die Temperatur reduzieren und 35 Minuten kochen, bis sie gar sind. Mit der Messerspitze testen: Gleitet sie leicht hinein, sind sie gar. Abgießen und leicht abkühlen lassen. Noch warm zu Püree zerstampfen (in Indien werden sie gerieben, aber das dauert ewig!). Man kocht die Kartoffeln am besten im Voraus und legt sie in den Kühlschrank. Je trockener sie sind, desto fester werden die Koftas.

Für das Tomaten-Ingwer-Masala zunächst die Kardamomkapseln im Mörser zerstoßen und die Hülsen heraussammeln, sodass nur die schwarzen Samen zurückbleiben. Salz, Knoblauch und Ingwer zugeben und zu einer Paste zermahlen.

Das Öl bei mittlerer Temperatur in einer Pfanne erhitzen. Die Kreuzkümmelsamen 30 Sekunden darin anrösten, bis sie duften, dann die geriebene Zwiebel zugeben. 3 Minuten braten, dann die Ingwerpaste einrühren. Asant, Fenchelsamen, Chili und Koriander zufügen und unter Rühren 1 Minute rösten. Tomaten, 225 ml Wasser, Kichererbsenmehl und Zucker einrühren. Ohne Deckel 10 Minuten köcheln lassen, dann vom Herd nehmen und abschmecken.

Die Sauce leicht abkühlen lassen und im Mixer oder mit dem Stabmixer in Intervallen glatt pürieren. Sie hält sich im Kühlschrank einen Tag und schmeckt auch kalt als herzhafter Dip. Ob kalt oder warm serviert, kurz vor dem Servieren Zitronensaft und einen Schuss Olivenöl zugeben.

Für die Koftas 1 EL Öl bei schwacher bis mittlerer Hitze in einer Pfanne erhitzen und die Zwiebeln 10 Minuten kräftig karamellisieren. Werden sie zu dunkel, die Temperatur reduzieren. Die Möhre zugeben und weitere 3 Minuten braten (dazu die Temperatur erhöhen), dann Kohlrabi, Chilis, Gewürze und ½ TL Salz zugeben. Unter regelmäßigem Rühren weitere 7 Minuten braten. Das Gemüse sollte leicht karamellisieren.

Den Backofen auf 180 °C vorheizen.

Die Kartoffel mit der Gemüsemischung in eine große Schüssel geben und mit einem großen Löffel (oder mit den Händen) mit frischem Koriander, gerösteten Mandeln und Kichererbsenmehl gründlich verkneten. Abschmecken und, falls nötig, nachsalzen.

2 EL Öl auf ein großes Backblech träufeln und das Stärkemehl auf einen großen Teller geben. Je 2 EL Koftamischung mit den Händen zu insgesamt zehn dicken Würsten formen. Im Stärkemehl wenden, sodass sie rundum paniert sind, dann überschüssiges Mehl abschütteln und die Kofta auf das geölte Backblech geben. Rollen, sodass sie rundum eingeölt sind. 20 Minuten backen, wenden und weitere 15 Minuten backen. Die Kofta sollten golden und knusprig sein.

Die Kofta auf vorgewärmten Tellern anrichten, mit Tomaten-Ingwer-Masala beträufeln und mit frischem Koriander bestreuen. Dazu passen Blumenkohlreis (s. S. 144) und ein Berg frischer Blattsalat.

Blumiger Erbsen-Blumenkohl-Pulao mit Kokos-Minz-Chutney

FÜR SECHS BIS ACHT

Dies ist ein leichtes und aromatisches Reisgericht mit Kokosmilch und Safran, dem Rosenwasser einen Schuss Luxus einhaucht und es sehr authentisch macht. Ich habe es in Indien unendlich oft genossen. Pulao gibt es in unzähligen Varianten. Es heißt eigentlich »Reis«, aber auf diese Weise zubereitet wird aus dem einfachen Reis eine absolute Delikatesse. Das Rosenwasser verleiht Gemüsegerichten eine florale Note und eine ganz neue Dimension. Zu viel Rosenwasser allerdings ruiniert ein Gericht oder lässt alles nach einem billigen Raumerfrischer riechen – daher bitte nur sparsam nutzen!

DAS BRAUCHT'S

400 g Basmatireis

2 EL Kokosnussöl (oder Pflanzenöl)

1 große Handvoll Cashewkerne
(am besten längs halbiert)

½ Handvoll Curryblätter

1½ TL Kreuzkümmelsamen

1½ TL Fenchelsamen

3 Zwiebeln, in feine Streifen geschnitten

1 Stück Ingwer (4 cm), geschält und
gerieben

4 Knoblauchzehen, geschält und zerdrückt

1 Zimtstange, einmal durchgebrochen

10 grüne Kardamomkapseln, zerstoßen

400 ml Kokosmilch (aus der Dose)

1½ TL Safran, in 1 EL warmem Wasser
gelöst (nach Belieben)

1 Handvoll Sultaninen

½ kleiner Blumenkohl, grob in kleine
Röschen gehackt, den Stiel ebenfalls
verwenden

1 TL Meersalz

2 große Handvoll frische grüne Erbsen (oder TK)

1–2 EL Rosenwasser (nach Geschmack)

Zum Garnieren

½ Handvoll geröstete Cashewkerne, längs
halbiert

1 Handvoll frischer Koriander, gehackt

Für das Kokos-Minz-Chutney

1 Stück Ingwer (1,5 cm), geschält und gerieben

1–2 kleine grüne Chilischoten

1 große Knoblauchzehe, geschält und zerdrückt

½ frische Kokosnuss, gerieben (oder
120 g Kokosraspeln, 2 Stunden eingeweicht)

1 EL Zitronensaft

2 Handvoll frische Minzeblätter, in feine Streifen
geschnitten

50 g getrocknete halbe Kichererbsen (Chana dal)
oder 25 g Kichererbsenmehl

1 große Prise Meersalz

SO GEHT'S

Den Reis waschen. Mit frischem Wasser bedecken, mit der Hand durchrühren und dann das trübe Wasser abgießen. Reis hat normalerweise einen langen Weg hinter sich und sammelt dabei Dreck. So lange weiterwaschen, bis das Wasser klar bleibt. Abgießen und dann 30 Minuten in frischem Wasser einweichen. Erneut abgießen.

Das Kokosnussöl bei mittlerer Temperatur in einer großen Pfanne erhitzen. Cashewkerne, Curryblätter, Kreuzkümmel- und Fenchelsamen 30 Sekunden darin rösten. Zwiebeln und Ingwer zugeben und unter Rühren 10–12 Minuten goldbraun und knusprig rösten. 3 EL der Mischung für die Garnitur herausnehmen und beiseitestellen.

Knoblauch, Zimtstange und Kardamomkapseln 2 Minuten in der Pfanne anrösten – spätestens jetzt sollte alles einen himmlischen Duft entfalten.

Den Reis zugeben und unterheben. Falls der Reis ansetzt, die Pfanne vorübergehend vom Herd nehmen und die Temperatur anpassen. 2 EL Kokosmilch auf die Seite stellen, den Rest mit Safran, Sultaninen, Blumenkohl und Salz in die Pfanne geben. Ausreichend Wasser angießen, sodass der Reis 1 cm hoch bedeckt ist. Unter Rühren sanft zum Kochen bringen. Abdecken und 25 Minuten bei niedrigster Hitze köcheln lassen.

Für das Kokos-Minz-Chutney Ingwer, Chili und Knoblauch im Mörser oder Mixer glatt pürieren. Kokos, Zitronensaft, Minze und Kichererbsen (oder Kichererbsenmehl) zugeben. Weiter pürieren und nach und nach etwa 125 ml Wasser einträufeln, bis eine dicke Paste entsteht. Nach Geschmack salzen. Fertig! Im Kühlschrank dickt das Chutney ein. Bei Bedarf vor dem Servieren einfach mit etwas Wasser cremig rühren.

Den Pulao (Reis) mit der Gabel auflockern, die Erbsen zugeben, abdecken und weitere 5 Minuten köcheln. Bei Bedarf ein wenig Wasser zufügen. Der Pulao sollte etwas feuchter sein als normaler gekochter Reis und ein wenig Sauce haben. Kurz vor dem Servieren nach Geschmack Rosenwasser einrühren – aber daran denken: Man kommt mit wenig aus! Die zurückbehaltene Kokosmilch einrühren.

Ich serviere solche Reisgerichte gerne zu einer hohen Pyramide aufgetürmt auf einer großen Servierplatte. Mit den karamellisierten Zwiebeln garnieren und mit Cashewkernen und frischem Koriander bestreuen. Das Chutney in einer kleinen Schüssel dazu servieren oder dekorativ um den Pulao herumträufeln.

Keralesisches Kokos-Gemüse-Curry mit Ananas-Wassermelonen-Salat

FÜR VIER

Dieses Gericht heißt Aviyal und stammt aus dem tropischen Kerala im Südwesten Indiens. Ich habe mir die Freiheit genommen, einige »englische Gemüse« dazuzugeben (so nennen ältere Keralesen Möhren, grüne Bohnen etc. bis heute) sowie eine kräftige Portion des Herzbluts dieser Region: Kokos. In Kerala verwendet man ein großes Gemüse namens »Drumsticks« (Trommelstöcke, die Früchte des Meerrettichbaums), das wie eine verlängerte Okra aussieht und eine feine Note beisteuert. In Indien pflücke ich sie direkt vom Baum – eine tolle Zutat. Für Curryblätter gilt grundsätzlich: Je frischer, desto besser. Haben Ananas und Wassermelone gerade keine Saison, können Sie auch andere Obstkombinationen wie Apfel und Pfirsich oder Birne und Orange verwenden.

DAS BRAUCHT'S

2–3 frische grüne Chilischoten

2 große Handvoll frisch geriebene Kokosnuss oder Kokosraspeln

2 TL Kreuzkümmelsamen

220 ml Kokosmilch oder ungesüßter Sojajoghurt

2 große Möhren, geschrubbt

2 große Kartoffeln, geschrubbt

1 große Zucchini

6 dicke grüne Spargelstangen

2 grüne Kochbananen, geschält

1 gehäufter TL gemahlene Kurkuma

½ TL Meersalz

1 große Handvoll Zuckererbsen oder grüne Bohnen

2 EL Kokosnussöl

2 TL Senfsamen

3 EL Curryblätter

Für den Ananas-Wassermelonen-Salat

½ kleine Ananas

⅓ kleine Wassermelone (die Kerne einfach mitessen)

1 große Bio-Salatgurke

1 kleine Handvoll frischer Koriander, grob gehackt

1 Prise Meersalz

1 große Prise Chat masala

gemischtes oder schwarzes Salz (nach Belieben)

SO GEHT'S

Chilis, Kokosraspeln und Kreuzkümmelsamen im Mörser oder Mixer glatt pürieren. (Werden Kokosraspeln verwendet, 2 EL der Kokosmilch zugeben.) Die Kokospaste am besten am Vortag zubereiten und über Nacht im Kühlschrank durchziehen lassen.

Möhren, Kartoffeln, Zucchini, Spargel und Bananen in 2,5 cm große Stücke schneiden. Dann 200 ml Wasser in einem großen Topf erhitzen und Kurkuma, Salz, Möhren und Kartoffeln hineingeben. Aufkochen, die Temperatur reduzieren und abgedeckt 10 Minuten köcheln lassen. Zucchini und Kochbananen zufügen und abgedeckt weitere 10 Minuten köcheln lassen.

Die Kokospaste mit Kokosmilch in das Curry einrühren und vorsichtig durchrühren. Ohne Deckel 8–10 Minuten sanft köcheln lassen. Prüfen, ob Möhren und Kartoffeln weich sind, dann Spargel und Zuckererbsen zugeben und den Topf vom Herd nehmen. Abdecken und einige Minuten beiseitestellen.

Für den Salat Ananas und Wassermelone schälen und mit der Gurke in 1 cm große Stücke schneiden. Mit den übrigen Salatzutaten in einer Schüssel vermengen.

Das Kokosnussöl in einer kleinen Pfanne erhitzen und Senfsamen und Curryblätter 1 Minute darin rösten. Vom Herd nehmen (und ruhig ein wenig ziehen lassen, das intensiviert den Geschmack). Das Würzöl in das Aviyal einrühren und mit dampfenden Bergen Ihres Lieblingsreises und einer kleinen Schüssel Ananas-Wassermelonen-Salat als Beilage servieren.

Tiger-Mountain-Bohnen mit Paprika-Masala, Erdnuss-Koriander-Salat & Sesampfannkuchen

FÜR VIER

Ich lebe auf dem Tiger Mountain in Nordwales, der so genannt wird, weil er leuchtend orange-farbene und schwarze Streifen hat, die bei Sonnenuntergang im Herbst sichtbar werden. Dieses einfache Alltags-Curry kommt im Herbst oft auf den Tisch, denn es kombiniert zwei meiner Favoriten: Curry und Bohnen. Es lässt sich ganz einfach variieren, etwa mit geräuchertem Tofu. Ich würze gerne kräftig, habe aber gelernt, dass der Schlüssel oft in der Zurückhaltung liegt und sanft gewürzte Gerichte genauso spannend schmecken können wie pikante. Das ebenfalls sanft würzige Paprika-Tomaten-Masala ist der perfekte Begleiter für Kidneybohnen. Die Sesampfannkuchen sind köstlich, aber mit Reis schmeckt das Gericht auch toll.

Glutenfreie Variante: Die Pfannkuchen durch glutenfreies Fladenbrot ersetzen.

DAS BRAUCHT'S

4 TL Korianderkörner

4 TL Kreuzkümmelsamen

1 EL Pflanzenöl

1 große Möhre, in 2-cm-Stücke geschnitten

1 Selleriestange, in 2-cm-Stücke geschnitten

1 Aubergine, in 2-cm-Stücke geschnitten

2 Lorbeerblätter

½ TL gemahlener Kardamom oder 6 Kardamomkapseln, zerstoßen (Hülsen entfernt)

1 Msp. gemahlener Zimt

½ TL Chilipulver

200 g getrocknete rote Kidneybohnen, eingeweicht und gekocht

rund 75 ml Bohnenkochwasser oder Wasser (nach Bedarf)

1 ½ TL Ajowansamen oder getrockneter Thymian

1 TL Meersalz

1 Msp. frisch zerstoßener schwarzer Pfeffer

2 Handvoll Stangenbohnen, in 5 cm lange Stücke geschnitten (oder Zuckerschoten)

1 TL Jaggery (oder unraffinierter brauner Zucker)

200 g geräucherter Tofu oder fester Tofu, in 1-cm-Würfel geschnitten (nach Belieben, schmeckt aber köstlich)

Für das Paprika-Tomaten-Masala

2 rote Paprikaschoten

Pflanzenöl

3 Knoblauchzehen

1 Stück Ingwer (4 cm), geschält

1 große Zwiebel

5 große Tomaten

Für den Erdnuss-Koriander-Salat

2 Handvoll rohe blanchierte Erdnüsse, ungesalzen

1 Prise Meersalz

2 EL Pflanzenöl

1–2 rote Chilischoten, entkernt und fein gewürfelt

½ rote Zwiebel oder 3 Frühlingszwiebeln, möglichst fein gewürfelt

1 EL Zitronensaft

1 große Handvoll frische Korianderblätter, grob gehackt

1× Sesam-Mais-Pfannkuchen (s. S. 141) ohne den Mais zubereitet

Zum Servieren

Sojajoghurt (nach Belieben)

SO GEHT'S

Den Backofen auf 200 °C vorheizen. Für das Paprika-Tomaten-Masala die Paprika mit etwas Öl einreiben und im Backofen 30 Minuten rösten oder hacken und 10 Minuten bei mittlerer Hitze in der Pfanne rösten. Beides macht sie süß und köstlich.

Eine große Pfanne erhitzen (zum Beispiel eine Wok-ähnliche indische Kadai) und Korianderkörner und Kreuzkümmelsamen 1–2 Minuten sanft darin rösten. Dabei ständig in Bewegung halten, bis sie duften und platzen. Dann im Mörser zermahlen. Rund 1½ TL der Gewürzmischung abnehmen und beiseitestellen, den Rest im Mörser lassen.

In derselben Pfanne die Erdnüsse für den Salat rösten. Bei mittlerer Hitze in die Pfanne geben und unter Rühren goldbraun und leicht angebrannt rösten. Die Hälfte der Erdnüsse und das Salz zu den Gewürzen in den Mörser geben und mit dem Öl zu einer krümeligen Masse zermahlen (oder im Mixer zerkleinern). Den Rest der Nüsse zugeben und den Vorgang wiederholen. Die Erdnussmischung in einer Schüssel mit Chilis, Zwiebeln, Zitronensaft und frischem Koriander vermengen und beiseitestellen.

Die Zutaten für das Masala grob hacken, dann den Mixer einschalten und die Zutaten in folgender Reihenfolge hineingeben: Knoblauch, Ingwer, Zwiebel und Paprika. Alles zu einem dicken, glatten Püree mixen, dann auf die Seite stellen. Nun die Tomaten im Mixer glatt pürieren und beiseitestellen.

Für die Tiger-Mountain-Bohnen 1 EL Öl bei mittlerer Temperatur in der Pfanne erhitzen und Möhren, Sellerie und Aubergine 6 Minuten darin anbraten. Die zurückbehaltene Gewürzmischung einrühren, dann Lorbeerblätter, Kardamom, Zimt und Chilipulver zugeben und 1 Minute pfannenrühren, dann die Paprikamischung einrühren. Unter Rühren 5 Minuten kräftig köcheln lassen, bis das Masala schön süß ist!

Die Kidneybohnen mit etwa 75 ml ihres Kochwassers zugeben, dann die pürierten Tomaten, Ajowan, Salz und Pfeffer einrühren und weitere 5 Minuten kochen. Bohnen, Jaggery und geräucherten Tofu zufügen, den Deckel auflegen und weitere 2 Minuten kochen, bis alles durchgewärmt ist. Vom Herd nehmen und warm stellen. Wer viel Sauce mag, kann noch mehr Kochwasser einrühren. Zum Abschluss abschmecken.

Die Sesampfannkuchen in letzter Minute zubereiten und zum Warmhalten in ein sauberes Küchentuch einschlagen.

Die Tiger-Mountain-Bohnen mit dem Erdnuss-Koriander-Salat als Beilage und Stapeln von Sesampfannkuchen servieren. Ein wenig Sojajoghurt dazu schadet auch nicht – und alles zusammen lässt sich in einen tollen Wrap verwandeln!

Reisen in Indien.

Geröstete Kartoffeln & Pastinaken mit Knoblauch-Dattel-Masala

FÜR VIER BIS SECHS

Das Backen in Terrakottageschirr hat etwas Archaisches und ist in meiner Lieblingsecke Spaniens, in Murcia, noch weit verbreitet. Es gibt ein ganz besonderes Aroma. Wer aber keine Terrakottapfannen hat, nimmt einfach Fettpfannen oder Backbleche. Dieses Curry ist perfekt für kalte Wintertage. Das Wurzelgemüse wärmt uns an dunklen Abenden vor dem Kamin, begleitet von einer köstlichen Tasse Chai (s. S. 81). Die leckere Kombination aus Datteln und Mandeln ist vermutlich so alt wie der Römertopf. Die Chilis in diesem Gericht sind die großen, flachen, indischen Schoten, sie sind pikant und geben eine schöne Rauchnote.

DAS BRAUCHT'S

½ kleiner Butternusskürbis

4 große festkochende Kartoffeln

4 Pastinaken

2 Möhren

2 Zwiebeln, ungeschält, halbiert (rote sind sehr dekorativ)

10 Knoblauchzehen, ungeschält

4 große Tomaten, halbiert

3 EL Pflanzenöl, plus etwas Öl zum Beträufeln

Meersalz

6 große Datteln ohne Stein, 2 Stunden in 4 EL Wasser eingeweicht

1 große Handvoll gemahlene Mandeln

1 Stück Ingwer (4 cm), geschält und grob gehackt

¼ TL gemahlener Piment

Saft und fein abgeriebene Schale von ½ Bio-Limette

½ TL gemahlene Kurkuma

1 TL Kreuzkümmelsamen

½ TL schwarze Senfsamen

5 rote Chilischoten, grob gehackt

1 große Prise frisch zerstoßener schwarzer Pfeffer

Zum Garnieren

1 Handvoll Mandelblättchen, geröstet

1 Handvoll frische Korianderblätter, fein gehackt

SO GEHT'S

Die Terrakottaschalen einige Stunden vor dem Backen wässern. Ansonsten Backbleche oder eine Kombination aus beidem zurechtlegen. Insgesamt werden drei Backgefäße benötigt.

Den Backofen auf 180 °C vorheizen. Den Kürbis entkernen, Kartoffeln, Pastinaken und Möhren schrubben und alles in grob gleich große Spalten schneiden. Pastinaken und Kürbis in eine Terrakottaschale, Kartoffeln und Möhren in ein zweites Backgefäß geben.

Zwiebeln, Knoblauch und Tomaten im Öl wenden und auf ein Backblech legen. Mit Salz bestreuen und 30–35 Minuten im Ofen rösten, bis die Zwiebeln karamellisieren und die Tomaten Farbe annehmen. Zwiebeln und Knoblauch nach etwa 10 Minuten wenden. Kleinere Knoblauchzehen können zu dieser Zeit schon gar sein – dann herausnehmen.

Datteln, Mandeln und Ingwer im Mixer glatt pürieren. Geröstete Zwiebeln und Knoblauch (aus der Schale gedrückt) mit Tomaten, Piment und 150 ml Wasser zugeben und zu einer dickflüssigen Sauce mixen. In einen Topf geben, aufkochen und 20 Minuten köcheln lassen. Limettensaft und -schale einrühren, abschmecken, den Deckel auflegen und warm stellen.

Alle Gemüse mit etwas Öl beträufeln und mit Kurkuma, Kreuzkümmel- und Senfsamen, Chilis, Pfeffer und 1 TL Meersalz bestreuen. Gründlich mit den Händen durchmischen!

Alle Gefäße in den Ofen geben, die Kartoffeln ganz oben, und unter mindestens einmaligem Wenden 25 Minuten backen. Vorsicht: Die Pastinaken setzen an und müssen im Auge behalten werden. Die Kürbisspalten herausnehmen und die Kartoffeln bei Bedarf weitere 10 Minuten backen. Kartoffeln und Möhren aus dem Ofen holen, wenn sie weich und goldgelb sind. Den Ofen abschalten.

Das geröstete Gemüse auf einem Backblech ausbreiten und die Mandel-Dattel-Sauce darüber verteilen. Mit einem Pfannenwender oder Löffel aus Holz gründlich mischen. Abdecken und 5 Minuten im noch warmen Ofen ziehen lassen.

Mit gerösteten Mandelblättchen und Koriander bestreut servieren. Dazu indische Pickles (zum Beispiel Limette und Knoblauch) und Vollkorn-Chapatis reichen. Ein cremiger Dal wäre auch ideal.

Matar Dal mit Brunnenkresse, Rotkohl-Sabji & Vollkornreis-Chapatis

FÜR VIER

Wer sich zu einer Schüssel Dal hinsetzt, ist definitiv nicht allein, denn Milliarden Menschen tun vermutlich gerade dasselbe. Dal kommt weltweit auf der Beliebtheitsskala direkt nach Reis und für mich ist es das absolute Wohlfühlessen. Ganz Indien lebt von Dal und mit einem warmen Chapati ist es mein Lieblingsessen. Matar Dal wird aus halben grünen Erbsen gekocht, die ihm Farbe und eine kernige Konsistenz verleihen. Dieser Dal ist viel dicker als die meisten, die man in Indien bekommt, aber man kann ihn leicht mit Wasser verdünnen.

DAS BRAUCHT'S

Für den Matar Dal mit Brunnenkresse

225 g getrocknete halbe grüne Erbsen

1 Stück Ingwer (2,5 cm), gerieben oder zerstoßen

8 Kardamomkapseln, mit dem Ingwer zerstoßen

4 getrocknete rote Chilischoten, in 2-cm-Stücke geschnitten

½ TL gemahlener Kreuzkümmel

1 TL gemahlener Koriander

1 Msp. Asant

2 EL Curryblätter

3 Handvoll Brunnenkresse, gründlich gewaschen, oder Frühlingskohl/Grünkohl, in feine Streifen geschnitten

Meersalz und frisch gemahlener schwarzer Pfeffer

Für das Rotkohl-Sabji

½ Rotkohl, harte Strünke entfernt, Blätter in feine Streifen geschnitten

1 EL Kokosnuss- oder Pflanzenöl

Saft von ½ Orange

1 TL fein abgeriebene Bio-Orangenschale

2 Sternanis

2 TL Kreuzkümmelsamen

½ Handvoll Curryblätter

1 Stück Ingwer (2,5 cm), geschält und gerieben

4 Knoblauchzehen, geschält und gerieben

1 TL Garam masala

Für die Vollkornreis-Chapatis (ergibt 8–10)

350 g Vollkornreis, gekocht

1 Msp. Salz

40 g Vollkorn-Weizenmehl, plus etwas Mehl zum Bestäuben

Zum Garnieren

3 EL geriebene Möhren (nach Belieben)

1 EL geröstete Sesamsamen (nach Belieben)

(Forts.) ➡

SO GEHT'S

Die halben Erbsen waschen und in frischem Wasser 10 Minuten quellen lassen. Aufschwimmende Erbsen absammeln. Abgießen und in einem großen Topf mit 1 l Wasser zum Kochen bringen. Ingwer, Kardamomkapseln, Chilis, Gewürze und Curryblätter zugeben. Sprudelnd aufkochen, dann die Temperatur reduzieren und 50 Minuten bis 1 Stunde köcheln lassen. Regelmäßig rühren, damit der Dal nicht ansetzt, und weißen Schaum abschöpfen. Die Brunnenkresse zugeben und weitere 5 Minuten köcheln lassen (bei Frühlingskohl 10 Minuten). Wenn die Erbsen gar sind, sollte der Dal etwa die Konsistenz von Crème double haben. Kräftig mit Salz und Pfeffer würzen, abdecken und vom Herd nehmen.

Für das Rotkohl-Sabji ½ EL Öl bei mittlerer Temperatur in einer großen Pfanne erhitzen und den Rotkohl unter regelmäßigem Rühren 5 Minuten darin andünsten, bis er eine kräftige Farbe entwickelt. Orangensaft und -schale sowie Sternanis zugeben, die Pfanne abdecken, die Temperatur auf schwächste Hitze reduzieren und 5 Minuten dämpfen. Den Kohl aus der Pfanne nehmen und abgedeckt warm stellen.

½ EL Öl bei mittlerer bis hoher Temperatur in der Pfanne erhitzen und Kreuzkümmel und Curryblätter 1 Minute darin anrösten. Dann sofort Ingwer und Knoblauch zugeben und 1 Minute rösten. Den Kohl mit dem Garam masala wieder in die Pfanne geben und unter Rühren 2 Minuten braten, damit die Gewürze nicht ansetzen. Falls nötig, etwas Wasser einträufeln. Weiterbraten, bis der Kohl weich ist und gut geschmort aussieht.

Für die Chapatis den Reis mit 450 ml Wasser, Salz und Mehl in der Küchenmaschine zu einem glatten Teig vermengen. Auf einer gut bemehlten Arbeitsfläche gründlich verkneten und regelmäßig mit Mehl bestäuben, damit der Teig nicht klebt. Er wird binden, aber nicht so kräftig wie ein normaler Brotteig – das ist aber kein Problem. Den Teig zu einer Kugel formen und 30 Minuten in den Kühlschrank legen.

Eine große, schwere Pfanne (oder für Chapati-Fans: eine Tawa) bei mittlerer bis hoher Temperatur erhitzen. Eine etwa tischtennisballgroße Menge Teig auf der bemehlten Arbeitsfläche zu einem runden Fladen ausrollen. Mit Mehl bestäuben. Falls der Teig zu sehr an der Teigrolle klebt, den Teig einfach mit den Fingern oder dem Handballen in Form drücken. Den Fladen mit dem Pfannenwender in die warme Pfanne geben und erneut mit etwas Mehl bestäuben. 2 Minuten backen, dann wenden und 1 weitere Minute backen. In dieser Zeit den zweiten Chapati vorbereiten – wie am Fließband. Fertige Chapatis zum Warmhalten in ein sauberes Küchentuch einschlagen (ich mache meist 2–3 Chapatis pro Person).

Den Rotkohl in einer flachen, weiten Schüssel servieren und den Matar Dal in der Mitte daraufhäufen. Alles nach Belieben dekorativ mit den geriebenen Möhren und gerösteten Sesamsamen bestreuen. Dann die warmen Chapatis dazu servieren und genießen!

Noch besser schmeckt dieses traumhafte Gericht mit einem Löffel selbst gemachtem Mangochutney (s. S. 330).

Burger, Aufläufe & anderer Ofenkram

Diese bombastischen Gerichte werden das Haus mit köstlichem Duft erfüllen und Sie an den Ofen locken. Sie sind ein Gedicht für die Geschmacksknospen und machen satt und sehr zufrieden.

Bei »Auflauf« denken viele an ein schlabberiges Nudelgericht unter einer ledernen Käsekruste mit Fettpfützen obendrauf, das unter einer Wärmelampe an der Raststätte vor sich hin trocknet (oder geht das nur mir so?). Dabei muss Auflauf nicht fettig und schlabbrig sein, sondern kann eine farbenfrohe Kombination aus sorgfältig geschichteten Aromen sein. So wird aus einem einfachen Ofengericht ein Raum für kulinarische Experimente.

Auflauf bedeutet für mich aber auch Winter und dunkle, kalte Tage, an denen wir abends für ein loderndes Kaminfeuer dankbar sind.

Die meisten dieser Ofengerichte lassen sich recht schnell und unkompliziert zubereiten. Manche sind aber komplexer und fühlen sich nach zwei Wochen Vorbereitung an – die heben wir uns für besondere Gelegenheiten auf. Sie sind den Aufwand aber wert! Gutes Essen ist selten »Fast Food«.

Hier wird alles mit Liebe und Sorgfalt gefüllt. »Füllung« klingt für manche so anregend wie »Auflauf«, aber in vielen Kochkulturen ist eine Füllung ein Höhepunkt des kulinarischen Genusses.

Ich möchte also beide Kochtechniken hiermit wiederbeleben und ihnen mit allem, was grün und gut ist, eine vegane Erneuerungskur verpassen. Erwarten Sie also farbenfrohe, gesunde Gerichte, die Ihre Geschmacksknospen verzücken.

Da hatten Sie gerade gedacht, Sie hätten alles erkundet, was Burger zu bieten haben, da kommt die vegane Küchencrew mit ganz neuen Kombinationen um die Ecke. Ich bin überzeugt, Fleisch-Burger sind superlecker, aber was Nährstoff- und Geschmacksvielfalt angeht, können sie es mit dieser bunten Horde nicht aufnehmen.

Veggie-Burger sind entweder toll oder fürchterlich. Ich bin noch nie einem »ganz passablen« Veggie-Burger begegnet. Sie brauchen viel Würze und die richtige Textur, sonst steht man da mit einem krümeligen Bohnenhaufen oder einem kompakten, trockenen Bratling.

Vegane Burger öffnen viele neue Türen im Kochrepertoir und bieten fast unendlich viele Zutatenmöglichkeiten, mit denen man spielen kann. Die Frage ist nur, wie viel man in einem Brötchen verträgt? Wie weit können wir die Grenzen dehnen, bis wir beim Drei-Gänge-Burger enden? (Fast wie die Pasties, die Bergleute früher gegessen haben – mit Fleisch am einen Ende und dem Dessert am anderen.)

Veganes Essen will meist gut geplant sein, sonst lebt man nur von Chips und Bananen. Ich behaupte nicht, diese Burger und Würstchen wären so einfach zuzubereiten wie ihre fleischigen Cousins, aber darum geht es nicht! Ich weiß, dass Sie alle gerne kochen und daher auch gerne Zeit in der Küche verbringen, oder? Ich kann Sie vor mir sehen, bis zu den Ellenbogen in der leuchtend grünen Bhaji-Mischung oder mit der veganen Chorizo kämpfend, wie Sie jede Minute genießen.

Hier kommen vegane Burger und Würstchen mit komplett durchgeknallten Beilagen und noch viel mehr. Glorreiche Sandwiches, die ihre Geschmacksknospen aufhorchen lassen und Ihre Gäste glücklich und zufrieden machen.

Champignon-Pekan-Burger mit gerösteten Kürbisspalten

ERGIBT SECHS BIS ACHT MAMMUT-BURGER

Dies ist ein luxuriöser Burger, dem Champignons, Kreuzkümmel und Miso einen kräftigen Geschmack verleihen. Seetang, Pekannüsse und Miso entwickeln gemeinsam wunderbare Umami-Aromen. In den meisten Supermärkten findet man heute auch halbgetrocknete Tomaten, die für köstlichen Tomatenduft sorgen. Dieser Burger hält sich im Kühlschrank locker bis zu fünf Tage. Oder formen Sie ihn doch zu vegetarischen Fleischbällchen und servieren Sie ihn in Tomatensauce zu Pasta.

Glutenfreie Variante: Einfach 25 g Reis mehr kochen und die Semmelbrösel weglassen.

DAS BRAUCHT'S

7 EL Olivenöl

350 g große Champignons, gewürfelt

1 Aubergine, in 2-cm-Stücke geschnitten

1 große Prise Meersalz und frisch gemahlener schwarzer Pfeffer

3 EL frische Oreganoblätter oder 1 TL getrockneter Oregano

1 Zwiebel, in Streifen geschnitten

2 Selleriestangen, fein gewürfelt

4 Knoblauchzehen, geschält und zerdrückt

20 g getrockneter Seetang, in dünne Streifen geschnitten

175 g Flageolet-Bohnen, über Nacht eingeweicht, dann mit ½ TL Speisenatron gekocht und abgekühlt oder 1½ Dosen (à 400 g) Bohnen

120 g Pekannüsse, geröstet

100 g roter oder brauner Reis, gekocht und abgekühlt

2 gehäufte EL braune Misopaste

1 TL Speisenatron

100 g feine Vollkornsemmelbrösel

Für die Kürbisspalten

750 g Gartenkürbis, entkernt und in 5 cm breite Spalten geschnitten

2 EL Pflanzenöl

1 große Prise Meersalz

1× Estragon-Aioli (s. S. 328)

Zum Servieren

8 Vollkornkörnerbrötchen, halbiert (glutenfreie Variante: glutenfreie Brötchen oder Brot verwenden)

1 große Handvoll halbgetrocknete Tomaten in Öl

Blattsalat (z. B. Eichblattsalat)

SO GEHT'S

Für die Kürbisspalten den Backofen auf 180 °C vorheizen. Die Spalten auf einem Backblech verteilen, mit Öl und Salz mischen und unter einmaligem Wenden 30 Minuten rösten. Der Kürbis sollte weich und schön gebräunt sein.

3 EL Öl bei mittlerer bis schwacher Hitze in einer großen Pfanne erhitzen und Champignons und Auberginen 10 Minuten darin anbraten. Salzen und pfeffern und weitere 5 Minuten braten, bis die Aubergine weich ist. Die Oreganoblätter einrühren, dann in einer Schüssel beiseitestellen.

In derselben Pfanne bei mittlerer bis hoher Temperatur 1 EL Öl erhitzen und Zwiebel und Sellerie 5 Minuten darin anbraten. Knoblauch und Seetang zugeben und weitere 2 Minuten braten, dann vom Herd nehmen und unter Auberginen und Champignons heben.

Die Hälfte der Bohnen, der Pekannüsse, der Auberginenmischung und des Reises sowie die Misopaste in den Mixer geben und das Natron darübersieben. Zu einer dicken Paste pürieren.

Semmelbrösel und restliche Bohnen, Reis, Pekannüsse und Auberginenmischung zugeben und zu einer groben Masse (mit feinen Stückchen) pürieren. Zurückhaltend abschmecken, denn die Misopaste ist sehr salzig. Die Masse in eine Schüssel geben, mit den Händen gründlich durchmengen und zu sechs bis acht flachen Burgern formen. Im Kühlschrank 30 Minuten fest werden lassen. In der Zwischenzeit die Estragon-Aioli zubereiten.

Eine ofenfeste Pfanne bei mittlerer bis hoher Temperatur erhitzen und das restliche Öl hineingeben. Die Burger nacheinander von jeder Seite 5 Minuten goldbraun anbraten. Sollten die Burger in der Pfanne die Form verlieren, einfach mit dem Pfannenwender flach drücken. Aber Vorsicht: Veggie-Burger sind empfindlich und wollen sanft behandelt werden.

Alle Burger bei 150 °C in den Ofen geben und 10 Minuten fertig garen.

Die Brötchen aufschneiden und 5 Minuten in den Ofen geben. Dann die untere Hälfte mit den Tomaten (und ein wenig ihres Öls) belegen und mit einem Salatblatt bedecken. Einen Burger darauflegen und großzügig mit Estragon-Aioli beträufeln. Mit den warmen Kürbisspalten servieren.

Rote-Bete-Riesenburger mit Limabohnen-püree, Ananas & Kichererbsen-Fritten

ERGIBT SECHS BIS ACHT, JE NACHDEM, WIE GROSS MAN SEINE BURGER MAG

Diese Art von Burger gehört zu meinen absoluten Lieblingsgerichten. Sie können mit den Beilagen herumspielen, aber der Burger selbst hat in veganen Kreisen bereits Legenden-status. In Polenta gewendet, bekommt er eine herrlich knusprige Kruste und das Gelb der Polenta mit dem Rot der Bete sieht einfach toll aus. Hier habe ich die Kruste weggelassen, damit man das Rot besser sieht.

Die Semmelbrösel sollten gut trocken sein. Bei Bedarf vorher leicht im Ofen rösten, damit sie wirklich gut binden. Für die glutenfreie Variante einfach glutenfreies Brot oder fein zerkrü-melte glutenfreie Kräcker verwenden.

Je nach Geschmack scharfen Senf zugeben – auch gekörnte Brühe ist eine Möglichkeit. Aber Vorsicht beim Dosieren: All diese Aromageber können den Burger schnell dominieren.

Buchweizen lässt sich gut durch braunen Reis ersetzen.

DAS BRAUCHT'S

½ EL Pflanzenöl

1 kleine Zwiebel, geschält und gerieben

3 Knoblauchzehen, geschält und gerieben

225 g Buchweizen, gekocht (nicht zu weich) und abgekühlt

115 g braune oder grüne Linsen, gekocht, gut abgetropft und abgekühlt

260 g Rote Bete, gerieben

30 g feine Vollkornsemmelbrösel

1½ TL gemahlener Kreuzkümmel

1 TL gemahlener Koriander

1½ TL scharfer Senf

4 EL Cashewbutter (oder Mandelbutter)

½ TL Salz

¼ TL frisch gemahlener schwarzer Pfeffer

Pflanzenöl zum Braten

Für das Limabohnenpüree

175 g getrocknete Limabohnen (über Nacht eingeweicht)

½ TL Speisenatron

1 große Knoblauchzehe, zerdrückt

Saft von ½ Zitrone

1 Handvoll frische Petersilie, fein gehackt

75 ml Olivenöl

1 große Prise Meersalz und frisch gemahlener schwarzer Pfeffer

Für die Kichererbsen-Fritten

250 g Kichererbsenmehl

2 EL Hefeflocken (s. S. 30)

1½ EL Olivenöl

Meersalz

Pflanzenöl zum Braten

Zum Servieren

6–8 große Vollkornkörnerbrötchen, halbiert (für die glutenfreie Variante glutenfreie Brötchen verwenden)

1 kleine milde rote Zwiebel, in feine Ringe geschnitten

Salatherzenblätter

6–8 Scheiben frische Ananas, sehr dünn geschnitten

(Forts.) ➡

SO GEHT'S

Das Limabohnenpüree am besten am Vortag oder einige Stunden im Voraus zubereiten. Dazu die Bohnen abgießen und in einem Topf mit reichlich frischem Wasser bedecken. Das Natron einrühren und zum Kochen bringen, dann 45 Minuten kräftig köcheln lassen, bis die Bohnen weich sind. Abgießen und leicht abkühlen lassen. Mit den restlichen Zutaten im Mixer pürieren und das Öl bei laufendem Motor einträufeln. Salzen und pfeffern, völlig abkühlen lassen, dann im Kühlschrank durchziehen lassen.

Für die Burger das Pflanzenöl in einer kleinen Pfanne erhitzen und die Zwiebeln 5 Minuten darin anbraten. Den Knoblauch zugeben und weitere 2 Minuten braten. Dadurch wird beides süßer.

Buchweizen, Linsen, Rote Bete und abgekühlte Zwiebel-Knoblauch-Mischung in den Mixer geben und zu einem leicht groben Püree mixen. Mit den restlichen Zutaten (mit Ausnahme des Öls) in eine Rührschüssel geben und mit den Händen gründlich vermengen. Die Mischung 30 Minuten im Kühlschrank fest werden lassen.

Für die Kichererbsen-Fritten das Kichererbsenmehl in einen Topf sieben, dann Hefeflocken, 800 ml Wasser, Olivenöl und Salz zugeben. Bei mittlerer bis schwacher Hitze unter ständigem Rühren zu einer dicken Paste kochen. Das dauert rund 10 Minuten. Sobald die Masse sich vom Rand löst, vom Herd nehmen und zügig in einer flachen Auflaufschale verstreichen. Abkühlen lassen, dann 1 Stunde im Kühlschrank vollständig auskühlen lassen.

In frittenförmige Stäbchen (oder jede andere gewünschte Form) schneiden. Einen Topf 3 cm hoch mit Pflanzenöl füllen und erhitzen. Die Fritten darin einige Minuten von jeder Seite braten, bis sie golden und knusprig sind. Mit dem Schaumlöffel herausheben und auf Küchenpapier abtropfen lassen. Mit Meersalz bestreuen und im Ofen warm halten. Noch gesünder ist es, die Fritten im vorgeheizten Backofen bei 200 °C rund 20 Minuten zu backen. Nach der Hälfte der Backzeit wenden.

Eine große, schwere Pfanne bei mittlerer bis hoher Temperatur erhitzen. Die Burgermischung zu Viertelpfündern formen (jeder Burger sollte rund 125 g schwer sein). Für die perfekte Burgerform die Masse in einen Burgerring oder einen beliebigen Ausstecher drücken (bei Kindern sind Burger in Stern- oder Tierform der Hit).

Eine dünne Schicht Öl in die Pfanne geben und jeden Burger unter mehrfachem Wenden und Andrücken mit dem Pfannenwender 10–12 Minuten braten. Bei Bedarf etwas mehr Öl zugeben. Die Burger sollten am Rand leicht geröstet und völlig durchgewärmt sein und von der Farbe her an halb durchgebratenes Steak erinnern.

Nun den Burger bauen! Ein wenig Limabohnenpüree auf jedes Brötchen geben. Darauf Zwiebelringe und ein Salatblatt anrichten, dann den Burger daraufsetzen und mit einer dünnen Ananasscheibe belegen. Das Brötchen mit dem Deckel bedecken. Sofort mit den warmen Fritten servieren. Dazu passt selbst gemachter Ketchup (s. S. 328).

Am Strand von Dinas Dinlle mit Blick auf die Halbinsel Llyn.

Spinat-Bhaji-Burger mit Mangochutney, Minze-Raita & Erdnuss-Masala-Fritten

ERGIBT ACHT GROSSE BHAJI-BURGER

Köstlich grüne Bhajis und süß-saures Chutney, dazu eine cremige, kühlende Raita und knusprige Masala-Fritten – himmlisch! Dies ist die britische Version des besten, was indische Straßenküchen zu bieten haben. Vorbild ist der köstliche mumbaier Street-Snack Pav Bhaji. Wer sie auftreiben kann, sollte unreife grüne Mangos verwenden oder zumindest eine halbwegs unreife Mango. Aber auch grüne Tomaten und Ananas schmecken in einem solchen Chutney wunderbar. Ist die Mango etwas zu süß, geben Sie für das süß-saure Aroma ein wenig Weißweinessig mit ins Chutney. Diese Burger schmecken am besten direkt vom Herd.

Glutenfreie Variante: Das Mehl durch Kichererbsenmehl ersetzen.

DAS BRAUCHT'S

1 TL Pflanzen- oder Erdnussöl

250 g Spinatblätter

125 g Seidentofu

3 große Knoblauchzehen, geschält und zerdrückt

200 g Kichererbsenmehl

50 g Weizenmehl

1 TL Speisenatron

1 TL gemahlene Kurkuma

1 TL frisch gemahlener Kreuzkümmel

½–1 TL Chilipulver

1 ½ TL getrocknete Minze

300 g Blumenkohl, in sehr kleine Röschen geteilt

2 große rote Zwiebeln, in feine Streifen geschnitten

1 TL Meersalz

Pflanzenöl zum Frittieren

1× Selbst gemachtes Mangochutney (s. S. 330)

1× Minz-Raita (s. S. 330)

Für die Erdnuss-Masala-Fritten

Pflanzen- oder Erdnussöl zum Frittieren

600 g Kartoffeln, geschält und in die bevorzugte Frittenform geschnitten

½ TL gemahlene Kurkuma

½ TL Chilipulver

1 große Prise Meersalz

1 ½ TL unraffinierter brauner Zucker

½ TL getrocknetes Mangopulver (Amchur)

1 ½ TL Kreuzkümmelsamen

1 große Handvoll ungeröstete, ungesalzene Erdnüsse

1 EL Sesamsamen

Zum Servieren

8 weiche Brötchen, halbiert (für die glutenfreie Variante glutenfreie Brötchen oder Brot verwenden)

1 kleine rote Zwiebel, in dünne Ringe geschnitten

1 große Tomate, in dünne Scheiben geschnitten

1 Handvoll frische Korianderblätter

SO GEHT'S

Mangochutney und Minz-Raita nach Rezept zubereiten.

Für die Bhaji-Burger das Pflanzenöl bei schwacher bis mittlerer Temperatur in einem Topf erhitzen und den Spinat darin andünsten, bis er zusammenfällt und die komplette Flüssigkeit verkocht ist. In den Mixer geben und mit Tofu und Knoblauch glatt pürieren.

Beide Mehlsorten, Natron, Gewürze und Minze in eine Schüssel geben. Eine Mulde in die Mitte drücken und die Spinatmasse hineingeben, dann nach und nach 150 ml Wasser einarbeiten, bis ein dickflüssiger Teig entsteht. Blumenkohl und Zwiebeln einrühren und mit Salz würzen. Erneut gründlich vermengen.

(Forts.) ➡

Eine Bratpfanne 1 cm hoch mit Öl füllen und bei mittlerer Temperatur erhitzen. Die Öltemperatur mit ein wenig Teig testen: Einen Tropfen hineingeben, sprudelt das Öl sofort, ist es heiß genug. Für jeden Burger 4 gehäufte TL des Bhaji-Teigs in die Pfanne geben und drei bis vier Bhajis gleichzeitig ausbacken. Zu einer Burgerform flach drücken und nach 1 Minute mit dem Pfannenwender vom Boden lösen, damit sie nicht ansetzen. Mit ein wenig Öl übergießen, damit sie gleichmäßig garen. Unter gelegentlichem Wenden 10–15 Minuten frittieren, bis die Bhajis rundum goldbraun und durchgegart sind.

Mit dem Pfannenwender herausnehmen und auf Küchenpapier abtropfen lassen. Den Rest des Teigs ebenso frittieren und bei Bedarf mehr Öl zugießen. Die fertigen Bhajis 10 Minuten bei 150 °C im Ofen fertig garen. Vor dem Servieren prüfen, ob sie innen auch wirklich heiß sind.

Für die Erdnuss-Masala-Fritten eine zweite große Pfanne 2,5 cm hoch mit Öl füllen und bei mittlerer bis hoher Temperatur erhitzen. Die Temperatur testen: Dazu ein Kartoffelstück ins Öl halten. Beginnt es sofort zu sieden, ist es heiß.

Die Kartoffeln mit Küchenpapier trocken tupfen und portionsweise ins heiße Öl geben. 6 Minuten frittieren und dabei in Bewegung halten, damit die Fritten nicht verkleben. Wenn sie goldgelb und weich werden, Kurkuma, Chilipulver, Salz, Zucker, Mangopulver und Kreuzkümmel in die Pfanne streuen. Die Temperatur erhöhen und weitere 4–5 Minuten frittieren, bis die Fritten schön knusprig sind. Mit dem Schaumlöffel herausheben und auf Küchenpapier gründlich abtropfen lassen.

In der Zwischenzeit eine kleine Pfanne bei mittlerer Temperatur erhitzen und die Erdnüsse 2–3 Minuten darin trocken rösten. In Bewegung halten, damit sie nicht anbrennen. Die Sesamsamen zugeben und 1 weitere Minute rösten. Nüsse und Samen über die Fritten streuen und gründlich vermengen.

Die untere Brötchenhälfte jeweils mit Raita bestreichen und Zwiebeln, Tomaten und Korianderblätter darauf anrichten. Darauf einen Bhaji-Burger legen, einen Löffel Mangochutney daraufsetzen, dann den Brötchendeckel auflegen. Mit den heißen Masala-Fritten und Chutney und Raita als Beilagen servieren – und im Hintergrund eine Ravi-Shankar-Platte laufen lassen.

Räuchertofuwurst-Sandwich mit roter Zwiebelkonfitüre & Grünkohlchips

ERGIBT ACHT DICKE WÜRSTCHEN (ZWEI PRO SANDWICH)

Wenn man mich lange in der Küche alleine lässt, passiert immer so etwas. Dies ist ein aufgemotztes Wurst-Sandwich, das einem veganen König würdig wäre. Geräucherter Tofu ist köstlich, man kann aber auch festen Tofu und ½ TL geräuchertes Paprikapulver verwenden. Vegane Würstchen sind nicht ganz einfach herzustellen, aber die Mühe lohnt sich!

DAS BRAUCHT'S

3 EL Rapsöl

1 große Lauchstange, fein gehackt

1 grüner Apfel, geschält, entkernt und fein gehackt

3 EL frische Thymianblätter oder 1 ½ TL getrockneter Thymian

275 g geräucherter Tofu, mit der Gabel zerdrückt, oder fester Tofu (+ ½ TL geräuchertes Paprikapulver)

2 EL Apfeldicksaft (s. S. 28)

125 g geröstete Haselnüsse

200 g Seidentofu

200 g frische weiße Semmelbrösel oder Panko-Mehl

½ Handvoll frische Petersilie, fein gehackt

4 TL Dijonsenf

Meersalz und schwarzer Pfeffer

Für die Panade

40 g Weizenmehl

75 ml Sojamilch (ungesüßt)

90 g trockene Semmelbrösel (z. B. Panko-Mehl)

3 EL Pflanzenöl zum Backen

Für die Grünkohlchips

300 g Grünkohlblätter ohne Strünke, in 5-cm-Stücke geschnitten

2 EL Pflanzenöl

1–2 EL Hefeflocken (nach Belieben)

1 große Prise Meersalz und schwarzer Pfeffer

1× Rote Zwiebelkonfitüre (s. S. 331)

SO GEHT'S

Das Öl bei mittlerer Temperatur in einer schweren Pfanne erhitzen. Lauch und Apfel hineingeben und rund 10 Minuten golden und weich rösten. Thymian, geräucherten Tofu und Apfeldicksaft zugeben, dann zum Abkühlen beiseitestellen.

Die Haselnüsse im Mixer zu groben Stücken verarbeiten. Den Seidentofu zufügen und zu einer dicken Paste mixen.

Haselnussmischung, Semmelbrösel, Lauchmischung, Petersilie und Senf in einer großen Rührschüssel vermengen und mit Salz und Pfeffer würzen. Gründlich durchkneten, bis die Masse an eine Wurstfarce erinnert.

Die Masse mit feuchten Händen zu Würsten formen, dann zuerst im Mehl wenden, überschüssiges Mehl abklopfen und dann in der Milch wenden. Anschließend in den Semmelbröseln wenden und die Brösel sanft andrücken. Die Würste auf einen Teller legen, abdecken und 30 Minuten im Kühlschrank fest werden lassen.

Den Backofen auf 180 °C vorheizen. Die Würstchen auf ein gut geöltes Backblech legen, mit ein wenig Öl beträufeln (oder mit dem Backpinsel einpinseln) und 20–25 Minuten backen, bis sie rundum goldbraun sind. Dabei zweimal wenden.

Für die Grünkohlchips die Kohlblätter waschen und völlig trocken tupfen (bei Restfeuchte werden die Chips nicht knusprig, sondern weich). Öl, nach Belieben 1 EL Hefeflocken, Pfeffer und Salz in eine große Schüssel geben. Die Kohlblätter in der Mischung wenden, bis sie rundum glänzen. Großzügig auf einem Backblech verteilen (bei zu wenig Platz zwei Bleche verwenden) und 10–15 Minuten rösten. Nach 10 Minuten wenden und regelmäßig testen, denn verbrannte Blätter schmecken bitter, untergegart werden sie labbrig. Die fertigen Chips mit mehr Hefeflocken bestreuen.

Die Würstchen nach Belieben in einem weichen Hamburgerbrötchen mit einem guten Löffel roter Zwiebelkonfitüre und einem Haufen Grünkohlchips servieren.

Kichererbsen-Kürbis-Aprikosen-Burger mit Zwiebel-Orangen-Oliven-Salat

ERGIBT SECHS BIS ACHT GROSSE BURGER

Diese flachen, raffinierten Burger transportieren uns sofort an einen wunderbaren Ort im Mittelpunkt der Welt. Die Gewürzmischung Baharat stammt aus dem Nahen Osten und ist so vielseitig, dass ich sie in praktisch jedem Gericht aus dieser Region einsetze. Diese Burger sollen nicht wirklich dick sein, braten daher auch schnell. In warmem Fladenbrot mit cremigem Avocado-Käse serviert, sind sie eine knusprig-fruchtige Köstlichkeit. Die Zwiebel verleiht dem Salat den Pfiff. In manchen Regionen dieser Erde gibt es milde, süße rote Zwiebeln, die bei uns kaum zu finden sind. Am besten verwenden Sie möglichst süße Zwiebeln.

Glutenfreie Variante: Glutenfreies Fladenbrot verwenden.

DAS BRAUCHT'S

1 TL Kreuzkümmelsamen

2 TL Korianderkörner

1 EL Pflanzenöl

250 g Butternut-Kürbis, klein gewürfelt

200 g getrocknete Kichererbsen, über Nacht eingeweicht

3 Frühlingszwiebeln, in dünne Ringe geschnitten

2 Knoblauchzehen, geschält und zerdrückt

½ Handvoll frischer Koriander, fein gehackt

1 Msp. Cayennepfeffer

½ TL gemahlener Kardamom

½ TL gemahlene Kurkuma

(oder alle getrockneten Gewürze durch 2 TL Baharat-Gewürzmischung ersetzen)

1 Handvoll getrocknete Aprikosen, fein gewürfelt

¾ TL Backpulver

½ TL Salz

2 TL Tahin

2 EL Kichererbsenmehl

Pflanzenöl zum Frittieren in der Pfanne

3 EL Kichererbsenmehl zum Bestäuben

Für den Avocado-Käse

2 reife Avocados, geschält und entsteint

150 g fester Tofu

2 EL Zitronensaft

1 Prise Meersalz und frisch gemahlener schwarzer Pfeffer

½ EL Hefeflocken (nach Belieben, s. S. 30)

Für den Zwiebel-Orangen-Oliven-Salat

1 EL Kreuzkümmelsamen, geröstet

4 mittelgroße Orangen, geschält und in dünne Scheiben geschnitten

1 große rote Zwiebel, in dünne Ringe geschnitten

4 Datteln, fein geschnitten

½ Handvoll schwarze Oliven, entsteint und in feine Ringe geschnitten

1 Prise Meersalz und frisch gemahlener schwarzer Pfeffer

2 EL Zitronensaft

3 EL Olivenöl

Zum Servieren

4 Vollkorn-Fladenbrot

1 Handvoll Granatapfelkerne (nach Belieben)

SO GEHT'S

In einer großen Bratpfanne Kreuzkümmel und Koriander bei mittlerer Hitze 1 Minute rösten, bis sie duften und platzen. Dabei ständig in Bewegung halten. Dann sofort im Mörser zermahlen.

Das Öl bei mittlerer Temperatur in derselben Pfanne erhitzen, den Kürbis hineingeben und unter Rühren 15 Minuten braten, bis er weich und gar ist.

Die Kichererbsen abgießen, waschen und mit Frühlingszwiebeln, Knoblauch, der Hälfte des Kürbisses und dem Koriander im Mixer glatt pürieren. In einer Schüssel mit dem restlichen Kürbis, Gewürzen, Aprikosen, Backpulver, Salz, Tahin, Kichererbsenmehl und 3 EL Wasser mit den

(Forts.) ➡

Händen verkneten. Abdecken und 1 Stunde oder bis zur Verwendung im Kühlschrank ziehen lassen. Für den Salat den Kreuzkümmel in einem kleinen Topf 1 Minute rösten. Alle Salatzutaten in einer flachen Schale anrichten und 30 Minuten ziehen lassen.

Alle Zutaten für den Avocado-Käse in eine flache Schüssel geben und mit der Gabel zerdrücken. Die Avocados müssen reif sein, sonst wird kein glattes Püree daraus (unreife Avocados am besten 1–2 Tage mit Bananen in eine Schale legen, das lässt sie schnell nachreifen).

Das Öl 1 cm hoch in eine tiefe Pfanne geben und erhitzen, bis ein Tropfen Burgermasse sofort siedet. 2 gehäufte EL Burgermasse mit feuchten Händen zu einem dünnen Burger mit rund 10 cm Durchmesser formen. Das Kichererbsenmehl auf einen Teller streuen und die Burger darin wenden. Dann ins heiße Öl geben und von jeder Seite 2–3 Minuten frittieren, bis sie goldbraun sind. Unter Wenden auf Küchenpapier abtropfen lassen.

Die Pitabrote unter dem vorgeheizten Backofengrill aufwärmen (aber nicht toasten) – sie sollen innen immer noch weich sein. Bei Bedarf abdecken. Zur Tasche aufschneiden und mit Salat, Kichererbsen-Burger und Avocado-Käse füllen. Nach Belieben mit Granatapfelkernen bestreuen. Mit Mujadarra (s. S. 142) und einem herrlich frischen Grüne-Tomaten-Ingwer-&-Orangen-Chutney (s. S. 331) wird eine ganze Mahlzeit daraus.

Linsen-Walnuss-Burger mit geröstetem Fenchel & Topinambur-Fritten

ERGIBT SECHS BIS ACHT BURGER

Puy-Linsen sind durch ihren nussigen Geschmack die perfekte Grundlage für Burger. Dieser Burger ist perfekt für die kalte Jahreszeit. Pastinakenpüree ist eines meiner Lieblingsgerichte für den Winter, einfach zuzubereiten und herrlich süß. Ich nenne es Clotted Cream, da es mich an diese köstlich schwere Sahne aus Cornwall erinnert (es passt bestimmt wunderbar zu Scones!). Leinsamen sind unheimlich gesund und sehr ballaststoffreich. Eingeweicht bilden sie eine Art körniges Gel, das nicht nur Tonnen von Nährstoffen liefert, sondern auch für Bindung sorgt. Die Burger möchten in der Pfanne sanft behandelt werden, bräunen aber himmlisch.

Wenn es glutenfrei sein soll, nehmen Sie glutenfreie Haferflocken.

DAS BRAUCHT'S

150 g Puy-Linsen

2 Lorbeerblätter

1 EL Pflanzenöl

1 mittelgroße Lauchstange, in feine Ringe geschnitten

4 Knoblauchzehen, geschält und zerdrückt

8 frische Salbeiblätter, in dünne Streifen geschnitten, oder 1½ TL getrockneter Salbei

1 EL frische Thymianblätter oder 2 Msp. getrockneter Thymian

2 TL Tamari

200 g Walnusskerne

225 g fester Tofu

4 EL Leinsamen (vorzugsweise geschrotet), 1 Stunde in 4 EL Wasser eingeweicht

85 g Haferflocken

1 Msp. frisch gemahlener schwarzer Pfeffer

240 ml Gemüsebrühe

Pflanzenöl zum Braten

Gerösteter Fenchel & Topinambur-Fritten

500 g Topinambur, geschrubbt und in lange, dünne »Fritten« geschnitten

1 große Fenchelknolle, längs in 2 cm dicke Scheiben geschnitten

2 EL Olivenöl, plus etwas Öl für das Blech

1 große Prise Meersalz und schwarzer Pfeffer

Für die Pastinaken-Clotted-Cream

2 große Pastinaken, geschält und gewürfelt

500 ml Mandel- oder Hafermilch

1 Prise frisch gemahlene Muskatnuss

1 Prise Meersalz

Zum Servieren

6–8 Burgerbrötchen, halbiert

2 Handvoll Brunnenkresse

SO GEHT'S

Linsen und Lorbeerblätter in einem großen Topf mit 750 ml Wasser zum Kochen bringen. Die Temperatur reduzieren und 25–30 Minuten köcheln lassen, bis die Linsen weich sind. Gründlich abgießen, dann die Lorbeerblätter herausnehmen. Beiseitestellen und im Sieb abkühlen lassen. Zum besseren Abtropfen mehrfach schütteln.

Für die Pastinaken-Clotted-Cream Pastinaken, Milch, Muskat und Salz in einen kleinen Topf geben und langsam erhitzen, aber nicht kochen. Dann bei sehr schwacher Hitze unter regelmäßigem Rühren 1 Stunde köcheln lassen, bis die Pastinaken sehr weich sind. Die Flüssigkeit sollte um die Hälfte einreduzieren. Vorsicht: Bei dieser Garmethode brennen die Pastinaken leicht an, also im Auge behalten. Falls nötig, die Temperatur reduzieren. Die Prozedur lässt sich auch nicht verkürzen, da sonst statt eines schönen weißen Pürees ein beiger Matsch entsteht! In den Mixer geben und zu einer dicken Creme verarbeiten. Mit Salz und Pfeffer abschmecken und beiseitestellen.

In der Zwischenzeit Fenchel und Topinambur-Fritten zubereiten. Dazu den Backofen auf 190 °C vorheizen. Das Gemüse in Öl und Gewürzen wenden. Mit Abstand auf einem leicht geölten Backblech verteilen und unter zweimaligem Wenden 40 Minuten rösten. Wenn alle Fritten von außen goldgelb und innen weich sind, aus dem Ofen nehmen und warm stellen.

Jetzt wird es ernst: Für die Burger das Öl in einer Pfanne erhitzen und den Lauch 6 Minuten darin anbraten. Knoblauch, Salbei, Thymian und Tamari zugeben und 2 Minuten andünsten. Die Walnüsse im Mixer grob krümelig zerkleinern. Tofu, Leinsamen, gekochte Linsen, Haferflocken, Pfeffer und Lauchmischung zugeben und alles zu einer groben Paste mixen. Die Gemüsebrühe nach Bedarf nach und nach einträufeln. Die Haferflocken nehmen viel Flüssigkeit auf. Die Masse sollte klebrig und locker sein, da sie im Kühlschrank fester wird. 30 Minuten im Kühlschrank fest werden lassen.

Die Masse zu dicken Burgern formen. Eine große Pfanne bei mittlerer Temperatur erhitzen und leicht einölen. Die Burger von beiden Seiten anbraten, dann 15 Minuten garen, bis sie durchgewärmt sind. Vorsichtig wenden. Sie werden während des Bratens noch fester.

Die Pastinaken-Clotted-Cream in einem kleinen Topf erwärmen und dann die Brötchenhälften großzügig damit bestreichen. Die Burger darauf anrichten und mit geröstetem Fenchel belegen. Darauf etwas Brunnenkresse streuen und den Brötchendeckel auflegen. Die Topinambur-Fritten in ein wenig Meersalz wenden und dazureichen.

Gegrillte Chorizo-Pinchos mit Pistazien-Koriander-Pesto

ERGIBT ACHT DICKE CHORIZOS

Die Tapas-Bars von San Sebastián gehören zu den besten Restaurants der Welt und dort habe ich die köstlichsten Pinchos gefunden, die ich je gegessen habe. Eine Kneipentour in San Sebastián ist der Gourmet-Himmel und am nächsten Morgen sorgt ein Spaziergang am Strand für ausreichend Appetit auf Frühstück (zum Beispiel Tostada con Tomate, s. S. 67).

Pinchos sind normalerweise ein bis zwei Bissen groß, ich habe sie aber etwas substanzieller gemacht und sie vom Canapé eher zum Hauptgericht befördert. Ihre Form soll an die der kleinen, pummeligen Chorizos erinnern, die man in Spanien bekommt – wie zu dick geratene, kleine Nürnberger. Am besten halbiert man sie längs und brät sie so in der Grillpfanne. Aber sie schmecken auch vom Grill gut.

Dazu passen am besten Panini oder ähnliches Brot mit flachem Boden. Ciabatta oder Fladenbrote sind aber ebenfalls gut.

Wenn es glutenfrei sein soll, ersetzen Sie das Weizenbrot durch glutenfreies Brot.

DAS BRAUCHT'S

1 Handvoll sonnengetrocknete Tomaten in Öl

2 EL Olivenöl, plus etwas Öl zum Bepinseln

1 große Zwiebel, gerieben

300 g Tempeh, grob zerkrümelt

1 rote Chilischote, fein gewürfelt, oder ½ TL Cayennepfeffer

3 große Knoblauchzehen, geschält, und zerdrückt

1½ TL getrockneter Oregano

2 TL geräuchertes Paprikapulver

1 TL edelsüßes Paprikapulver

2 EL Sherryessig

150 g Seidentofu

100 g frische Vollkornsemmelbrösel

½ TL Meersalz

½ TL frisch gemahlener schwarzer Pfeffer

1× Pistazien-Koriander-Pesto (s. S. 333)

Zum Servieren

4 Panini, halbiert

3 Handvoll frische Rucolablätter

½ Handvoll grüne Oliven, entsteint

Holzspieße, halbiert

SO GEHT'S

Für die Burger die Tomaten im Mixer glatt pürieren. Das Öl in einer Pfanne erhitzen und die Zwiebel mindestens 10 Minuten goldgelb darin anbraten. Tempeh, Chilis, Knoblauch, Oregano und Gewürze zugeben und 2 Minuten braten. Tomatenpüree und Essig einrühren und durchwärmen. Den Tofu zufügen und ebenfalls durchwärmen.

Semmelbrösel, Salz und Pfeffer im Mixer mit der Tempeh-Mischung glatt arbeiten. Die Masse sollte fest sein und zusammenhalten. Bei Bedarf mehr Semmelbrösel untermixen. Im Kühlschrank 30 Minuten ziehen lassen und in der Zwischenzeit das Pesto zubereiten.

Die Hände mit etwas Öl einreiben und die Masse zu sechs flachen, dicken Chorizos formen (falls genügend Zeit ist, nochmals einige Zeit im Kühlschrank fest werden lassen). Eine große

Grillpfanne erhitzen, leicht mit Öl einpinseln und die Chorizos von jeder Seite 5 Minuten darin anbraten. Nicht zu viel bewegen, nur vorsichtig wenden – sie sollen schließlich schöne Grillstreifen bekommen. Für traditionell aussehende Pinchos, die Chorizos längs halbieren und etwas kürzer braten. Die Chorizos im Ofen warm stellen, sobald sie knusprig und durchgewärmt sind.

Die Panini halbieren und beide Hälften mit Olivenöl einpinseln. Einige Minuten in der Grillpfanne (oder unter dem Backofengrill) rösten. Dabei mehrfach in der Pfanne andrücken. Jede Paninihälfte in Stücke schneiden.

Die Paninistücke mit Rucolablättern bestreuen, etwas Pistazien-Koriander-Pesto daraufgeben und mit je einer Chorizo belegen. Der Spieß hält alles zusammen: Je eine Olive auf jeden Holzspieß stecken und die Pinchos auf einem großen Teller servieren. Lächeln und genießen! Dazu passt ein köstliches Glas baskischer Sagardoa-Cidre.

Wer sein kleines Türmchen noch höher mag, kann zusätzlich geröstete Paprika dazwischen legen.

Spargel-Club-Sandwich mit Mangold & Pinienkerncreme

ERGIBT ZWEI SANDWICHES (GROSS GENUG FÜR VIER)

Dies ist der Trump Tower unter den Sandwichkonstruktionen, das Empire State Building des Genusses, die Shard der ... Sie verstehen schon, oder? Es ist ziemlich hoch, grün und gesund und dank des Regenbogenmangolds hübsch psychedelisch. Mit drei Lagen Tofu, gebratenem Spargel und köstlicher Pinienkerncreme ist es ein leichter und schneller Snack. Die leuchtenden Farben des Mangolds machen dieses Sandwich unwiderstehlich. Dazu passen Selbst gemachte Gemüsechips (s. S. 153) und Grüne-Tomaten-Ingwer-&-Orangen-Chutney (s. S. 331). Der Trick ist hier, das Brot so dünn wie möglich zu schneiden.

DAS BRAUCHT'S

325 g fester Tofu oder Tempeh, gut abgetropft und in 8 × 2 cm große Streifen geschnitten

1 EL Weizenmehl

Meersalz und zerstoßener schwarzer Pfeffer

2 EL Olivenöl

6 Frühlingszwiebeln, geputzt und längs halbiert

6 grüne Spargelstangen, längs halbiert

1 TL Fenchelsamen

2 Knoblauchzehen, geschält und zerdrückt

6 große Blätter Regenbogenmangold, in 2 cm breite Streifen geschnitten

50 ml trockener Wermut oder Sherryessig

1 Handvoll Basilikumblätter

Für die Pinienkerncreme

100 g geröstete Pinienkerne (Haselnüsse sind auch toll)

125 g Seidentofu

1 kleine Knoblauchzehe, geschält und zerdrückt

½ EL Zitronensaft

1 große Prise Meersalz und frisch gemahlener schwarzer Pfeffer

Zum Servieren

6 dünne Scheiben Sauerteigbrot

Olivenöl zum Bepinseln

1 große reife Tomate, in dünne Scheiben geschnitten

SO GEHT'S

Den Tofu gründlich abtropfen lassen (s. S. 200) und mit Küchenpapier trocken tupfen. Mehl, Salz und Pfeffer auf einem Teller vermengen und den Tofu darin wenden, sodass er rundum bedeckt ist. Gründlich trocknen lassen, damit er knusprig wird. Für die Pinienkerncreme die Pinienkerne mit den restlichen Zutaten im Mixer glatt und cremig pürieren. Mit Salz und Pfeffer abschmecken und beiseitestellen.

1½ EL Öl bei mittlerer Temperatur in einer großen, schweren Pfanne erhitzen und die Zwiebeln 5 Minuten glasig darin andünsten. Aus der Pfanne nehmen und warm stellen, dann die Tofustücke in die Mitte der Pfanne legen und die Spargelstücke rundherum anordnen. Gemeinsam braten, bis Tofu und Spargel gut gebräunt sind – etwa 2 Minuten von jeder Seite. Der Spargel muss vermutlich etwas häufiger gewendet werden als der Tofu. Alles aus der Pfanne heben und warm stellen.

Einen weiteren ½ EL Öl bei mittlerer Temperatur in der Pfanne erhitzen und Fenchelsamen und Knoblauch 1 Minute darin andünsten, dann den Mangold zugeben. Unter Rühren 3 Minuten dünsten, dann den Wermut einrühren und kurz dämpfen. Die Basilikumblätter zufügen,

das Gemüse salzen und pfeffern und den Deckel auflegen. Die Temperatur auf schwache Hitze reduzieren und 5 Minuten dämpfen.

Den Backofengrill vorheizen, das Brot leicht mit Olivenöl einpinseln und von beiden Seiten leicht rösten. Nun geht es an die Hochhauskonstruktion: 2 Stücke Brot mit etwas Pinienkerncreme bestreichen und mit ein paar Tomatenscheiben und je 2 Stücken Tofu, Spargel und Frühlingszwiebel belegen. Darauf je ein weiteres Stück Brot legen. Dieses ebenso belegen, aber diese Schicht mit Mangold und Basilikumblättern statt mit Spargel und Zwiebeln aufschichten. Mit einer dritten Brotscheibe abschließen und andrücken. Dann halbieren.

Janes Wunderbrot

ERGIBT EINEN GROSSEN ODER ZWEI KLEINE LAIBE

Jane liebt Toast und dies ist der beste Toast, den wir kennen. Aber warum Wunderbrot, fragen Sie? Weil es einfach zu allem passt, von Marmite bis Marmelade. Es schmeckt toll getoastet, ist aber auch ideal für Sandwiches. Das mag für alle Brote gelten, was aber nur heißt, dass sie alle kleine Wunder sind. Aber dieses ist besonders lecker.

Der Teig ist sehr feucht, wodurch das Brot wunderbar dicht wird und eine knusprige Kruste bekommt. Sie können jede der unten genannten Mehlmischungen verwenden, wir benutzen meist nur reinen Dinkel. Er enthält weniger Gluten als Weizen und bietet als Vollkornmehl jede Menge gesunder Nährstoffe.

Dies ist Brot, wie es auch schon die Alten Römer gebacken haben! Walnüsse passen gut zu Dinkel – also geben Sie ruhig eine Handvoll grob gehackte Nüsse hinein.

DAS BRAUCHT'S

500 g steingemahlenes Vollkorn-Dinkelmehl
(oder je 250 g Dinkelmehl und Weizenmehl
oder Vollkorn-Weizenmehl)

½ TL Salz

1 TL Trockenhefe

1 EL brauner Reissirup oder Gerstenmalz

1 EL Olivenöl

1 große Handvoll Sonnenblumenkerne

½ Handvoll Goldleinsamen

SO GEHT'S

Mehl, Salz und Hefe in einer großen Schüssel vermengen. Dann das Süßungsmittel der Wahl in 400 ml warmem Wasser lösen und langsam in die Mehlmischung einarbeiten. Der Teig wird leicht feucht und klebrig – keine Sorge: Das soll so!

Öl und Samen in den Teig einarbeiten und einige Minuten durchkneten, dann in eine große (1 kg) Brotbackform oder 2 kleinere Formen (à 500 g) füllen. Locker abdecken und 30 Minuten gehen lassen.

Den Backofen auf 200 °C vorheizen.

Das Brot 40–45 Minuten im Ofen backen. Die kleineren Brote sind 5–10 Minuten früher fertig. Vor dem Aufschneiden mindestens 20 Minuten auf einem Kuchengitter abkühlen lassen.

Mohn-Kräuter-Brötchen

ERGIBT ACHTZEHN KLEINE BRÖTCHEN

Brot selber backen braucht Zeit, aber ich finde, es führt kein Weg daran vorbei. Nichts schmeckt so gut wie selbst gebackenes Brot – es ist Nahrung für die Seele. Dieses Rezept eignet sich gut für Feiern, denn es wird als Rad gebacken und jeder Ihrer Gäste kann sich nach Lust und Laune ein Brötchen davon abbrechen. Besonders dekorativ wird das Rad, wenn Sie eine Hälfte der Brötchen aus weißem und die andere aus braunem Mehl backen. Bei uns ist das immer ein Erfolg! Nutzen Sie die Kräuter, die Sie haben, ob frisch oder getrocknet, und statt des Mohns können Sie auch andere Samen verwenden.

DAS BRAUCHT'S

1 TL Trockenhefe

1 TL unraffinierter brauner Zucker

300 g Weizenmehl

145 g Vollkorn-Weizenmehl
(oder Dinkel- oder Roggenmehl)

¾ TL Meersalz

1 ½ TL gemischte getrocknete Kräuter

3 TL Olivenöl, plus etwas Öl für Arbeitsfläche und Schüssel

2 EL Mohn

Zum Garnieren

1 EL Olivenöl

1 TL Mohnsamen

SO GEHT'S

Hefe, Zucker und 1 EL warmes Wasser in einer kleinen Schüssel verquirlen und 10 Minuten stehen lassen, bis die Mischung schäumt. Mehle und Salz in einer großen Rührschüssel mit dem Holzlöffel vermengen. Die Kräuter in die Hefemischung einrühren. Eine Mulde in die Mitte der Mehlmischung drücken und die Hefemischung und das Öl hineingeben. Nach und nach warmes Wasser (insgesamt bis zu 360 ml) mit einer Hand einträufeln und mit der anderen den Teig mischen. Das fühlt sich anfangs ein wenig an wie die Übung mit dem Reiben der Nase und dem Auf-den-Kopf-Klopfen, aber mit ein wenig Übung bekommt man das hin. Langsam so viel Wasser einarbeiten, dass der Teig sich vom Schüsselrand löst, aber noch leicht klebrig anfühlt. Vermutlich ist nicht alles Wasser nötig.

Den Teig auf der geölten Arbeitsfläche durchkneten. Das erfordert rund 100 Knetgänge oder 10 Minuten, wobei das Gluten elastisch und die Armmuskeln straff werden. Gute Musik hilft dabei! Den Teig in eine leicht geölte Schüssel geben, mit einem sauberen Küchentuch abdecken und 1 Stunde an einem warmen Ort (am besten etwas wärmer als Zimmertemperatur, an der Heizung oder am Kamin, aber nicht wärmer) gehen lassen. Der Teig sollte sein Volumen in etwa verdoppeln. Wenn nicht, weitere 15 Minuten gehen lassen (man kann den Teig sogar über Nacht im Kühlschrank gehen lassen).

Den Teig zurückschlagen (mehrfach durchkneten) und in 18 gleich große Stücke schneiden. Mit der hohlen Hand zu Kugeln rollen und in einer Quicheform mit 25 cm Durchmesser (oder einer anderen flachen, runden Backform) zu einem Rad zusammenfügen. Nochmals mit dem Tuch abdecken und weitere 30 Minuten an einem warmen Ort gehen lassen.

Den Backofen auf 220 °C vorheizen. Das aufgegangene Brötchenrad leicht mit Öl bepinseln und mit Mohnsamen bestreuen. 30 Minuten backen, bis das Brötchenrad goldbraun ist und sich beim Klopfen gegen den Boden hohl anhört. Den Ofen während des Backens nicht öffnen. Das Rad 20 Minuten auf einem Kuchengitter abkühlen lassen.

Okra-, Mais- & Augenbohnen-Succotash mit Chili-Maisbrot-Kruste

FÜR SECHS

Dieser klassische Südstaaten-Eintopf ist »Sweet Home Alabama«-Küche vom Feinsten. Hier sind alle Cajun-Gewürze drin und – natürlich – süßer gerösteter Mais. Ich habe ihn mit der Brotkruste in eine Art Pie verwandelt. Traditionell gehören Limabohnen in den Succotash, aber ich liebe einfach die Kombination aus Südstaatenküche und Augenbohnen.

Die Okra ist eine tolle Ergänzung der Cajun-Küche und am besten kocht man sie, ohne diese seltsam geformte Fingerfrucht zu zerschneiden. Wenn man sie hackt, machen die Samen jedes Gericht eher schleimig und dick. Das kann hilfreich sein, wenn man einen Eintopf andicken oder einem Burger Bindung geben will, aber eigentlich gehören Schleim und Essen nicht zusammen! Ich mag die Textur, aber jeder entscheide für sich!

DAS BRAUCHT'S

1 große Zwiebel

2 Selleriestangen

1 große Möhre

1 rote Paprikaschote

1 gelbe Paprikaschote

250 g Okraschoten, geputzt oder grob gehackt (s. o.)

1 EL Olivenöl

3 Knoblauchzehen, geschält und zerdrückt

1 TL getrockneter Thymian

1 ½ TL geräuchertes Paprikapulver

½ TL gemahlener Kreuzkümmel

½ TL Chilipulver

3 große Tomaten, grob gehackt

1 EL Tomatenmark

125 g getrocknete Augenbohnen, eingeweicht und gekocht (ergibt rund 275 g gekochte Bohnen)

400 ml Bohnensud oder Gemüsebrühe

Körner von 2 Maiskolben, (etwa 250 g)

Meersalz und frisch gemahlener schwarzer Pfeffer

Saft von ½ Zitrone

Für die Chili-Maisbrot-Kruste

100 g Weizenmehl

1 TL Backpulver

1 TL Speisenatron

125 g steingemahlenes (grobes) Maismehl

1 große Prise Meersalz

½ TL getrockneter Oregano

1 große rote Chilischote, entkernt und fein gewürfelt, oder ½ TL Chiliflocken

½ EL Hefeflocken (nach Belieben, s. S. 30)

80 g Seidentofu, glatt gerührt

½ EL Olivenöl

1 TL brauner Reissirup oder unraffinierter brauner Zucker (nach Belieben)

175 ml Sojamilch

SO GEHT'S

Für das Maisbrot Mehl, Backpulver und Natron mit Maismehl und Salz in eine Rührschüssel sieben und mit Oregano, Chilis und Hefeflocken (falls verwendet) vermengen. Tofu, Öl und Reissirup einarbeiten, dann nach und nach die Sojamilch einrühren und gründlich vermengen, bis ein dickflüssiger Teig entsteht. Abdecken und 20 Minuten in den Kühlschrank stellen.

Den Backofen auf 200 °C vorheizen. Die Zwiebel in Streifen schneiden und Sellerie, Möhre und Paprika in 1 cm große Würfel schneiden. Zwiebel, Sellerie und Möhre mit Okraschoten und 1 EL Öl unter Rühren bei mittlerer bis starker Hitze in einer Pfanne 7 Minuten anbraten. Dann Paprika, Knoblauch, Thymian und Gewürze zugeben und weitere 2 Minuten unter Rühren braten. Tomaten, Tomatenmark, Augenbohnen (mit ihrem Kochwasser oder Gemüsebrühe) und

(Forts.) ➡

Mais zugeben. Den Eintopf 5 Minuten durchwärmen und kräftig mit Salz und Pfeffer abschmecken. Den Zitronensaft einrühren. Der Eintopf sollte recht flüssig sein und reichlich Sauce haben und das Gemüse darf ruhig noch »al dente« sein.

Den Succotash in eine warme Auflaufform geben und mit dem Rücken der Suppenkelle glatt streichen. Den Maisbrotteig erneut durchrühren und einen Tropfen Wasser einrühren, falls er zu klebrig ist. Dann vorsichtig über den Eintopf geben und bis zum Rand der Form verstreichen. Zum oberen Rand der Auflaufform sollte noch gut 1 cm Platz sein, da die Brotkruste beim Backen aufgeht.

In den Backofen geben und 25–30 Minuten backen, bis die Maisbrotkruste aufgegangen und goldbraun ist.

Der Eintopf alleine ist schon ein Riesengericht, aber ein grüner Salat und gebratene Bohnen sind tolle Beilagen dazu. Oh, und eine Flasche scharfe Chilisauce ist natürlich ein Muss!

Einfaches Chili-Maisbrot

ERGIBT EINEN 450-G-LAIB

Das zartgelbe Brot ist einfach zu backen und sehr nährstoffreich. Es passt hervorragend zu Kubanischer Schwarze-Bohnen-Suppe (s. S. 92) oder allem, was entfernt kreolisch oder mexikanisch ist. Ich esse es gern getoastet und mit Avocado bestrichen zum Frühstück. Es wird sehr dicht, aber wer es lockerer mag, nimmt statt Vollkornmehl einfach Weizenmehl. Mein Rat: Bleiben Sie bei Vollkornmehl.

DAS BRAUCHT'S

150 g grobes Maismehl/Polenta
150 g Vollkorn-Weizenmehl
2 TL Backpulver
1 EL Hefeflocken (nach Belieben, s. S. 30)
1 TL Chiliflocken (nach Belieben)

1 TL Meersalz
250 ml Soja- oder Mandelmilch
1 EL brauner Reissirup (oder ein anderes Süßungsmittel nach Belieben)
90 g Maiskörner
Pflanzenöl für die Form

SO GEHT'S

Alle Trockenzutaten in eine Rührschüssel geben. Milch und Sirup verquirlen, bis sie zu schäumen beginnen. Die Milchmischung nach und nach in die Trockenzutaten einarbeiten, bis eine weiche Masse entsteht, dann vorsichtig den Mais einrühren.

In eine geölte Kastenform geben und 25–30 Minuten backen. Bleibt an einem hineingesteckten Holzstäbchen kein Teig mehr haften, ist das Brot fertig.

Vor dem Servieren 20 Minuten auf einem Kuchengitter abkühlen lassen.

Kastanien- & Fenchel-Schmortopf mit Oregano-Knusperkruste

FÜR VIER

Dies ist eine Variation eines Rezepts meines alten Freundes Dan – ein genialer Amateur in allem, was vegan ist. Ich habe es auch einmal mit Rhabarber statt Fenchel versucht – und auch das ist köstlich. Keine Kastanien? Einfach Walnüsse nehmen. Glutenfrei? Statt Semmelbröseln einfach glutenfreies Brot oder Kräcker zerkrümeln.

DAS BRAUCHT'S

200 g Esskastanien

1 EL Rapsöl

2 Möhren, längs geviertelt und in 1 cm lange Stücke geschnitten

2 Lauchstangen, auf die Größe der Möhren geschnitten

2 Lorbeerblätter

1 große Fenchelknolle ohne Grün, wie Möhren und Lauch geschnitten

4 Knoblauchzehen, geschält, angedrückt und gehackt

5 frische Salbeiblätter, in dünne Streifen geschnitten, oder ¾ TL getrockneter Salbei

2 frische Rosmarinzweige oder 1 TL getrockneter Rosmarin

4 EL frischer Oregano oder 1 TL getrockneter Oregano

125 ml Weißwein (vegan)

150 ml Gemüsebrühe

1 EL Stärkemehl

1 rote Chilischote, entkernt und fein gewürfelt

4 reife Tomaten, in 8 Spalten geschnitten

1 EL Tamari

175 g Wachtel- oder Borlottibohnen, eingeweicht und gekocht, oder 800 g Bohnen (aus der Dose), abgetropft

1 große Prise Meersalz

1 Msp. zerstoßener schwarzer Pfeffer

Für die Oregano-Knusperkruste

125 g Vollkorn-Semmelbrösel (trocken)

1 große Prise Meersalz

2 EL Rapsöl

Für das Püree

1 kg mehlig kochende Kartoffeln, geschrubbt und in Stücke geschnitten

1 EL Rapsöl

75 ml Sojamilch (ungesüßt)

1–2 TL Meersalz

SO GEHT'S

Den Backofen auf 200 °C vorheizen.

Mit einem sehr scharfen Messer die Schalen der Kastanien einritzen. Auf einem Backblech verteilen und unter einmaligem Wenden 25 Minuten im Backofen rösten.

Für das Püree in der Zwischenzeit die Kartoffeln in einem großen Topf mit Salzwasser zum Kochen bringen, die Temperatur reduzieren und 30 Minuten köcheln lassen. Abgießen und die Kartoffeln 10 Minuten im Sieb abkühlen lassen, dann in einer großen Schüssel mit Rapsöl, Milch und Salz nach Geschmack zu Püree zerstampfen.

Während die Kartoffeln kochen, 1 EL Rapsöl bei mittlerer Temperatur in einem Bräter erhitzen und Möhren und Lauch 3 Minuten darin anbraten. Lorbeerblätter, Fenchel, Knoblauch, Salbei, Rosmarin und die Hälfte des Oreganos zugeben und unter Rühren 2 Minuten anbraten. Mit einem Schluck Weißwein ablöschen und 1 Minute köcheln lassen, dann Gemüsebrühe zugeben. Das Stärkemehl mit 2 EL Wasser glatt rühren und dann einrühren. Chilischote, Tomaten und Tamari einrühren und unter Rühren zum Kochen bringen. Ofenhandschuhe anziehen, den Deckel auflegen und den Bräter 40 Minuten in den Ofen schieben.

Die Kastanien sind fertig, wenn die Schalen leicht schwarz werden und aufspringen und das Fruchtfleisch weich und süß ist. 10 Minuten abkühlen lassen, dann schälen und vierteln. Etwa ein Viertel der Kastanien für die Kruste fein würfeln, den Rest halbieren und beiseitestellen. Die gewürfelten Kastanien in einer Schüssel mit Semmelbröseln, Salz und Öl vermengen.

Nach 40 Minuten prüfen, ob die Möhren weich werden. Den Bräter aus dem Ofen nehmen und die Bohnen und restlichen Kastanien einrühren. Mit Salz und Pfeffer abschmecken und Rosmarinzweige und Lorbeerblätter herausnehmen. Den Eintopf großzügig mit der Semmelbröselmischung bestreuen und unabgedeckt weitere 12–15 Minuten in den Ofen geben, bis alles brodelt und die Semmelbröseldecke wunderbar goldbraun ist. Mit dem restlichen Oregano bestreuen und mit dem Püree servieren.

Kartoffel-, Auberginen- & Basilikum-Gratin mit Knusperzwiebeln

FÜR VIER BIS SECHS

Dies ist eine Abwandlung eines der klassischen Gratins meiner Mutter voller Käse, Zwiebeln und weichen Kartoffeln – da wurde jeder hungrige Teenager schwach. Ich habe den Käse weggelassen, dafür aber die Zwiebeln köstlich knusprig gemacht. Und ich habe ihm mit Basilikum und Aubergine einen mediterranen Touch verliehen.

Man muss Auberginen nicht unbedingt salzen, aber es macht sie geschmeidiger, wodurch sie sich in diesem Gericht besser schichten lassen. Außerdem schwört meine Mama darauf, und nicht auf ihren Rat zu hören ist einfach undenkbar!

Wohlfühlessen ist in den kälteren Monaten besonders wichtig. Zuhause haben wir einen riesigen, lodernden Kamin – in arktischen Wintern unsere einzige Heizung – und setzen uns jeden Abend zum Essen davor, meist um einen Auflauf wie diesen gedrängt. Das ist ein ordentliches Energiepaket, also nichts für die schlanke Taille.

DAS BRAUCHT'S

2 große Auberginen ohne Stiel, längs in dünne Scheiben geschnitten

2 EL Meersalz, plus 1 TL zusätzlich

4 EL Olivenöl

3 große Zwiebeln, in feine Streifen geschnitten

3 große Kartoffeln, geschrubbt und längs in dünne Scheiben geschnitten

1 Selleriestange, gewürfelt

4 Knoblauchzehen, geschält und zerdrückt

8 reife Tomaten, grob gehackt

½ TL Rohrohrzucker

4 EL fein gewürfelte sonnengetrocknete Tomaten

1 Msp. grob gemahlener schwarzer Pfeffer

2 Handvoll frische Basilikumblätter

400 g fester Tofu, abgetropft und in dünne Scheiben geschnitten (nach Belieben)

Zum Garnieren

1 große Handvoll geröstete Pinienkerne

½ Handvoll frische Petersilie, fein gehackt

(Forts.) ➡

SO GEHT'S

Die Auberginenscheiben in einem Sieb auf eine Schüssel stellen und mit 2 EL Meersalz bestreuen. Durchmischen, bis das Salz gleichmäßig verteilt ist, dann 45 Minuten entwässern lassen (wenn es schnell gehen soll, kann man diesen Schritt auch weglassen).

Das Öl bei mittlerer Temperatur in einer großen Pfanne erhitzen und zwei Drittel der Zwiebeln unter Rühren 10–12 Minuten goldbraun und knusprig braten. Wenn die Zwiebeln zu schnell bräunen, die Temperatur reduzieren. Mit einem Schaumlöffel herausheben und auf einer dicken Lage Küchenpapier abtropfen lassen. Möglichst viel Öl in der Pfanne zurückbehalten.

Den Backofen auf 220 °C vorheizen.

Die Kartoffeln in eine große Auflaufform geben und im Großteil des Zwiebelöls und ½ TL Meersalz wenden. Falls nötig, auf zwei Auflaufformen verteilen. Abgedeckt 15–20 Minuten im Ofen backen, bis die Kartoffeln etwas weich werden, aber noch nicht gar sind. Die Kochzeit variiert je nach Sorte. Warm stellen. Dabei sollten die Kartoffeln möglichst nicht brechen.

Für die Tomatensauce 1 EL Zwiebelöl in einen großen Topf geben und den Rest der Zwiebeln und die Selleriewürfel 4 Minuten darin anbraten. Den Knoblauch zugeben und etwa 1 Minute anbraten, anschließend Tomaten, Zucker und sonnengetrocknete Tomaten zugeben. Einen Deckel aufsetzen und 15 Minuten sanft köcheln lassen. Mit restlichem Salz und Pfeffer würzen. Zum Schluss die Basilikumblätter in die Sauce zupfen, dann vom Herd nehmen. Leicht abkühlen lassen, anschließend mit dem Stabmixer glatt pürieren. Den Topf abdecken.

Den Boden einer vorgewärmten Auflaufform mit einem Viertel der Tomatensauce bedecken. Darauf eine Schicht Kartoffeln und eine Schicht Auberginen geben (gefolgt von einer Schicht Tofu, falls verwendet). Alles sanft andrücken. Darüber wieder ein Viertel Tomatensauce geben und die Schichtung noch zweimal wiederholen. Zum Schluss mit der restlichen Tomatensauce bedecken.

Mit Alufolie oder Backpapier abdecken und 1 Stunde in den Ofen geben. Dann mit den knusprigen Zwiebeln bestreuen und weitere 10 Minuten offen im Ofen rösten. Aus dem Ofen nehmen und vor dem Servieren 5 Minuten leicht abkühlen lassen.

Mit gerösteten Pinienkernen und frischer Petersilie bestreut servieren.

Blumenkohl-Cashew-Auflauf mit violettem Sprossenbrokkoli

FÜR SECHS BIS ACHT

Diese sehr gesunde und nährstoffbepackte Version von überbackenem Blumenkohl weckt Kindheitserinnerungen. Wir haben hier wirklich alle veganen Register gezogen, um die himmlisch cremige Käsesauce nachzuempfinden. So bekommt der Gaumen den köstlichen Geschmack und trotzdem bleibt der Magen leicht und unbeschwert. Die Cashew-Käsesauce lässt sich gut im Voraus zubereiten und ist auch ein toller Dip – besonders, wenn man sie mit ein wenig Chipotlepaste aufpeppt und mit eingelegten Jalapeños bestreut. Mandeln und Sprossenbrokkoli sind ein schickes Topping, aber man kann sie auch ganz puristisch weglassen.

DAS BRAUCHT'S

3 EL Olivenöl

2 rote Zwiebeln, in Streifen geschnitten

1 großer Blumenkohl, in Röschen geteilt, den Großteil des Strunks fein gehackt

500 g violetter Sprossenbrokkoli, holziger unterer Strunk abgeschnitten, dicke Stängel längs halbiert

1 große Prise Meersalz

1× Cremige Cashew-Käsesauce (s. S. 327)
Pflanzenmilch (nach Belieben)

Für das Topping
½ Handvoll Mandelblättchen, geröstet
2 EL Hefeflocken (s. S. 30)

SO GEHT'S

2 EL Olivenöl bei mittlerer Temperatur in einer Pfanne erhitzen und die Zwiebeln rund 10 Minuten sanft darin karamellisieren. Beiseitestellen und warm halten. Dann die Cashew-Käsesauce zubereiten.

Den Blumenkohl in einen großen Topf in sprudelndem Salzwasser 8 Minuten kochen, bis er gerade weich wird (er gart in der Sauce weiter). Die Röschen sanft behandeln, damit sie nicht zerfallen. Daher nicht zu viel mit dem Metalllöffel darin herumfuhrwerken. Den Blumenkohl vorsichtig mit dem Schaumlöffel aus dem Wasser heben und in einem Sieb abtropfen lassen.

Den Backofengrill vorheizen.

Den Brokkoli im Blumenkohlkochwasser 3–4 Minuten blanchieren, bis er weich ist (das Kochwasser nicht weggießen, sondern für eine Suppe oder einen Eintopf nutzen). Blumenkohl und Zwiebeln in die Sauce geben und vorsichtig mit einem Holzlöffel unterrühren. Die Sauce nach Bedarf mit etwas Milch verdünnen.

Eine große Auflaufform vorbereiten. Den Brokkoli mit 1 EL Olivenöl und 1 Prise Meersalz durchmischen und die Stiele gerade in der Mitte der Auflaufform aufschichten. Die Blumenkohl-Saucen-Mischung außen herum anrichten. Auf mittlerer oder oberer Schiene grillen, bis der Brokkoli leicht geschwärzt ist und die Blumenkohl-Saucen-Mischung goldgelb ist und brodelt.

Nun alles großzügig mit Mandeln und Hefeflocken bestreuen. Mit einem Lächeln servieren – mehr braucht's hier nicht!

Gefüllte Zucchini mit Artischocken, sonnen-getrockneten Tomaten & Tofu-Ricotta

ERGIBT ACHT STÜCK

Ich arbeite in einem idyllischen kleinen Erholungszentrum namens Trigonos und serviere dort häufig gefüllte Zucchini. Es gibt einen eigenen Biogarten, sodass ich bei tollem Obst und Gemüse immer die Qual der Wahl habe. Runde Zucchini sind meist sehr pummelig und daher gut zu füllen. Aber auch die lange Variante lässt sich füllen, falls Sie keine runden bekommen – man muss nur etwas mit der Füllung aufpassen. Gelbe Zucchini schmecken toll und sind in den meisten Supermärkten zu finden. Sie sehen einfach wunderschön aus. Gute Artischockenherzen aus dem Glas müssen nicht immer abgespült werden. Oft sind sie bereits geviertelt. Dann benötigen Sie für diese Füllung zwölf Stücke.

DAS BRAUCHT'S

8 runde Zucchini

3 EL fruchtiges Olivenöl, plus etwas Öl zum Backen

1 Zwiebel, fein gewürfelt

1 Möhre, fein gewürfelt

1 TL getrocknete Minze

3 EL sonnengetrocknete Tomaten, fein gewürfelt, plus etwas Öl

3 Artischockenherzen, geviertelt, gut abgespült

Saft und fein abgeriebene Schale von ½ Bio-Zitrone

1 EL frische Thymianblätter oder 1 TL getrockneter Thymian

2 EL frische Oreganoblätter oder 1½ TL getrockneter Oregano

1 Handvoll geröstete Mandeln oder Pistazien, grob gehackt

1 Msp. Meersalz

grob gemahlener schwarzer Pfeffer

Für den Tofu-Ricotta

300 g fester Tofu, gepresst und grob gehackt

2 EL Zitronensaft

1 EL Hefeflocken (s. S. 30)

1 große Prise Meersalz

1 Handvoll Cashewkerne, 2 Stunden eingeweicht (nach Belieben, für noch mehr Cremigkeit)

Zum Garnieren

2 Handvoll Radieschen, geschrubbt und längs halbiert

8 Knoblauchzehen mit Schale

3 Handvoll Rucolablätter

natives Olivenöl extra

1 Handvoll geröstete Mandeln oder Pistazien, fein gehackt

Meersalz

SO GEHT'S

Den Backofen auf 180 °C vorheizen.

Die Radieschen putzen. Stiele nicht abschneiden, wenn sie gut aussehen. Die Spitzen der Zucchini gerade abschneiden, damit sie sicher stehen. Längliche Zucchini längs halbieren und das Stielende intakt lassen.

Ein Backblech mit 2 EL Olivenöl einfetten. Zucchini, Radieschen und Knoblauch darauf verteilen und 20 Minuten backen. Radieschen und Knoblauch in dieser Zeit einmal wenden. Die Zucchini sollten noch fest sein, damit sie bei der weiteren Zubereitung nicht zerfallen. Der Knoblauch sollte weich und die Radieschen geröstet sein. Falls nötig, weitere 5 Minuten backen. Die Zucchini zum Abkühlen beiseitestellen. Radieschen und Knoblauch abdecken und warm stellen.

(Forts.) ➡

Die Stielenden der gebackenen Zucchini als kleine grünen Deckel abschneiden (die Stiele intakt lassen). Mit einem Teelöffel oder Kugelausstecher aushöhlen und das ausgelöste Fruchtfleisch mit den Händen vorsichtig ausdrücken, dann grob hacken.

2 TL Olivenöl bei mittlerer Temperatur in einer Pfanne erhitzen und Zwiebel und Möhre 6–8 Minuten darin anbraten, bis die Möhre weich ist. Zucchinifruchtfleisch, Minze, sonnenge-trocknete Tomaten und Artischockenherzen zugeben und weitere 4 Minuten braten. Zitronen-saft und -schale, Kräuter und Mandeln einrühren und mit Salz und Pfeffer würzen. Abdecken und beiseitestellen.

Alle Zutaten für den Tofu-Ricotta im Mixer dick und cremig pürieren. Werden Nüsse verwendet, diese als Erstes zerkleinern, dann die restlichen Zutaten zugeben.

Die Artischockenmischung in die Zucchini füllen und mit dem Löffel bis auf den Boden der Früchte drücken. Nicht ganz bis zum oberen Rand füllen. Nun den Tofu-Ricotta darauf vertei-len. Die Zucchini auf einem leicht eingeölten Backblech 10 Minuten in den Backofen geben, bis sie durchgewärmt sind. Aus dem Ofen nehmen und die Deckel wieder auflegen (etwas schief, bitte, das ist cooler!)

Die Zucchini auf einer Servierplatte anrichten und die Rucolablätter um sie herum verteilen. Mit gerösteten Radieschen und Knoblauch bestreuen, mit etwas Olivenöl beträufeln und dann Nüsse und etwas Meersalz darüberstreuen.

Mexikanische »Pastor«-Pie

FÜR VIER BIS SECHS

Ich liebe Mexiko und habe dort wunderbare Zeiten verbracht. »Pastor« ist das spanische Wort für Hirte, also Englisch »Shepherd«. Ich habe viele der typisch mexikanischen Aromen genommen und sie in diese leuchtende, gesunde Version einer typisch englischen Sheperd's Pie gepackt. Sie hat mehr Farbe, mehr Geschmack und mehr Nährstoffe als das Original – und für mich noch mehr »Nochmal«-Effekt. Die Süßkartoffel macht hier den Unterschied – im Geschmack wie im Nährwert. Ist Seitan nicht erhältlich, lässt er sich gut durch festen Tofu ersetzen. Süße Bio-Chilisauce ist seit Jahren mein treuer Begleiter – ohne böse Inhaltsstoffe. Als frische Chilischoten eignen sich hier gute, feste Jalapeños. Sie geben der Sauce den mexikanischen Biss!

DAS BRAUCHT'S

Für das Püree

600 g Süßkartoffeln, geschält und grob gewürfelt

400 g mehlig kochende Kartoffeln, geschält und grob gewürfelt

5 Frühlingszwiebeln, in feine Ringe geschnitten (auch die grünen Teile)

1–2 TL Salz

200 ml Soja- oder Mandelmilch (ungesüßt)

Für die Füllung

1 EL Pflanzenöl, plus etwas Öl zum Beträufeln

1 TL Kreuzkümmelsamen

1 Zwiebel, gewürfelt

1 Selleriestange, gewürfelt

8 Grünkohlblätter ohne Strünke, in 5 cm breite Streifen geschnitten

Körner von 2 Maiskolben

2 Chilischoten (am besten Jalapeños), fein gewürfelt

3 TL Chipotle-Paste oder 1½ TL geräuchertes Paprikapulver

1 TL gemahlener Koriander

2 TL getrockneter Oregano

1 Msp. gemahlener Zimt

1 große Zucchini, in 2-cm-Würfel geschnitten

6 Tomaten, grob gehackt

2 EL Tomatenmark

175 g Kidney- oder Adzukibohnen, gekocht

200 g Seitan oder fester Tofu, in 2-cm-Würfel geschnitten (nach Belieben, aber sehr lecker)

2 EL süße Chilisauce

½ TL Meersalz

1 Msp. grob gemahlener schwarzer Pfeffer

Für das Topping

2 TL Pflanzenöl

2 rote Paprikaschoten, in dünne Streifen geschnitten

1 Prise Meersalz

½ Handvoll frische Korianderblätter

SO GEHT'S

Alle Kartoffeln in einem großen Topf mit Salzwasser zum Kochen bringen, dann die Temperatur reduzieren und 35 Minuten köcheln lassen, bis ein scharfes Messer ohne Widerstand hineingleitet. Gründlich abgießen und im Sieb abkühlen lassen (das Kochwasser als Basis für eine leckere Brühe aufbewahren).

Für die Füllung das Öl bei mittlerer Temperatur in einer großen Pfanne erhitzen und Kreuzkümmelsamen, Zwiebel und Sellerie 5 Minuten darin anbraten, bis die Gemüse weich sind. Grünkohl, Mais, Chilis, Kräuter und Gewürze zugeben und unter Rühren 3 Minuten durchwärmen.

(Forts.) ➡

Nun Zucchini, Tomaten, Tomatenmark, Bohnen (mit rund 300 ml ihres Kochwassers), Seitan und Chilisauce zugeben und rund 10 Minuten köcheln lassen. Vom Herd nehmen, mit Salz und Pfeffer abschmecken und abgedeckt beiseitestellen.

Die Kartoffeln gründlich zu Püree zerstampfen. Frühlingszwiebeln, Salz und Milch (falls nötig) einrühren. Das Püree sollte locker und glatt, aber nicht flüssig sein.

Den Backofen auf 200 °C vorheizen.

Die Füllung auf dem Boden einer großen, vorgewärmten Auflaufform verteilen und mit dem Püree bedecken. Das Püree mit einer Palette oder einem Messerrücken bis an die Ränder der Auflaufform verstreichen, sodass es rundum abschließt. Mit ein wenig Öl beträufeln und die Gabel so darüber ziehen, dass ein Spiralmuster entsteht. 35 Minuten im Backofen in der Fettpfanne (um Überlaufendes aufzufangen) backen.

Die Pfanne auswischen und mit 2 TL Öl wieder erhitzen. Die Paprika unter Rühren 10 Minuten braten, bis sie karamellisieren und herrlich süß werden. Mit 1 Prise Salz abschmecken.

Nach 35 Minuten sollte das Püree wunderbar goldbraun sein und der Auflauf brodeln. Aus dem Ofen nehmen und 10 Minuten abkühlen lassen, dann mit gerösteter Paprika und Koriander bestreuen. Große Löffel und ein noch größerer Appetit sind beim Servieren ein Muss. Dazu passt reichlich grünes Blattgemüse und Avocado mit Zitrusdressing. *Viva 'El Pastor'!*

Mangold mit Rüben-, Dill- & Dijon-Püree

FÜR VIER BIS SECHS

Ein wunderbar einfacher Auflauf, der ein ganz normales Abendessen mit ein paar veganen Tricks mühelos in einen Wochenendgenuss verwandelt. Sie müssen keinen bunten Mangold nehmen, aber er sieht einfach cool auf dem Teller aus und gibt dem Gericht fast schon etwas Psychedelisches. Sie können selbstverständlich jede Mangoldsorte verwenden, die Sie mögen. Auch Grünkohl oder großblättriger Spinat sind hier eine gute Wahl. Verwenden Sie für das Püree möglichst unraffiniertes Rapsöl, das macht einen riesigen Unterschied.

DAS BRAUCHT'S

Für das Rübenpüree

1 kleine weiße Rübe, geschält und gewürfelt

5 große Kartoffeln, geschält und gewürfelt

2 EL Rapsöl

½ EL Dijonsenf

2 EL feine Kapern, abgespült

1–2 TL Meersalz

100 ml Mandelmilch (oder andere Milch nach Wahl)

1 Handvoll frischer Dill, grob gehackt

frisch gemahlener schwarzer Pfeffer

Für den Mangold

3 EL Pflanzenöl

4 große Schalotten, in Spalten geschnitten, oder 1 große Zwiebel

3 Knoblauchzehen, geschält und zerdrückt

Blätter von 4 frischen Thymianzweigen

1 große Prise Meersalz

grob gemahlener schwarzer Pfeffer

125 ml Weißwein (vegan)

1 EL Tomatenmark

500 g bunter Mangold, geputzt, Blätter in 5 cm breite Streifen geschnitten

3 große Handvoll Kirschtomaten

Zum Garnieren

1 Handvoll geröstete Haselnüsse, grob gehackt

SO GEHT'S

Für das Püree Rübe und Kartoffeln in einem großen Topf mit gesalzenem Wasser zum Kochen bringen, die Temperatur reduzieren und 35 Minuten köcheln lassen. Das gare Gemüse abgießen, abtropfen lassen und mit den übrigen Zutaten in einer Schüssel zu einem glatten Püree stampfen. Mit Salz und Pfeffer abschmecken, dann abdecken und warm stellen.

Den Backofen auf 200 °C vorheizen.

Für den Mangold 1 EL Pflanzenöl bei mittlerer bis hoher Temperatur in einer großen Pfanne erhitzen und die Schalotten 3 Minuten leicht darin anbräunen. Knoblauch, Thymian, Salz und Pfeffer zugeben und weitere 2 Minuten braten. Weißwein und Tomatenmark zufügen, gefolgt vom Mangold, abdecken und 3 Minuten kochen lassen. Die Temperatur auf schwächste Hitze reduzieren, die Kirschtomaten zugeben und erneut abschmecken. Wieder abdecken und vom Herd nehmen.

Die Mangold-Tomaten-Mischung in einer vorgewärmten Auflaufform verteilen und sorgfältig mit dem Püree bedecken. Das Püree muss die Wand der Form aber nicht berühren. Mit dem restlichen Öl beträufeln.

20 Minuten im Ofen backen, bis das Püree von außen knusprig ist. Aus dem Ofen nehmen und zum Servieren mit gerösteten Haselnüssen bestreuen, wenn es etwas luxuriöser sein darf.

Mangoldwickel, gefüllt mit Rote Bete, Hirse & Rosinen mit einer Paranuss-Rosmarin-Creme

ERGIBT RUND SECHZEHN WICKEL

Dies ist eine Hommage an eines meiner Lieblingsrezepte von Dennis Cotter. Blätter als Hülle sind ein alter Hut und die Griechen haben die Idee von Reis im Weinblatt (Dolmades) perfektioniert. Ich wollte etwas Neues probieren und habe mir im Gemüsegarten diese bunten Blätter und Stiele geholt und sie mit gesunder heimischer Hirse kombiniert.

Ich liebe die Farbe von Mangold, die mich an Pinot Noir erinnert. Sie können hier jede Sorte verwenden, aber ich mag die roten Stiele gern. Wenn Sie Rote Bete mit Grün haben, können Sie die Blätter entweder als Beilage braten oder hacken und zusammen mit kleineren Mangoldblättern in die Füllung geben. Übrig gebliebene Füllung kann man im Kühlschrank aufbewahren und mit Blattsalat zusammen als superleckeren Salat servieren. Paranussbutter ist immer öfter zu finden, Sie können sie aber auch aus Paranüssen und einer Prise Salz selber machen, die Sie im Mixer cremig und glatt mixen.

DAS BRAUCHT'S

160 g Hirse

1 Rosmarinzweig

1 Lorbeerblatt

2 Bund roter Mangold (etwa 16 vernünftig große Blätter), Stängel abgetrennt und fein gewürfelt

½ EL Olivenöl, plus etwas Öl zum Backen

1 große Rote Bete, geschält und fein gewürfelt

1 große Möhre, geschält und fein gewürfelt

2 EL Balsamico-Essig

1 Zwiebel, fein gewürfelt

1 Selleriestange, fein gewürfelt

4 Knoblauchzehen, geschält und zerdrückt

1 Handvoll Kürbiskerne, geröstet

½ Handvoll Rosinen, gehackt

1 Handvoll frische Petersilie, fein gehackt, plus Petersilie zum Garnieren

½ TL Meersalz

1 große Prise frisch gemahlener schwarzer Pfeffer

Für die Paranuss-Rosmarin-Creme

3 EL Paranussbutter

150 g Seidentofu

1 TL sehr fein gehackter frischer Rosmarin

1 Knoblauchzehe, geschält und zerdrückt

1 EL Zitronensaft

1 große Prise Meersalz

150 ml Mandel- oder Sojamilch

1 EL Olivenöl

SO GEHT'S

Einen Topf bei mittlerer Temperatur erhitzen und die Hirse unter ständigem Rühren 6 Minuten trocken darin rösten, bis sie ein wenig Farbe annimmt. Die Hirse 1,5 cm hoch mit Wasser bedecken, Rosmarinzweig und Lorbeerblatt hineingeben und sprudelnd aufkochen. Den Topf abdecken und die Temperatur auf schwächste Stufe reduzieren. 35 Minuten köcheln lassen, ohne den Deckel abzunehmen. Mit einer Gabel weiter auflockern, abdecken und beiseitestellen.

Einen Topf mit Wasser zum Kochen bringen und einen Dämpfeinsatz aufsetzen. Die Mangoldblätter 5 Minuten dämpfen, bis sie zart, aber noch nicht durchgegart sind. Auf einem großen Teller auslegen und unabgedeckt abkühlen lassen.

(Forts.) ➡

½ EL Öl bei mittlerer Temperatur in einer großen Pfanne erhitzen und Rote Bete und Möhre 10 Minuten pfannenrühren, dann mit Balsamico und 2 EL Wasser ablöschen. Die Flüssigkeit vollständig verkochen lassen, dann Zwiebel, Sellerie und Mangoldstängel zugeben und 5 Minuten garen. Knoblauch, Kürbiskerne und Rosinen (plus Rote-Bete-Grün und kleine Mangoldblätter) zufügen und weitere 5 Minuten kochen. Die gekochte Hirse (ohne Rosmarin und Lorbeer) und die gehackte Petersilie zugeben, kräftig salzen und pfeffern, durchrühren und leicht abkühlen lassen (es ist völlig normal, dass die Hirse klebt, Sie können größere Klumpen mit den Fingern zerbröseln).

Für die Paranuss-Rosmarin-Creme Paranussbutter, Tofu, Rosmarin, Knoblauch, Zitronensaft und Salz im Mixer nach und nach mit der Milch zur Konsistenz dickflüssiger Sahne mixen. Unmittelbar vor dem Servieren das Öl einrühren, das verleiht der Creme einen schönen Glanz.

Den Backofen auf 180 °C vorheizen.

Ein Mangoldblatt mit dem breiten Ende nach vorne auf der Arbeitsfläche auslegen und je nach Größe des Blatts 2–3 EL der Füllung daraufgeben. Das Blatt einmal vom Körper weg einrollen, die Seiten einschlagen und abwechselnd rollen und einschlagen, bis ein schönes, festes Paket entsteht. Mit den übrigen Blättern wiederholen.

Die Wickel mit Abstand zueinander auf ein leicht eingeöltes Backblech legen und mit etwas mehr Öl bepinseln. Mit 3 EL Wasser besprenkeln (damit sie nicht braun und bitter werden) und 12–15 Minuten backen, bis sie durchgewärmt sind.

Die Konsistenz der köchelnden Creme überprüfen und bei Bedarf mehr Milch zugeben. Salzen und pfeffern, dann etwas Creme in die Mitte vorgewärmter Teller geben und zwei Wickel pro Person auf diesem Spiegel anrichten. Es sollte genügend Creme übrig sein, um sie in einer eigenen Schüssel zur freien Bedienung zu servieren. Sie wird genommen werden!

Zum Servieren mit gehackter Petersilie oder sogar Sprossen oder fein gehackten Paranüssen bestreuen. Mir gefallen sie aber schon so, wie sie sind.

Tempeh-Chorizo- & Kichererbsen-Wraps mit Orangen-Avocado-Koriander-Salsa

FÜR VIER

Gegrillte Chorizo ist eines der Dinge, die ich als Vegetarier am meisten vermisse. Wir haben sie in unserer Lieblingstaverne in Spanien immer aus kleinen Tonschalen gegessen, wo sie sie in Sherry gekocht haben. Als ich dann beschloss, dass Fleisch keinen Platz mehr in meinem Leben hat, habe ich mich daran gemacht, einen vernünftigen Ersatz zu finden.

Diese Variante ähnelt der losen rohen Chorizo und ist deutlich einfacher zu einem schnellen Mittagessen zu machen. Hier kommen all die vertrauten Gewürze mit lecker karamellisierten Zwiebeln und Tempeh zusammen. Ich greife manchmal zum Cream Sherry statt zum Sherryessig, der mich mehr an meine früheren Lieblingstapas erinnert. Wenn es schnell gehen soll, nehmen Sie gekaufte Wraps statt Pfannkuchen. Hierzu passt das Cashew-Hummus von S. 160.

Wenn es glutenfrei sein soll, nehmen Sie glutenfreie Wraps.

DAS BRAUCHT'S

Für die Tempeh-Chorizo

1 EL Pflanzenöl

350 g Tempeh, abgetropft und mit der Gabel zerdrückt

1 TL Kreuzkümmelsamen

1 Lorbeerblatt

½ Zwiebel, gerieben

1 TL geräuchertes Paprikapulver

1 TL edelsüßes Paprikapulver

½ TL gemahlener Koriander

½ TL getrockneter Oregano

½ TL getrockneter Thymian

1 große Prise gemahlene Gewürznelken

1 große Prise gemahlener Zimt

1 Msp. Chilipulver

½ TL Meersalz

2 Msp. grob gemahlener schwarzer Pfeffer

2 Knoblauchzehen, geschält und zerdrückt

1 ½ EL Sherryessig

250 ml Gemüsebrühe

Für die Kichererbsen-Wraps (ergibt 4 große Wraps)

60 g Vollkornmehl

60 g Kichererbsenmehl

½ TL Speisenatron

½ EL Pflanzenöl

1 TL Tamari

100 ml Soja- oder Mandelmilch

3–4 EL Pflanzenöl zum Braten

Für die Orangen-Avocado-Koriander-Salsa

1 Orange

2 Frühlingszwiebeln, in dünne Ringe geschnitten

1 reife Avocado, geschält, entsteint und klein gewürfelt

1 rote Chilischote, entkernt und fein gewürfelt

½ Handvoll Kirschtomaten, geviertelt

½ Handvoll frische Korianderblätter, grob gehackt

1 große Prise Meersalz

Zum Servieren

1 kleiner Eichblattsalat oder anderer Blattsalat

½ Rote Bete, geschrubbt und gerieben (nach Belieben)

SO GEHT'S

Für die Salsa die Orange schälen und auch die weißen Häute entfernen. Die Filets sorgfältig mit einem scharfen Messer zwischen den Membranen auslösen. Die Filets im Anschluss fein würfeln, mit den übrigen Salsa-Zutaten in einer Schüssel vermengen und beiseitestellen.

Für die Tempeh-Chorizo das Öl bei hoher Temperatur in einer großen Pfanne erhitzen und Tempeh, Kreuzkümmel, Lorbeerblatt und Zwiebel unter Rühren 3 Minuten darin anbraten. Die übrigen Kräuter und Gewürze, Salz und Pfeffer sowie den Knoblauch zugeben und 5 Minuten braten, dann Sherryessig und Brühe angießen. 5 Minuten köcheln lassen, bis das Tempeh die gesamte Flüssigkeit aufgenommen hat. Die Chorizo in eine vorgewärmte Schüssel geben und abdecken.

Für die Kichererbsen-Wraps die Mehle und das Natron in eine große Rührschüssel sieben. In einer zweiten kleineren Schüssel Öl, Tamari, Milch und 100 ml Wasser gründlich verquirlen. Die Trockenzutaten mit den Flüssigzutaten zu einem dünnflüssigen Teig verrühren. Abdecken und 20 Minuten im Kühlschrank kalt stellen.

Die Pfanne mit Küchenpapier auswischen, den Boden leicht einölen und bei mittlerer bis hoher Temperatur erhitzen. Etwa 3 EL des Teigs in die heiße Pfanne geben und mit kreisenden Bewegungen mit der Kelle verteilen. Die Wraps sollen schön dünn werden. Etwa 2 Minuten von einer Seite goldbraun backen, dann wenden und von der anderen Seite etwas kürzer fertig backen. Es sollte ein perfekt gegarter Pfannkuchen als Hülle für die fantastische Füllung entstehen. Die fertigen Pfannkuchen zum Warmhalten in ein Küchentuch einschlagen.

Einen Pfannkuchen auf einen Teller legen, ein Bett aus Salatblättern in die Mitte geben und eine Reihe geriebene Rote Bete darauf anrichten. 3 EL Chorizo daraufgeben und mit 2 EL Salsa bedecken. Einen Rand des Pfannkuchens über die Füllung schlagen und mit den Fingern darunterschieben, dann den Wrap langsam mit beiden Händen fest aufrollen.

Auberginen-Involtini mit cremiger Spinatfüllung & Tomaten-Oliven-Sauce

FÜR VIER

Involtini ist italienisch für Rouladen, in diesem Fall Auberginen-Rouladen. In nur wenigen Schritten entsteht hier ein Gericht, das so gut schmeckt, wie es aussieht – der Kontrast der Farben ist einfach ein Genuss! Je größer die Auberginen, desto besser: Dicke Involtini schmecken einfach am besten. Nehmen Sie sich beim Aufschneiden Zeit, damit die Scheiben schön gleichmäßig werden. Verwenden Sie ein wirklich scharfes Messer und lassen Sie die äußeren zwei oder sogar vier Scheiben weg, die eh nicht groß genug zum Einrollen sind. Sie finden bestimmt später in einem anderen Auberginengericht Verwendung.

DAS BRAUCHT'S

4 EL Olivenöl

2 große Auberginen, längs in 1 cm dicke Scheiben geschnitten

½ TL Meersalz

1 Msp. frisch gemahlener schwarzer Pfeffer

Für die Tomaten-Oliven-Sauce

2 EL Olivenöl

125 ml Rotwein (vegan)

10 reife Tomaten, geviertelt

1 Zwiebel, in dünne Streifen geschnitten

1 TL getrockneter Oregano

4 Knoblauchzehen, geschält und zerdrückt

1 EL Rotweinessig

1 TL Rohrohrzucker

1 Handvoll grüne Oliven, entsteint und in dünne Ringe geschnitten

1 große Prise Meersalz

frisch gemahlener schwarzer Pfeffer

Für die cremige Spinatfüllung

2 TL Olivenöl

275 g Spinatblätter, gewaschen

2 Knoblauchzehen, zerdrückt

1 große Prise Meersalz

200 g fester Tofu

3 EL gemahlene Mandeln

1 kleine Prise frisch gemahlener schwarzer Pfeffer

½ EL Zitronensaft

1 EL Hefeflocken (s. S. 30)

Zum Garnieren

1 Handvoll frische Petersilie, fein gehackt

SO GEHT'S

Den Backofen auf 190 °C vorheizen. Die Zutaten für die Tomatensauce in eine große Auflaufform geben, gut vermengen und auf oberster Schiene unter einmaligem Umrühren 30 Minuten backen. Dann mit einem Deckel oder Alufolie abdecken und weitere 35 Minuten backen. Die Tomaten sollten eine schöne Farbe annehmen.

Zwei Backbleche mit jeweils 1 EL Olivenöl bis in die Ecken gründlich einpinseln. Die Auberginenscheiben auf den Blechen auslegen, salzen und pfeffern und mit dem restlichen Öl beträufeln. 15 Minuten von einer Seite rösten, dann wenden und 10 Minuten von der anderen Seite rösten, bis sie weich und goldgelb sind.

Für die cremige Spinatfüllung 2 TL Olivenöl bei mittlerer Temperatur in einer großen Pfanne erhitzen. Spinat, Knoblauch und Salz hineingeben und 5 Minuten anbraten, bis der Spinat zusammenfällt und der Großteil der Flüssigkeit verkocht ist. Vom Herd nehmen. Die übrigen Zutaten für die Füllung mit dem Spinat in den Mixer geben und dickflüssig und cremig mixen – die Konsistenz von grünem Sauerrahm ist ideal.

Die Ofentomaten leicht abkühlen lassen, dann den Mixer auswischen und die Tomaten hineingeben. Mit einigen Intervallschüben zu einer stückigen Sauce mixen. Mit Salz und Pfeffer abschmecken.

Jetzt wird gerollt! Die Auberginenscheiben mit dem schmalen Ende nach vorne auf der Arbeitsfläche auslegen. 2 EL der Füllung auf jeder Scheibe verteilen und die Involtini nacheinander vorsichtig vom Körper weg aufrollen. Beim Aufrollen nicht zu fest drücken, weil die Füllung sonst an den Seiten herausquillt.

Die Tomaten-Oliven-Sauce wieder in die Auflaufform geben und die Involtini mit Abstand mit der Nahtseite nach unten hineinlegen. Unabgedeckt 15–20 Minuten backen, bis alles schön heiß ist.

Zum Servieren mit etwas frisch gehackter Petersilie bestreuen. Ich mag dazu Pasta oder neue Kartoffeln und Brunnenkresse. Sehr gut passt auch der Pinienkern-Parmesan (s. S. 336) als weitere Zutat für die Füllung.

Ofenkartoffeln mit Lauch & Wildpilzen & einem Schnittlauch-Zitronen-Joghurt

FÜR VIER

Hier kommt die Luxus-Ofenkartoffel. Sie macht kaum mehr Arbeit, aber die einfachen Geschmacksnoten hauen Sie vom Schlitten! Hier geht jeder Pilz, aber je wilder, desto intensiver ist der Geschmack und desto besser ist es.

DAS BRAUCHT'S

4 große Ofenkartoffeln

2 EL Olivenöl, plus etwas Öl zum Backen

1 Lauchstange inklusive Grün, in dünne Ringe geschnitten

4 Knoblauchzehen, geschält und zerdrückt

1 kleiner Brokkoli, Röschen und Stiele fein gewürfelt

300 g Wildpilze nach Wahl, grob gehackt

½ TL getrockneter Rosmarin

½ TL getrockneter Salbei

1 TL getrockneter Thymian (oder 2 TL gemischte Kräuter statt der drei einzelnen)

1 TL Salz

½ TL frisch gemahlener schwarzer Pfeffer

75 ml Mandel- oder Sojamilch

1 große Handvoll Sonnenblumenkerne, geröstet

2 EL Hefeflocken (s. S. 30)

2 EL körniger Senf

Für den Schnittlauch-Zitronen-Joghurt

1 Handvoll frischer Schnittlauch, fein gehackt

300 ml Sojajoghurt (ungesüßt)

1 EL Zitronensaft

½ EL fein abgeriebene Bio-Zitronenschale

1 große Prise Meersalz

SO GEHT'S

Den Backofen auf 180 °C vorheizen.

Die Kartoffeln rundum mit einer Gabel einstechen und mit etwas Öl einreiben. Unter einmaligem Wenden 1 ¼ Stunden goldgelb und weich backen. Halbieren und abkühlen lassen.

1 EL Öl in einer großen Pfanne erhitzen und den Lauch 6 Minuten darin anbraten, bis er zart ist. Knoblauch, Brokkoli und Pilze zugeben und weitere 5 Minuten braten. Die getrockneten Kräuter einrühren und mit Salz und Pfeffer würzen, dann vom Herd nehmen und abdecken.

Wenn die Kartoffeln handwarm sind, vorsichtig das Fruchtfleisch auslöffeln und in eine Schüssel geben, ohne die Schalen zu verletzen. Sie sollen ja noch gefüllt werden! Das Fruchtfleisch mit Milch verkneten, dann Gemüse, Sonnenblumenkerne, Hefeflocken und Senf einrühren und bei Bedarf salzen. Das Püree dicht gepackt in die Schalen füllen und die Kartoffeln auf ein eingeöltes Backblech setzen. Die gefüllten Kartoffeln 10–15 Minuten backen.

Für den Schnittlauch-Zitronen-Joghurt alle Zutaten in einer Schüssel vermengen.

Die gefüllten Ofenkartoffeln mit einem großen Löffel Schnittlauch-Zitronen-Joghurt servieren.

Am Strand von Dinas Dinlle.

Süße Leckereien

Liebe Süßmäuler,

hier haben Sie den veganen Garten Eden erreicht – nicht unbedingt das Land, in dem Milch und Honig fließen, dafür aber Nussbutter und Datteln. Das klingt nicht ganz so poetisch, ist aber genauso lecker.

Hier erwarten Sie süße Köstlichkeiten, die ein Feuerwerk der Geschmacksnoten entfachen und gleichzeitig gut für uns sind. Für alle, die beim Dessert auch an ihre Hüften denken, ist dies sozusagen die Dessertecke ohne schlechtes Gewissen.

Vegane Desserts sind eine RIESEN-Überraschung. Was man alles machen kann, wenn man auf die typischen Grundzutaten wie Eier, Weizenmehl, Sahne oder Milch verzichtet, verblüfft mich bis heute. Erstaunlich, welchen Einfallsreichtum das Veganer-Völkchen entwickelt, wenn es um spannenden Ersatz für ihre früheren Lieblingsleckereien geht.

Viele vegane Kuchen enthalten Weizenmehl und ziemlich viel Zucker – nur weil er vegan ist, ist Kuchen noch lange nicht gesund. Dieser quietschsüße Ansatz ist nichts für mich (obwohl die Schoko-Bete-Brownies schon sehr lecker sind), sondern erinnert an die Art Vegetarier, die auf alles Massen an Käse hauen. Das können wir doch besser, oder? Viel besser!

Also her mit dem Süßkram!

Roher Blaubeer-Macadamia-Käsekuchen

FÜR ACHT RIESEN-STÜCKE

Wenn Sie die magische Welt der rohen Desserts noch nicht betreten haben, ist dieser Kuchen der perfekte Einstieg – wunderbar cremig und dabei so gesund! Wenn Sie nur ein Rezept aus diesem Buch probieren wollen, nehmen Sie dieses. Bisher ist ihm noch jeder verfallen! Ich mache den Belag gerne mit Cashewkernen, da sie preiswerter sind, aber für besondere Anlässe sind Macadamianüsse genau richtig! Die Beeren können je nach Saison variieren. Ich persönlich liebe die Süße der Brombeeren mit ihrer leichten Bitternote zu diesem cremigen Kuchen, aber Heidelbeeren sind genauso lecker.

DAS BRAUCHT'S

Für den Boden

300 g rohe Macadamianüsse

1 Handvoll Kürbiskerne

90 g Datteln, 1 Std. eingeweicht, dann entsteint

20 g frisch geriebene Kokosnuss (oder Kokosraspeln)

Für den Belag

360 g rohe Cashewkerne oder Macadamianüsse, mindestens 3 Std. eingeweicht

120 ml Zitronensaft

120 ml brauner Reissirup (oder anderes Süßungsmittel nach Wunsch)

180 ml Kokosnussöl

1 Prise Meersalz

2 Msp. Vanillemark

Für die Sauce

400 g Heidelbeeren, plus TK-Beeren zum Servieren

45 g Datteln, 1 Std. eingeweicht, dann entsteint

SO GEHT'S

Für den Boden Macadamianüsse, Kürbiskerne und Datteln im Mixer zerkleinern, bis eine Art grober Streusel entsteht. Ist er zu trocken, etwas mehr Datteln einarbeiten, ist er zu nass, mehr Nüsse verwenden. Die Masse sollte mit den Händen zu Kugeln formbar sein, ohne zu stark zu kleben.

Den Boden einer Springform mit einer Schicht Kokos bestreuen. (Man kann auch eine normale Quicheform verwenden, der Kuchen lässt sich dann aber schwerer auslösen. Den Boden dann am besten zuerst mit einer Lage Frischhaltefolie auslegen.) Den Boden der Form gleichmäßig mit der Nussstreuselmasse bedecken und die Masse bis an die Wand herandrücken.

Für den Belag alle Zutaten mit 120 ml Wasser in den wie von Zauberhand gesäuberten Mixer geben (ein Dank an die Küchenelfen) und cremig mixen, mehrfach die Wände des Mixers frei schaben und weiter pürieren. Die Creme auf dem Kuchenboden verteilen und die Springform mehrfach sanft auf der Arbeitsfläche aufstoßen, damit keine Luftblasen entstehen. Den Belag glatt streichen.

Im Gefrierfach einfrieren. Am besten schmeckt der Kuchen noch am selben Tag oder wenige Tage danach. Zum Auslösen den Kuchen mit dem Palettenmesser vom Rand lösen und dann denn Ring der Form abheben. Im Kühlschrank ein paar Stunden auftauen lassen.

Heidelbeeren und Datteln im Mixer glatt pürieren. Bei Bedarf mit ein wenig Wasser verdünnen. Die Fruchtmasse kurz vor dem Servieren über den Kuchen geben und den Rest (falls vorhanden) in einer kleinen Schüssel dazu servieren. Mit gefrorenen Beeren garnieren.

Maronencreme mit Gin-Pflaumen

FÜR VIER

Dieses superleckere kleine Dessert ist sehr schnell zubereitet. Sie können es so servieren oder leicht verdünnt zu Pies und Kuchen reichen. Maronen haben den geringsten Fettgehalt aller Nüsse, enthalten aber recht viel Stärke, wodurch sie sich gut für Pürees eignen. Wer das Glück hat, Damaszenertrauben im Garten zu haben, kennt die Vorzüge dieser kleinen Pflaume. Sie können aber auch jede andere Pflaumensorte verwenden

DAS BRAUCHT'S

Für die Maronencreme

300 g Maronen, Schale und dünne Innenhaut entfernt

2–3 EL brauner Reissirup (oder anderes Süßungsmittel nach Wunsch)

1 kleine Prise Meersalz

100 ml Soja- oder Mandelmilch

Für die Gin-Pflaumen

4 Handvoll Damaszenerpflaumen, längs halbiert und entsteint

50 ml Lieblingsgin

2 EL unraffinierter brauner Zucker

4 breite Streifen Bio-Orangenschale

Zum Garnieren

3 EL gehackte geröstete Mandeln

SO GEHT'S

Für die Gin-Pflaumen die Pflaumen in einer großen Schüssel mit Gin, Zucker und Orangenschale vermengen. Wenn der Zucker völlig gelöst ist, mindestens 2 Stunden (am besten über Nacht) im Kühlschrank ziehen lassen (den Pflaumen-Gin am nächsten Abend trinken).

Die Maronen in einem kleinen Topf mit 500 ml Wasser rund 20 Minuten kochen, bis sie weich sind. Abgießen und im Mixer mit Sirup, Salz und Milch zu einer glatten Creme mixen.

Die Maronencreme auf kleine, weite Gläser verteilen (sie sollten etwa zu einem Drittel gefüllt sein). Die Gin-Pflaumen darauf anrichten und mit gehackten Mandeln bestreuen.

Geröstete Ananas mit Gewürz-Karamellsirup & Limettenjoghurt

FÜR VIER BIS SECHS

Klingt kompliziert, ist aber ein Kinderspiel! Geröstete Ananas teleportieren mich immer sofort in die Karibik. Ich habe ihnen noch ein wenig leckeres Beiwerk verpasst, aber die karamellisierte Ananas bleibt der Star. Ich grille meine Ananas gerne am Anfang des Grillfests, wenn der Grill noch sauber ist. Der gewürzte Karamell veredelt das Gericht im Ofen noch. Die Ananas ist wunderbar süß und passt perfekt zu Limettenjoghurt. Noch leckerer wird der Karamell übrigens mit einem guten Schluck dunklem Rum.

DAS BRAUCHT'S

1 große reife Ananas, geschält und braune Augen entfernt

Für den Gewürz-Karamellsirup

4 EL unraffinierter brauner Zucker

2 Sternanis

4 Gewürznelken

1 Zimtstange

Für den Limettenjoghurt

300 g Sojajoghurt (ungesüßt)

Saft von ½ Limette

frisch abgeriebene Schale von 1 Bio-Limette

½ EL brauner Reissirup (oder anderes Süßungsmittel nach Wunsch)

SO GEHT'S

Für den Gewürz-Karamellsirup 250 ml Wasser in einem kleinen Topf zum Kochen bringen, dann Zucker und Gewürze einrühren. Unter Rühren wallend kochen, bis die Flüssigkeit auf die Hälfte reduziert ist und ein Sirup entsteht. Abdecken und auf dem Herd warm stellen.

Die Ananas längs halbieren und den harten Strunk herausschneiden (das Messer dazu im 45-Grad-Winkel führen (das muss nicht sein, der etwas holzige Strunk stört einige Menschen aber). Die Ananas in 1 cm dicke halbe Ringe schneiden.

Einen Grill oder die Grillpfanne erhitzen. Die Ananasstücke auf den Grill oder in die sehr heiße Pfanne legen, sodass sie sofort rauchen und zischen. Die Stücke in eine Reihe legen und dann nicht mehr bewegen: Sie sollen hübsche Grillstreifen bekommen. Genügend Abstand lassen, um die Stücke leicht wenden zu können.

2 Minuten grillen, dann mit dem Pfannenwender mit einer raschen Bewegung lösen, denn die Ananas setzt gerne an. Anschließend mit einer Grillzange wenden – so wird man schnell zum Grillprofi. Von der anderen Seite weitere 2 Minuten grillen.

Die fertigen Ananasstücke in eine große, vorgewärmte Auflaufform legen, mit Alufolie abdecken und warm stellen. Die restlichen Stücke portionsweise grillen. Alle Ananasstücke in der Schale mit Karamellsirup beträufeln und im Ofen bei niedriger Temperatur warm stellen.

Für den Limettenjoghurt Joghurt, Limettensaft und -schale verrühren und nach Geschmack mit dem Sirup süßen. Die Ananas mit weiterem Karamellsirup beträufeln und mit einem großen Löffel Limettenjoghurt servieren.

Kokos-Vanille-Milchreis
mit Mango- & Basilikum-Kompott

FÜR VIER

Dieses Dessert kombiniert kräftige Aromen mit cremigem Milchreis und der süßesten und am himmlischsten duftenden Sauce. Reife Mangos sind nicht immer erhältlich und man sollte sie genießen, sobald sie im Geschäft auftauchen. Bio-Kokosmilch und -Vanillemark sind inzwischen fast überall erhältlich und den etwas höheren Preis allemal wert. Hat man sie einmal probiert, mag man die Billigalternativen nicht mehr haben.

DAS BRAUCHT'S

1 Dose Kokosmilch (à 400 ml)

200 g Milchreis (Rundkornreis)

400 ml ungesüßte Mandel- oder Sojamilch

3 EL brauner Reissirup (oder anderes Süßungsmittel nach Wunsch)

1 Vanilleschote

1 EL Kokosnussöl

fein abgeriebene Schale von ½ Bio-Limette

Für das Mango- & Basilikum-Kompott

1 große, reife Mango

1 große Handvoll Basilikumblätter

1 TL Limettensaft

Salz und frisch gemahlener schwarzer Pfeffer

½ TL brauner Reissirup (oder anderes Süßungs-mittel nach Wunsch)

SO GEHT'S

Für den Milchreis 3 EL Kokosmilch beiseitestellen und den Rest mit Reis, Mandelmilch und Sirup in einem Topf zum Kochen bringen. Im Auge behalten, da die Milch leicht überkocht. Sanft köcheln lassen, dann die Vanille zugeben. Dazu die Schote längs halbieren und das Mark herausschaben. Umrühren, den Deckel auflegen und unter häufigem Rühren bei schwacher Hitze 20–25 Minuten köcheln lassen. Der Reis sollte dick und weich werden.

Dann Kokosnussöl, die restliche Kokosmilch und Limettenschale einrühren, den Deckel wieder auflegen und 10 Minuten ziehen lassen. Das Kokosnussöl sorgt für Glanz und macht den Reis cremiger. Bei Bedarf mit warmem Wasser verdünnen und warm halten.

Für das Mango-Basilikum-Kompott die Mango schälen, entsteinen und das Fruchtfleisch in dünne Stifte schneiden. Die Hälfte davon plus das noch am Stein haftende Fruchtfleisch zurück-behalten. Den Rest mit Basilikum und Limettensaft im Mixer glatt pürieren. Mit Salz und Pfeffer abschmecken. Falls es mehr Süße benötigt, ½ TL Sirup ins Kompott rühren. Dann in eine Schüs-sel füllen.

Den Rest der Mangostücke in das Kompott rühren. Das Basilikumaroma verbindet sich perfekt mit der süßen Mango.

Den warmen Milchreis in flachen Schalen oder auf Desserttellern servieren und großzügig mit dem fruchtigen Kompott übergießen.

Paranuss- & Schokoladen-Dinkelplätzchen

ERGIBT 16 STÜCK

Wir alle brauchen Plätzchen, die wir jederzeit und praktisch mit geschlossenen Augen schnell zubereiten können. Gillian ist eine wunderbare Freundin und Bäckerin, die nur ein Tal weiter lebt. Die Vorstellung, ohne Eier, raffinierten Zucker und Weizenmehl zu backen, ist für viele Bäcker eher abschreckend, aber Gillian kam mit diesem Rezept um die Ecke: Es gehört zu den besten veganen Plätzchen, die ich je gegessen haben. Das Beste, was man damit machen kann, ist sie mit der Schoko-Ahorn-Eiscreme (s. S. 314) in ein Eis-Sandwich zu verwandeln. Noch leckerer ist das, wenn die Plätzchen noch leicht warm sind. Man kann die Sandwiches aber auch einfrieren. Wenn ich mich total kühn fühle, nehme ich 100 % Dinkel. Das ist dann pures Vollkorn, aber ich liebe den nussigen Geschmack von Dinkel.

DAS BRAUCHT'S

120 g Weizenmehl

140 g Dinkelmehl (oder Vollkorn-Weizenmehl)

1 TL Speisenatron

1½ TL Backpulver

1 Msp. Salz

1 TL gemahlener Zimt

200 g unraffinierter brauner Zucker

180 ml Pflanzenöl

Mark von ½ Vanilleschote

60 g vegane Zartbitterschokolade, gehackt oder klein gebrochen

1 Handvoll Rosinen, grob gehackt

1 Handvoll Paranüsse, grob gehackt

SO GEHT'S

Den Backofen auf 180 °C vorheizen.

Mehle, Natron, Backpulver, Salz und Zimt in eine Rührschüssel sieben.

In einer zweiten Schüssel braunen Zucker und Öl vermengen, dann die Vanille zugeben und vorsichtig unter die Mehlmischung ziehen. Zum Schluss Schokolade, Rosinen, Nüsse und 30 ml Wasser unterziehen. Kurz durchrühren, bis alles vermengt und gleichmäßig feucht ist. Der Teig darf ruhig klumpig sein. Falls er noch pudrig und trocken ist, etwas mehr Wasser einrühren.

Je 1 gehäuften TL Teig mit den Händen zu einer etwa tischtennisballgroßen Kugel formen. Drei Backbleche mit Backpapier auslegen und die Teigkugeln darauf verteilen (oder portionsweise backen). Mit den Fingern zu Plätzchen flachdrücken. Dabei mindestens 5 cm Platz zwischen den Plätzchen lassen, damit sie im Ofen aufgehen können.

10–12 Minuten backen und dabei das Backblech mindestens einmal rotieren. Die Plätzchen sind empfindlich, daher im Auge behalten – sie zeigen genau, wo der Ofen heißer wird! Die Plätzchen herausnehmen, wenn sie gerade fest werden. Sie garen während des Abkühlens weiter und werden wunderbar knusprig.

Nun liegt ein köstliches Plätzchen-Nirwana vor Ihnen. Sie sind noch etwas weich, wenn sie den Ofen verlassen, müssen also noch ein paar Minuten abkühlen. Die fest gewordenen 10 Minuten auf einem Kuchengitter abkühlen lassen, dann verschlingen.

Möhren-Halwa mit Orange & Pistazie

FÜR VIER BIS SECHS

Halwa ist eines dieser internationalen Gerichte, dessen Erfindung unzählige Länder, von Griechenland bis Indien, für sich beanspruchen. Es ist sehr einfach und superbeliebt. Meist wird es mit Hartweizengries gemacht, ich verwende hier aber Möhren (es geht auch mit Roter Bete). Dem Geschmack tut dies keinen Abbruch und es ist so cremig, dass man kaum glaubt, dass es vegan ist. Orangenblütenwasser ist optional, aber wer es hat, gibt ein wenig hinein und genießt diesen wahnsinnigen Duft, den es verströmt. Es verleiht allem ein unübertroffenes Zitrusaroma. Für besondere Gelegenheiten gebe ich eine Prise Safran in die köchelnde Milch – für den Extra-Touch Luxus!

DAS BRAUCHT'S

600 g Möhren, geschrubbt und fein gerieben

700 ml ungesüßte Mandelmilch

10 Kardamomkapseln (Samen ausgelöst und im Mörser zermahlen)

4 EL unraffinierter brauner Zucker (oder Jaggery für die perfekte indische Note)

1 große Handvoll Pistazien, grob gehackt

1 Handvoll getrocknete Aprikosen, grob gehackt

2 EL Mandelbutter

1–2 TL Orangenblütenwasser (nach Geschmack)

Zum Garnieren

1 Handvoll Pistazien oder Granatapfelkerne (nach Belieben)

SO GEHT'S

Möhren und Mandelmilch in einem schweren Topf aufkochen, die Hitze reduzieren und unter regelmäßigem Rühren 45 Minuten sanft köcheln lassen. Den Kardamom einrühren und weitere 10 Minuten köcheln lassen, dann den Zucker einrühren. Sobald der Großteil der Milch verkocht ist, Pistazien, Aprikosen, Mandelbutter und Orangenblütenwasser zugeben. Gründlich einrühren und weitere 5 Minuten köcheln lassen.

Ich serviere Halwa gerne warm in kleinen Schalen (es ist ziemlich mächtig) und mit Pistazien oder Granatapfelkernen bestreut. Es schmeckt aber auch gut kalt aus dem Kühlschrank. Sie können es auf einem quadratischen Backblech verstreichen, nach dem Auskühlen ein paar Stunden im Kühlschrank kalt stellen und wie in Indien in kleine Stücke geschnitten servieren!

Apfel- & Whisky-Marmeladen-Tarte

FÜR EINE GROSSE TARTE

Dies ist die einfachste und leichteste Tarte, die ich kenne. Darum zeige ich sie Ihnen. Sie ist das perfekte Dessert für die Dinner-Party: beeindruckende Optik, aber supereinfach zu machen. Ich liebe alte Apfelsorten wie Ananasrenette, Arlewatt oder auch Brettacher und ich finde es toll, dass diese alten Sorten gerade überall ein Comeback feiern. Sie benötigen für dieses Rezept eine feste, leicht saure Sorte, die nicht zu Mus verkocht.

DAS BRAUCHT'S

1 Blatt Blätterteig (am einfachsten ist Tiefkühlteig)

3 EL Orangenmarmelade ohne Schale

1–2 EL Whisky (kein Malt Whisky – zum Kochen niemals Malt!)

4–5 Äpfel (600–800 g), entkernt

1 EL Weizenmehl, plus Mehl zum Bestäuben

70 g unraffinierter brauner Zucker

1 kleine Prise Meersalz

SO GEHT'S

Den Blätterteig über Nacht im Kühlschrank oder einige Stunden auf einem Teller bei Zimmertemperatur auftauen.

Die Marmelade bei schwacher Hitze in einem Topf mit dem Whisky zu einem Sirup verrühren, dann vom Herd nehmen.

Den Blätterteig auf einer leicht bemehlten Arbeitsfläche 30 × 35 cm groß ausrollen. Die Ränder gerade abschneiden und den Teig auf ein mit Backpapier ausgelegtes Backblech legen. Mit einem scharfen Messer rundum einen 2 cm breiten Rand anreißen und das Innere sanft mit einer Gabel flachdrücken. Den Boden mehrfach mit einer Gabel einstechen. 10–20 Minuten in den Kühlschrank legen.

Den Backofen auf 220 °C vorheizen und den Blätterteig backen, bis er gerade aufgeht und goldgelb ist.

Die Äpfel längs halbieren und nicht schälen. Dann in 5 mm dünne Spalten schneiden und zuerst in Mehl, dann in Zucker und Salz wenden.

Die Apfelspalten in Reihen innerhalb des Teigrands anordnen. Den Rand mit ein wenig Whisky-Marmeladenglasur bestreichen, dann mit Alufolie abdecken und im Backofen 15–20 Minuten (je nach Apfelsorte) backen, bis die Äpfel weich sind.

Die Tarte am Ende mit reichlich Whisky-Marmeladenglasur bepinseln und 15 Minuten abkühlen lassen.

Die Tarte am besten mit einer Kugel veganem Vanilleeis (ja, das gibt es!) servieren.

Schoko-Bete-Brownies

FÜR SECHS BIS ACHT

Diese superreichhaltigen Brownies sind recht dicht und enthalten extra viel Schokolade. Ich gebe gerne zusätzlich noch klein gehackte Trockenpflaumen hinein, aber auch andere Trockenfrüchte wie Kirschen, Heidelbeeren oder Rosinen passen hier super. Brownies sind ein seltsames Gebäck: Sie sehen unfertig aus, sind es aber nicht. Man braucht ein wenig Erfahrung, um sie genau richtig hinzubekommen. Grundsätzlich sind sie bei der Stäbchenprobe aber viel feuchter als andere Kuchen. Ich empfehle, sanft draufzudrücken. Hat der Brownie eine gute Kruste gebildet und federt leicht zurück, ist er perfekt.

DAS BRAUCHT'S

300 g sehr dunkle vegane Schokolade

150 ml leichtes Pflanzenöl

200 g Seidentofu

200 g unraffinierter brauner Zucker

125 g Rote Bete, fein gerieben

60 g Trockenpflaumen, eingeweicht und fein gehackt

100 g Walnusskerne, grob gehackt

125 g Weizenmehl

SO GEHT'S

Einen Topf halb mit Wasser füllen und zum Kochen bringen. Vom Herd nehmen und eine Schüssel daraufsetzen – sie darf das Wasser nicht berühren. Schokolade und Öl hineingeben und die Schokolade unter Rühren schmelzen. Dann beiseitestellen und auf Zimmertemperatur abkühlen lassen.

Den Backofen auf 190 °C vorheizen und ein 27 × 17 cm großes Backblech einölen und mit Backpapier auslegen.

Tofu und Zucker in einer Schüssel verquirlen. Mit dem Palettenmesser die Schokolade unterziehen, dann Rote Bete, Pflaumen und Walnüsse einarbeiten. Zum Schluss vorsichtig das Mehl unterziehen, bis alles gerade vermengt ist.

Den Teig auf das Backblech geben und mit dem Palettenmesser glatt streichen. Auf mittlerer Schiene 25–30 Minuten backen.

Auf dem Backblech etwas abkühlen lassen, dann herausheben, in Quadrate schneiden und auf ein Kuchengitter setzen. Brownies sollten innen schön feucht sein, werden aber beim Abkühlen fester. Auf der Mitte sollte sich eine leichte Kruste gebildet haben und der Rand sollte knusprig sein, dann ist es perfekt!

Am besten warm mit veganem Vanilleeis und Beerenkompott servieren.

Schoko-Ahorn-Eiscreme

FÜR VIER BIS SECHS

Ich habe noch nie eine Eiscrememaschine besessen und werde mir wohl auch keine mehr zulegen. Also brauche ich eine andere Methode, um leckeres Eis zu machen. Frances, unsere Rezepttesterin, hat uns da sehr geholfen. Vegane Eiscreme übertrifft meist alle Erwartungen. Man muss nur wenig rühren und es braucht eine gute dicke Schüssel. Eine fettarme Eiscreme ist dies zwar nicht, aber eine mit guten Fetten. Die Art von Fetten, die das Wohlbefinden steigern und die der Körper liebt – und braucht. Guter Ahornsirup und Kokosnussöl sind nicht ganz billig, aber sie sind jeden Cent wert.

DAS BRAUCHT'S

480 ml Mandelmilch

140 g Pekannüsse, 2 Stunden eingeweicht

120 ml Ahornsirup

100 ml brauner Reissirup

Mark von 1 Vanilleschote

80 g Kakaopulver

3 EL Kokosnussöl

Für das Topping

3 EL zerstoßene geröstete Mandeln

1 Handvoll klein geschnittenes Obst der Saison

SO GEHT'S

Alle Zutaten mit Ausnahme des Kokosnussöls im Mixer glatt pürieren. Das Kokosnussöl in einem kleinen Topf erhitzen, bis es geschmolzen ist, dann bei laufendem Motor in den Mixer träufeln und einarbeiten. Abschmecken, ob die Mischung süß genug ist, dann noch einige Minuten locker und luftig mixen.

Die Eiscrememischung in eine dicke Auflaufform aus Glas füllen und mit Frischhaltefolie abgedeckt ins Gefrierfach stellen. Sobald sie gefroren ist, herausnehmen und 20 Minuten antauen, bis sie gerade weich wird. In die große Rührschüssel der Küchenmaschine oder in den Mixer geben und glatt rühren. Aber nicht zu lange rühren, damit die Masse nicht wieder flüssig wird. Die Eiscreme wieder ins Gefrierfach geben und 3–4 Stunden gefrieren.

Die Eiscreme mindestens 20 Minuten vor dem Servieren herausholen, da sie sonst sehr hart ist.

Mit zerstoßenen Mandeln und Obst bestreut servieren. Mit Mandelcreme (s. S. 320) beträufelt wird daraus ein köstlicher Sundae.

Rohe Gewürzapfel-Dattel-Pie

ERGIBT ACHT BIS ZEHN GROSSE STÜCKE

Jeden Sommer unternehmen Jane und ich einen Monat lang ein Rohkostabenteuer, das wir »Raw Earth Month« (Rohe-Erde-Monat) nennen. Diese Pie ist absolut roh und super-gesund. Außerdem ist sie schnell gemacht und man muss nur den Mixer bedienen und etwas verstreichen können. Backen oder Teigkneten sind nicht nötig. Hier gibt es den vollen Geschmack der traditionellen Apple Pie, nur in anderem Gewand. In einem Stück dieser Pie verstecken sich mehr Nährstoffe als in so manchem Hauptgericht. Wir haben sie auch schon mit Birnen zubereitet. Macadamia- und Pekannüsse ergeben einen tollen Boden, aber auch Cashewkerne und Walnüsse sind eine geniale Kombi.

DAS BRAUCHT'S

Für die Kruste

200 g Macadamianüsse oder Cashewkerne

150 g Pekannüsse oder Walnusskerne

50 g Datteln

1 große Prise Meersalz

Für die Füllung

150 g getrocknete Äpfel, grob gehackt

480 ml Apfelsaft

375 g Äpfel (etwa 3 oder 4 Stück)

1 EL Zitronensaft

8 große dicke Datteln (Medjoul-Datteln sind perfekt), eingeweicht

½ TL gemahlener Zimt

1 große Prise frisch geriebene Muskatnuss

Mark von ½ Vanilleschote

1 EL Ahornsirup

1 kleine Prise Meersalz

Für das Topping

90 g Pekannüsse oder Walnusskerne, fein gehackt

4 große Datteln, entsteint und fein gehackt

1 Msp. Vanillemark

1 große Prise gemahlener Zimt

SO GEHT'S

Für die Füllung die getrockneten Äpfel 1 Stunde in Apfelsaft quellen lassen.

Für die Kruste alle Zutaten im Mixer grob streuselig zerkleinern. Zwischendurch alles wieder zusammenschieben. Der Teig ist fertig, wenn er zwischen den Fingern klebt. Die Nussfette werden beim Zerkleinern nach und nach freigesetzt. Den Teig mit den Händen auf dem Boden einer 23-cm-Springform verteilen und leicht andrücken. Am Rand mit einem Löffel andrücken, damit es sauber aussieht. Den Boden 1 Stunde im Kühlschrank fest werden lassen.

Die Trockenäpfel abtropfen und die frischen Äpfel entkernen und ungeschält in kleine Stücke schneiden. Sofort in Zitronensaft wenden, damit sie nicht braun werden. Die Hälfte der frischen Äpfel mit Datteln, Zimt, Muskat, Vanille, Ahornsirup und Salz im Mixer glatt pürieren. Ein wenig Apfelsaft von den Trockenäpfeln zugießen, um die Masse anzudicken. Die restlichen frischen und die Trockenäpfel einrühren und die Füllung auf dem Boden verteilen.

Für das Topping Pekannüsse, Datteln und Vanille in einer Schüssel vermengen und gleichmäßig auf dem Kuchen verstreichen. Mit Zimt bestäuben.

Abdecken und 1 Stunde im Kühlschrank kalt stellen. Vorsichtig schneiden und zimmerwarm servieren.

Rhabarber-Erdbeer-Schichtdessert mit Mandel-Buchweizen-Crumble

FÜR VIER BIS SECHS

In dieser köstlichen veganen geschichteten Version eines Crumbles wird Buchweizen statt des traditionellen Weizenmehls verwendet. Das Dessert ist wunderbar leicht und unverschämt gesund. Der köstlich nussige Buchweizen ist perfekt für Crumble. Ich wärme ihn gerne in der Pfanne an, wo man ihn gut im Auge behalten und leichter rühren kann. Ich habe hier den Rhabarber in Rosé pochiert, Weiß- oder Rotwein eignen sich aber genauso gut. Die Dessertgläser sollten hoch und nicht zu weit sein, damit die geschichteten Köstlichkeiten perfekt zur Geltung kommen. Überschüssigen Crumble kann man in einem luftdichten Behälter im Kühlschrank lagern und morgens als Müsli essen.

DAS BRAUCHT'S

Für den Rhabarber

- 700 g Rhabarber, in 2,5-cm-Würfel geschnitten
- 200 g unraffinierter brauner Zucker
- 1 Sternanis
- 4 grüne Kardamomkapseln, im Mörser zerstoßen
- 300 ml Rosé (vegan)
- 220 g Erdbeeren

Für den Crumble

- 2 EL Pflanzenöl
- 200 g Buchweizen
- 1 ½ EL Buchweizen- oder Vollkorn-Weizenmehl
- 75 g unraffinierter brauner Zucker
- 1 Msp. gemahlener Zimt
- 3 EL Mandelblättchen

Für die Vanillecreme

- 300 g Seidentofu
- 2 große Handvoll Cashewkerne, 2 Std. eingeweicht
- 1–2 EL brauner Reissirup (oder anderes Süßungsmittel nach Wunsch)
- Mark von ½ Vanilleschote

Zum Garnieren

- 1 Stängel frische Minze
- frische Erdbeerscheiben

SO GEHT'S

Für den Crumble das Öl bei mittlerer bis hoher Temperatur in einer großen Pfanne erhitzen und den Buchweizen unter regelmäßigem Rühren 15–20 Minuten darin rösten. Je dunkler die Farbe, desto tiefer der Geschmack.

Den Rest der Crumblezutaten in die Pfanne geben und weitere 15 Minuten rösten. Der Zucker löst sich und verklebt mit Buchweizen und Mandeln, sodass alles wunderbar karamellisiert. Falls die Krümelmasse zu trocken ist, ein wenig mehr Öl einrühren. Ist sie zu ölig, ein wenig mehr Mehl einrühren. Der Buchweizen sollte knusprig, karamellisiert und leicht sein. Auf einem großen Teller abkühlen lassen.

Den Rhabarber mit 180 g Zucker, Sternanis, Kardamom und Rosé in einem kleinem Topf zum Kochen bringen, abdecken und 8–10 Minuten köcheln lassen, bis der Rhabarber weich ist, aber noch nicht zerfällt. Abschmecken und bei Bedarf ein wenig mehr Zucker einrühren.

Den Rhabarber mit dem Schaumlöffel herausheben und die Flüssigkeit etwa um die Hälfte reduzieren, bis ein Sirup entsteht. Kardamomkapseln und Sternanis herausnehmen. Den Sirup abkühlen lassen und den Rhabarber wieder hineingeben.

Für die Vanillecreme den Tofu mit Cashews, Reissirup und Vanille im Mixer glatt pürieren. Abschmecken und, falls nötig, nachsüßen.

Jetzt wird geschichtet: Die Erdbeeren in dünne Scheiben schneiden. Etwas Rhabarber mit einem großzügigen Löffel Rhabarbersirup auf den Boden der Gläser geben und mit einer Schicht Vanillecreme bedecken. Darauf eine Schicht Crumble geben und mit Erdbeeren bestreuen. Diese Schichtung mindestens ein zweites Mal wiederholen.

Die Gläser an warmen Tagen in den Kühlschrank stellen und kalt mit den Erdbeerscheiben und ein wenig frischer Minze garniert servieren.

Double-Chocolate-Cake
mit Mandelcreme & Himbeeren

ERGIBT ACHT GROSSE STÜCKE

Dieser Schokokuchen ist leicht und hat Biss – so mag ich ihn. Ich verwende dafür gerne Olivenöl, da ich finde, dass die Bitternote des Kakaos und die Säure der Oliven gut zusammenpassen. Olivenöl ist wahrscheinlich das Letzte, was man in einem Schokokuchen vermuten würde, aber es passt gut zu Desserts, glauben Sie mir! Verwenden Sie einfach Beeren der Saison. Mir sind Himbeeren am liebsten, weil sie so hübsch aussehen, aber Brombeeren sind ebenfalls gut. Hacken Sie die Schokolade nicht zu klein – die Stückchen sind doch toll.

DAS BRAUCHT'S

150 g unraffinierter brauner Zucker

220 g Weizenmehl

50 g Kakaopulver

80 g sehr dunkle vegane Schokolade, in kleine Stücke gehackt

1 gehäufter TL Backpulver

1 TL Meersalz

75 ml mildes Olivenöl

1 EL Apfelessig

Für die Mandelcreme

80 g Mandeln, über Nacht in Wasser eingeweicht und aus den braunen Häuten gedrückt

75 ml ungesüßte Mandel- oder Sojamilch

100 ml mildes Olivenöl

2 TL Bio-Mandelextrakt

2 EL brauner Reissirup (oder anderes Süßungsmittel nach Wunsch)

Für das Topping

2 Handvoll frische Himbeeren (oder andere Beeren)

2 EL gehackte Pistazien

SO GEHT'S

Den Backofen auf 180 °C vorheizen. Zucker, Mehl, Kakao, Schokolade, Backpulver und Salz mit dem Holzlöffel in einer Rührschüssel vermengen. Olivenöl, Essig und 250 ml Wasser nach und nach unter ständigem Rühren einarbeiten, bis ein Teig entsteht. Nicht zu stark schlagen.

Den Teig in eine geölte und mit Backpapier ausgelegte 9 cm hohe 24-cm-Springform geben und 25–30 Minuten backen, bis an einem hineingesteckten Holzstäbchen kaum noch feuchter Teig kleben bleibt. Auf einem Kuchengitter abkühlen lassen.

Für die Mandelcreme die Mandeln im Mixer glatt pürieren. Zwischendurch die Wände mehrfach sauber schaben. Die Milch einträufeln und weiter rühren, bis eine dünne Creme entsteht, dann nach und nach das Öl einträufeln, bis die Creme andickt. Mandelextrakt und Sirup einrühren. Abschmecken und, falls nötig, nachsüßen. Die Creme sollte die Konsistenz von fester Schlagsahne haben, sodass sie sich auf dem Kuchen verstreichen lässt.

Den fast abgekühlten Kuchen mit einer dicken Schicht Mandelcreme bestreichen. Herablaufende Creme trägt nur zur Optik des Kuchens bei! Die Beeren auf dem Kuchen verteilen. Ich richte sie gerne am Rand entlang an. Sehr dekorativ wirkt aber bestimmt auch ein Mosaik aus gemischten Beeren. Zum Schluss als absolutes Highlight die Pistaziensplitter darüberstreuen.

Saucen, Dressings, Toppings & andere Dinge

Etwas Cremiges, etwas Süßes, etwas Scharfes und alles absolut einzigartig! Hier tauchen wir ein in die schwarze Magie der Saucenzubereitung und stellen fest, dass es eigentlich ganz einfach ist, wenn man ein paar Techniken beherrscht. Das Geheimnis, das um Saucen gemacht wird, hat mich immer erstaunt. Ein wunderbarer Vorteil veganer Saucen ist, dass man für eine einfache Sauce nicht mit großen Mengen an Butter oder Mehl hantieren muss. Wir halten uns – wie üblich – einfach an unsere Küchenmaschine und an Tofu oder Nüsse.

Eine gute Küchenmaschine oder ein leistungsstarker Mixer machen Pürees und Saucen sehr viel glatter. Wer keinen Mixer hat, sollte ihn vielleicht auf seine Wunschliste setzen.

Wenn ich mir diese Fülle an würzigen Leckereien ansehe, ist veganes Essen die köstliche Zukunft – ich wüsste nicht, was es sonst sein sollte! Hier können wir unseren Gerichten lebhafte Farben und Geschmacksnoten zur Seite stellen – wie ein bunter Schal in einem Hagelsturm, den man auch noch essen kann.

In diesem Kapitel eröffnen wir uns den Weg zu leuchtend bunten Tellern voller pflanzlicher Genüsse. Beiwerk macht nun mal das Leben schöner.

Mango-Barbecuesauce
ERGIBT EINE GROSSE SCHÜSSEL

Klebrig, aromatisch und saftig, wie die besten aller Barbecuesaucen. Frische Mango setzt bei dieser Sauce deutlich noch einen drauf. Sie klammert sich beim Braten liebevoll an Tofu, Seitan oder Tempeh und passt wundervoll zu allen Grillgerichten. Dieser würzige Gaumenkitzler wird immer dicker und klebriger, je länger er gekocht wird.

½ EL Pflanzenöl

1 kleine Zwiebel, fein gewürfelt

2 Knoblauchzehen, geschält und zerdrückt

1 Stück Ingwer (1 cm), geschält und gerieben

½ TL gemahlener Koriander

½ TL geräuchertes Paprikapulver

100 ml Gemüsebrühe

1 Sternanis

1 große reife Mango, geschält, entsteint und in Stücke geschnitten

1½ EL Tamari

1½ EL Tomatenmark

1½ EL helle Zuckerrohrmelasse oder Ahornsirup

frisch abgeriebene Schale von 1 Bio-Limette

Das Öl bei mittlerer Temperatur in einem kleinen Topf erhitzen und die Zwiebel 10–12 Minuten darin karamellisieren. Knoblauch und Ingwer zugeben und weitere 2 Minuten rösten. Koriander, Paprika und Brühe einrühren. Dann Sternanis, Mango, Tamari, Tomatenmark und Melasse zugeben. Aufkochen, abdecken, die Temperatur reduzieren und 10 Minuten köcheln lassen. Umrühren, 10 Minuten köcheln, umrühren, 10 Minuten köcheln, erneut umrühren. Abschmecken und, falls nötig, nachsüßen oder -salzen.

Die Sauce leicht abkühlen lassen und den Sternanis entfernen. Im Mixer (oder mit dem Stabmixer) in kurzen Stößen stückig pürieren. Es sollen noch schöne Mangostücke übrig sein. Die Limettenschale einrühren.

Chipotle- & Blumenkohl-Käsesauce
FÜR VIER

Ich habe kurze Zeit im mexikanischen Hochland gelebt, wo der Markt des kleinen Örtchens riesige Haufen von Chilischoten in allen Farben und Formen bot – und ich habe sie alle probiert! Die Chipotle ist aber etwas Besonderes. Sie wird auch bei uns immer beliebter und verleiht allem eine unverwechselbar mexikanische Note. Der köstliche und einzigartige Geschmack mexikanischer Gerichte stammt normalerweise von dieser wunderbar geräucherten Chilischote.
Diese Sauce ist fast ein eigenständiges Gericht – man wirft einfach etwas gedünstetes Gemüse hinein – fertig! Sie bietet alles, was Blumenkohl mit Käsesauce so lecker macht, und peppt es mit sinnlich-rauchigen mexikanischen Aromen auf. Die Sauce ist universell einsetzbar: als Dip, über geröstetes Gemüse geträufelt, als Gratin- oder auch als Pastasauce. Reste lagere ich im Kühlschrank und überbacke dann Brot damit. Ich dicke sie gerne mit Kartoffeln an, aber für eine leichtere Version nimmt man einfach Stärkemehl.

650 ml Gemüsebrühe

½ großer Blumenkohl, in kleine Stücke geschnitten (inklusive Strunk)

1 große Kartoffel, geschält und gewürfelt

3 Knoblauchzehen, geschält und zerdrückt

1 Zwiebel, fein gewürfelt

2 Selleriestangen, fein gewürfelt

2 große getrocknete Chipotle-Chilischoten oder ½ TL geräuchertes Paprikapulver

½ TL gemahlene Kurkuma

½ TL Senfpulver

2 EL Hefeflocken (s. S. 30)

½ EL Zitronensaft

Meersalz (nach Geschmack)

1 EL Olivenöl (oder Cashewbutter, wenn es etwas reichhaltiger sein darf)

(Forts.) ➡

Die Brühe in einem Topf aufkochen. Blumen-kohl, Kartoffel, Knoblauch, Zwiebel, Selle-rie, Chili (oder Paprikapulver) und Kurkuma zugeben. Abdecken, die Temperatur auf mittlere bis schwache Hitze reduzieren und 30 Minuten köcheln lassen, bis die Kartoffel sehr weich ist.

Alles im Mixer (oder mit dem Stabmixer) mit Senfpulver und Hefeflocken zu einer dicken Sauce pürieren.

Wieder in den Topf geben, mit Zitronensaft und Salz nach Geschmack würzen und unter gelegentlichem Rühren sanft aufkochen. 10 Minuten köcheln und eindicken lassen.

Öl (oder Cashewbutter) einrühren und warm servieren.

Macadamia-Senfsauce
ERGIBT EINE KLEINE SCHÜSSEL

Eine dekadente Sauce mit leckerer Senf-schärfe. Der Trick ist, die Nüsse so lange zu zerkleinern, dass sie wirklich cremig weich werden. Sie passt perfekt zum Auberginen-Tomaten-Nuss-Schmortopf (s. S. 197).

2 TL Raps- oder Olivenöl

½ weiße Zwiebel, in feine Streifen geschnitten

2 große Handvoll Macadamianüsse,
4 Stunden eingeweicht

2½ TL Apfel- oder Weißweinessig

½–1 EL Senfpulver (nach Geschmack)

1½ TL brauner Reissirup (oder anderes Süßungs-mittel nach Wunsch)

½ TL Meersalz

125 ml Gemüsebrühe oder Wasser

Das Öl bei mittlerer Temperatur erhitzen und die Zwiebel 6–8 Minuten darin andüns-ten. Mit Macadamianüssen, Essig, Senfpul-ver, Sirup und Salz im Mixer glatt pürieren. Nach und nach die Brühe einträufeln, bis eine dicke Sauce entsteht. Weitermixen, bis die Sauce sämig ist. Wieder in den Topf

(Forts.) ➡

geben und durchwärmen, aber nicht kochen. Die Senfsauce sollte die Konsistenz dicker Schlagsahne haben.

Tomaten-Majoran-Sauce
ERGIBT EINE KLEINE SCHÜSSEL

Ich liebe Majoran – er gedeiht, wo andere Kräuter verdorren. In Wales vermehrt er sich wie Unkraut und er passt wunderbar zu allen Saucen mit mediterranem Touch. Diese Sauce ist perfekt für Pasta oder auf Ciabatta oder Bruschetta. Man kann Tomaten prima selbst »sonnentrocknen«, indem man sie auf niedrigster Stufe bei geöffneter Ofentür über Nacht im Backofen lässt. Das ist zwar etwas Energieverschwendung, schmeckt aber köst-lich, und je stärker die Tomaten schrumpfen, desto aromatischer werden sie. Ich habe einen Dörrautomaten, sodass ich die som-merliche Tomatenschwemme dörren und dann mit köstlichsten Ölmarinaden experi-mentieren kann. Es braucht ein wenig Zeit, aber wie so oft beim Kochen wird man später mit den besten Ergebnissen belohnt.

50 ml natives Olivenöl extra

4 Knoblauchzehen, geschält und zerdrückt

½ TL Fenchelsamen

40 g Sonnenblumenkerne, über Nacht in Wasser eingeweicht

2 reife Tomaten, grob gehackt

125 g sonnengetrocknete Tomaten mit ihrem Öl, grob gehackt

½ Handvoll frische Majoranblätter oder
1 TL getrockneter Majoran

frisch zerstoßener schwarzer Pfeffer und Meersalz nach Geschmack

Das Öl bei niedriger Temperatur in einem Topf erhitzen und den Knoblauch 1 Minute darin andünsten, ohne ihn zu bräunen. Fen-chel, Sonnenblumenkerne, Tomaten und ge-trocknete Tomaten zugeben.

(Forts.) ➡

2 Minuten durchwärmen, dann den Majoran einrühren, abdecken, vom Herd nehmen und ziehen lassen. Abgekühlt in den Mixer geben, salzen und pfeffern und glatt mixen. Die Sauce sollte seidig glänzen und kann kalt oder warm serviert werden.

Cremige Cashew-Käsesauce
FÜR VIER BIS SECHS

Eine traumhaft vielseitige laktose- und glutenfreie »Käsesauce«. Sie ist ideal für den Blumenkohl-Cashew-Auflauf (s.S. 277). Ich bin ein absoluter Senf-Fan und gebe daher gerne einen ganzen Teelöffel Senfpulver in die Sauce, aber das kann ja jeder halten, wie er lustig ist. Fangen Sie einfach mit einem halben Teelöffel an.

120 g rohe Cashewkerne, eingeweicht und abgetropft
2 EL Stärkemehl
1 TL Zitronensaft
3 EL Hefeflocken (s.S. 30)
1 große Prise gemahlene Kurkuma (oder genug für eine schöne gelbe »Käsefarbe«)
1 große Prise Meersalz
½ TL Senfpulver (nach Geschmack)
240 ml ungesüßte Mandel- oder Sojamilch

Die Cashewkerne im Mixer glatt pürieren, bis sie an cremige Erdnussbutter erinnern. Zwischendurch die Wände des Mixers mehrfach sauber kratzen und die Masse zusammenschieben.

Das Stärkemehl in mehreren Intervallen einarbeiten, dann die restlichen Zutaten zugeben und die Milch nach und nach einträufeln. Zu einer dicken Sauce pürieren. Bei Bedarf etwas Wasser zugeben. Die Sauce kann kalt oder warm genossen werden, sie darf aber nicht kochen!

Superheldendressing
FÜR VIER BIS SECHS

Der ideale Begleiter für den Superhelden-Sprossensalat (s.S. 122). Jede einzelne Zutat ist alleine schon ein Superheld, zusammen ergeben sie einen Salat voller Supergenuss.

1 Stück Ingwer (2,5 cm), geschält und fein gerieben
1 Knoblauchzehe, geschält und gerieben
4 EL Olivenöl
½ EL geröstetes Sesamöl
1–2 EL Apfel- oder Weißweinessig
1 EL helle Misopaste (Shiro Miso)
½ EL brauner Reissirup
Tamari (nach Geschmack)

Alle Zutaten bis auf die Tamari im Mixer zerkleinern. Mit Ingwer und Knoblauch beginnen. Bei Bedarf mit etwas Wasser verdünnen. Die Tamari nach Geschmack zugeben (die Misopaste kann sehr salzig sein). Falls nötig, etwas mehr Essig zugeben.

Feys Petersilien-Zitronen-Dressing
FÜR VIER BIS SECHS

Fey ist ein umwerfend liebenswerter Mensch. Als ich ihr einige Rezepte schickte, die sie mit ihren Chicas (sie lebt im spanischen Murcia) testen sollte, mochte sie alle, bis auf das »ekelige« Dressing. Dann kam sie mit diesem hier um die Ecke, das wunderbar zum Mediterranen Tofu-Tostada passt (s.S. 110).

1 Knoblauchzehe
1 große Prise Meersalz
1 Handvoll glatte Petersilie, gehackt
Saft von 1 Zitrone
1 TL Dijonsenf
½ EL brauner Reissirup (oder anderes Süßungsmittel nach Wunsch)
150 ml natives Olivenöl extra
Meersalz und schwarzer Pfeffer (nach Geschmack)

(Forts.) ➡

Den Knoblauch im Mörser mit Salz und Petersilie zu einer Paste zerreiben. Dann Zitronensaft, Senf und Reissirup einrühren. Das Öl nach und nach einträufeln und verquirlen, bis das Dressing die richtige Konsistenz hat. Mit Salz und Pfeffer abschmecken.

Himbeerdressing
FÜR VIER BIS SECHS

Schon allein hierfür lohnt sich der Kauf von Himbeeressig, denn etwa zum Rote-Bete-Apfel-Himbeer-Salat (s. S. 125) ist es einfach perfekt.

2 EL Himbeeressig
1–2 EL Apfeldicksaft (s. S. 28)
4 EL Olivenöl
1 TL Meersalz

Einfach alle Zutaten in einer Schüssel verquirlen.

Granatapfeldressing
FÜR VIER BIS SECHS

Es passt hervorragend zum Taboulé mit Blumenkohl & Puy-Linsen (s. S. 112). Granatapfelsirup ist sehr vielseitig und man kann damit Dressings und Salate ganz leicht aufpeppen.

4 EL Olivenöl
2 EL Granatapfelsirup oder
Saft von 1 großen Zitrone
fein abgeriebene Schale von ½ Bio-Zitrone
1 Knoblauchzehe, geschält und zerdrückt
1 kleine Prise getrocknete Minze
1 kleine Prise Meersalz
½ TL zerstoßener schwarzer Pfeffer

Einfach alle Zutaten in einer Schüssel verquirlen.

Selbst gemachter Ketchup
ERGIBT EINE KLEINE SCHÜSSEL

Dieser Ketchup schmeckt viel besser als gekaufter und ist viel gesünder. Ich fühle eine Art selbstzufriedene Genugtuung, wenn ich vegane Versionen für beliebte Standardzutaten zubereite – besonders, wenn sie so viel Gutes enthalten. Der Körper liebt diesen Ketchup, die Geschmacksknospen lieben ihn und Süßkartoffelfritten lieben ihn ebenfalls. Handelsüblicher Ketchup steckt voller Zucker, daher mögen Kinder ihn so. Dieser selbst gemachte Ketchup setzt auf natürlichen Zucker und Nüsse – ein Rezept, an dem alles stimmt. Am besten gründlich mixen.

1 große Handvoll Cashewkerne oder Macadamianüsse, 2 Stunden oder über Nacht eingeweicht
2 Handvoll sonnengetrocknete Tomaten, grob gehackt
2 EL Apfel- oder Weißweinessig
1 Knoblauchzehe, geschält und zerdrückt
1 reife Tomate, grob gehackt
1 TL edelsüßes Paprikapulver
4 EL Olivenöl
1–2 TL Tamari (nach Geschmack)
3 große Datteln (in Wasser eingeweichte Medjoul-Datteln sind ideal), entsteint, oder 4–5 getrocknete Aprikosen
100 ml Wasser (am besten das Einweichwasser der Datteln)

Alle Zutaten mit Ausnahme des Wassers im Mixer pürieren. Nach und nach das Wasser einträufeln, bis ein dicker, glatter Ketchup entsteht. In einem Schraubglas im Kühlschrank hält er sich 1–2 Wochen.

Estragon-Aioli
ERGIBT EINE GROSSE SCHÜSSEL

Die Aioli passt hervorragend zum Champignon-Pekan-Burger (s. S. 244). Die Macadamianüsse lassen sich gut durch Sonnenblumenkerne ersetzen. Das typisch französische Kraut Estragon gibt eine süße Anisnote.

(Forts.) ➡

140 g rohe Macadamianüsse,
über Nacht eingeweicht

1 Handvoll frische Estragonblätter

½ EL Olivenöl

2 EL Zitronensaft

2 Knoblauchzehen, geschält und zerdrückt

1 große Prise Meersalz

Alle Zutaten mit 60 ml Wasser im Mixer glatt pürieren. Bei Bedarf nach und nach zusätzliches Wasser einträufeln, um die Aioli etwas zu verdünnen.

Pilz-, Lauch- & Thymian-Sauce
FÜR VIER BIS SECHS

Diese Sauce bereite ich normalerweise sonntagmittags zu, wenn es im Ofen schon munter schmort. Sie passt wunderbar zum Nuss-Schmorbraten (s. S. 197), schmeckt aber ebenso gut zu geröstetem oder gedämpftem Gemüse und als Begleiter zu Röstkartoffeln. Mit einem Sonntagsessen wie diesem wird klar, wie köstlich veganes Essen ist – und die Tofu-Konvertiten lassen nicht lange auf sich warten.

1 EL Olivenöl

1 Lauchstange, in dünne Ringe geschnitten

2 Knoblauchzehen, geschält und zerdrückt

14 Champignons, fein gewürfelt (ich verwende meistens braune Champignons, aber die Sorte ist eigentlich egal)

300 g Seidentofu

5 frische Salbeiblätter, in feine Streifen geschnitten, oder ½ TL getrockneter Salbei

1 großer Zweig frischer Rosmarin oder 1 TL getrockneter Rosmarin

Blätter von 2 frischen Thymianzweigen oder ½ TL getrockneter Thymian

2 EL Hefeflocken (s. S. 30)

2 EL Stärkemehl (oder glutenfreies Dickungsmittel nach Wunsch)

480 ml warme Gemüsebrühe

150 ml ungesüßte Sojamilch

Meersalz und schwarzer Pfeffer (nach Geschmack)

(Forts.) ➡

Das Olivenöl bei mittlerer Temperatur in einer Pfanne erhitzen und den Lauch 5 Minuten darin andünsten. Knoblauch und Pilze zugeben und unter Rühren 5 Minuten andünsten. Tofu und Kräuter einrühren und 2 Minuten unter regelmäßigem Rühren erhitzen.

Die Hefeflocken einrühren und mit Stärkemehl bestreuen (am besten sieben, damit es nicht klumpt). 1–2 Minuten kochen, dann nach und nach die Brühe einrühren und genügend Sojamilch zugeben, sodass eine dicke Sauce entsteht. 20 Minuten ohne Deckel sanft durchwärmen. Die Sauce probieren, ob sie »mehlig« schmeckt – wenn ja, weitere 5 Minuten kochen und erneut probieren.

Den Rosmarinzweig herausnehmen und die Sauce mit dem Stabmixer oder im Mixer dickflüssig und glatt pürieren. Bei Bedarf mehr Milch einrühren. Abschmecken und dann stolz den glücklichen Gästen servieren.

Selbst gemachte Teriyaki-Sauce
ERGIBT EIN KLEINES SCHRAUBGLAS

Die japanische Küche wird in Europa immer beliebter und ist für uns Veganer absolut ideal, da kaum Milchprodukte vorkommen. Teriyaki-Sauce ist meine japanische Lieblingswürzsauce, da sie Süße und Salzigkeit in perfekter Balance bietet und die frischen Geschmacksnoten von Sushi zum Leben erweckt. Im Kühlschrank hält sich die Sauce monatelang. Ich mag sie leicht süß, aber wer es salziger mag, gibt ein wenig mehr Tamari hinein. Wer sie süßer möchte, nimmt 1–2 TL unraffinierten braunen Zucker. Mirin ist heute in den meisten Supermärkten erhältlich.

10 EL (150 ml) Tamari

15 TL (225 ml) Mirin

Tamari und Mirin bei mittlerer Hitze in einem kleinen Topf sanft zum Köcheln bringen. Wenn die Sauce um ein Drittel einreduziert ist, vom Herd nehmen.

Einfache Dipsauce
ERGIBT EINE KLEINE SCHÜSSEL

Sie kennen diese Sauce. Vermutlich haben Sie schon Tausende Frühlingsrollen und Sushi-Stücke hineingetaucht. Diese klassische Dipsauce ist auch lecker als asiatisches Dressing. Sie passt besonders gut zu kalten Lumpia (s. S. 178).

3 EL Reisessig

2 EL Tamari

1 TL geröstetes Sesamöl

1 TL brauner Reissirup

1 Frühlingszwiebel, diagonal in Ringe geschnitten

3 kleine getrocknete Chilischoten oder
¼ TL Chiliflocken (nach Belieben)

Einfach alle Zutaten in einer Schüssel verquirlen.

Minz-Raita
FÜR VIER

Kühlende Raita ist unerlässlich, wenn man mit den Aromen und dem Chilifeuer der indischen Küche konfrontiert ist. Sie passt gut zum Spinat-Bhaji-Burger (s. S. 252).

450 ml Sojajoghurt (ungesüßt)

Saft von ½ Zitrone

1 große Handvoll frische Minzeblätter,
sehr fein gehackt

1 große Prise Meersalz und schwarzer Pfeffer

Alle Zutaten in einer Schüssel verquirlen und zimmerwarm servieren.

Rote-Bete-Raita
FÜR VIER

Pink! Das bringt Farbe in jedes Fest und gibt einem das Gefühl, lebendig zu sein. Sie passt gut zum Rüben-Spinat-Curry (s. S. 219).

(Forts.) ➡

450 g Sojajoghurt (ungesüßt)

1 Rote Bete, geschält und gerieben

1 TL Fenchelsamen

½ EL Zitronensaft

1 große Prise Meersalz

Alle Zutaten in einer Schüssel verquirlen und zimmerwarm servieren.

Meerrettich-Dill-Joghurt
ERGIBT EINE KLEINE SCHÜSSEL

Meerrettich und Dill sind eine tolle Kombination. Ich habe immer einen Rettich griffbereit zum Reiben. Er schmeckt toll zu den Rote-Bete-Kreuzkümmel-Puffern (s. S. 168).

350 ml fester Sojajoghurt (ungesüßt)

1 EL Zitronensaft

3 EL frisch geriebener Meerrettich oder
1½ EL gekaufter Meerrettich

1 Handvoll frischer Dill, fein gehackt

1 Prise Meersalz

frisch gemahlener schwarzer Pfeffer
(nach Geschmack)

natives Olivenöl extra zum Beträufeln

Alle Zutaten in einer Schüssel verquirlen. Abschmecken und mit Olivenöl beträufeln.

Selbst gemachtes Mangochutney
ERGIBT EIN KLEINES SCHRAUBGLAS

Ja, man kann Mangochutneys kaufen, aber das ist nicht dasselbe. Probieren Sie es! Es ist wie selbst gemachte Konfitüre, nur noch besser. Es passt perfekt zu Spinat-Bhaji-Burger (s. S. 252) und Matar Dal (s. S. 237).

500 g unreife grüne Mangos (oder möglichst unreife Mangos), gewaschen

1 EL Pflanzenöl

1 große rote Chilischote, fein gewürfelt

1 Zimtstange (5 cm)

2 TL Korianderkörner

(Forts.) ➡

8 grüne Kardamomkapseln, zerstoßen

5 Gewürznelken

2 Sternanis

½ TL Garam masala

160 g unraffinierter brauner Zucker

½ TL Meersalz

2–3 EL Apfelessig (falls die Mangos zu süß sind)

Das Fruchtfleisch der Mangos in 2 cm große Würfel schneiden. Das Öl bei mittlerer Temperatur in einem Topf erhitzen und Chili, Zimt, Koriander, Kardamom, Nelken und Sternanis 30 Sekunden rösten, dann das Fruchtfleisch zugeben. Mit 250 ml Wasser bedecken und Garam masala, Zucker und Salz zugeben. Den Essig nach Bedarf einrühren. Aufkochen und unabgedeckt 45–60 Minuten sanft köcheln lassen, bis das Chutney andickt. Regelmäßig rühren, damit es nicht ansetzt. Das ist besonders zum Ende der Kochzeit wichtig.

Das Chutney sofort in ein sauberes Schraubglas füllen. Im Kühlschrank hält es sich mehrere Wochen.

Grüne-Tomaten-Ingwer-Orangen-Chutney
ERGIBT ETWA 1,5 KG (VIER GROSSE SCHRAUBGLÄSER)

Dieses Chutney habe ich zum ersten Mal an einem glühend heißen Tag in Spanien gekocht. Der Obstkorb quoll vor Orangen über und ich starrte auf frische Haufen der heimischen grünen Tomaten. Da kam mir dieses Rezept in den Sinn – eine Möglichkeit, die Süße und Reife spanischer Sommerfrüchte einzufangen und die fruchtigen Tomaten zu verwenden, von denen viele der dortigen Sorten wie Raf, Kumato, Pata Negra und Muchamiel bevorzugt grün gegessen werden. Sind grüne Tomaten nicht erhältlich, verwenden Sie rote. Das Chutney ist ein süß-würziges Wunder aus dem Glas.

(Forts.) ➡

2,5 kg grüne Tomaten, entkernt und geviertelt

2 große Bio-Orangen (abgeriebene Schale von 1 Orange und beide Orangen sauber filetiert)

1 große Zwiebel, fein gehackt

4 Knoblauchzehen, geschält und zerdrückt

50 g Sultaninen

1 EL helle Senfsamen

1 EL Kreuzkümmelsamen

½ EL Korianderkörner (am besten kleinere)

1 TL gemahlene Kurkuma

8 Gewürznelken

1 Stück Ingwer (5 cm), geschält und gerieben

400 ml Weißweinessig

100 g unraffinierter brauner Zucker

75 ml Apfeldicksaft (s. S. 28) oder Apfelsaft

3 rote Chilischoten, entkernt und in feine Streifen geschnitten

50 ml Olivenöl

Alle Zutaten in einem großen schweren Topf erhitzen, bis der Zucker völlig gelöst ist. Zum Kochen bringen und unter regelmäßigem Rühren 1 Stunde köcheln lassen, bis ein dickflüssiges Chutney entstanden ist. Beim Abkühlen dickt es noch weiter ein.

Das Chutney in sauberen Schraubgläsern verteilen und gründlich verschließen. Vor dem Verzehr am besten mindestens 2 Wochen an einem kühlen, dunklen Ort ziehen lassen. Nach dem Öffnen hält sich das Chutney im Kühlschrank 2 Wochen.

Rote Zwiebelkonfitüre
ERGIBT EIN GROSSES GLAS

Zwiebelkonfitüre belebt Gerichte. Meine enthält wesentlich weniger Zucker als so manche gekaufte und passt hervorragend zum Räuchertofuwurst-Sandwich (s. S. 254).

1 EL Pflanzenöl

2 Lorbeerblätter

5 große rote Zwiebeln, in feine Streifen geschnitten

1 große Prise Meersalz

1 große Prise schwarzer Pfeffer

½ TL rote Chiliflocken

(Forts.) ➡

2 EL Balsamiso-Essig

2 TL unraffinierter brauner Zucker

Das Öl bei mittlerer bis schwacher Temperatur in einem schweren Topf erhitzen und Lorbeerblätter und Zwiebeln unter Rühren 2 Minuten darin anbraten, dann salzen. Die Temperatur reduzieren, abdecken und unter gelegentlichem Rühren 1 Stunde kochen, bis die Zwiebeln sehr weich und karamellisiert sind. Den Deckel abnehmen, die Temperatur erhöhen und Salz, Pfeffer, Chili, Essig und Zucker einrühren. Kochen, bis der Essig verkocht ist. Darauf achten, dass die Zwiebeln nicht ansetzen. Sie sollten süß und klebrig sein. Falls nötig, noch etwas länger kochen. Vom Herd nehmen und abkühlen lassen.

Feigen-Apfel-Kompott
ERGIBT EINE KLEINE SCHÜSSEL

Feigen sind so lecker: süßes Fruchtfleisch, weiche Schale und knusprige Samen. Mit ein wenig Säure und Frische gepaart ergeben sie ein köstliches Kompott, das wunderbar zum Flammkuchen mit Spargel & Cashew-Creme (s. S. 194) passt.

8 getrocknete Feigen ohne Stiele, geviertelt und 4 Stunden eingeweicht

3 grüne Äpfel, entkernt, geschält und grob gehackt

2 TL Bio-Zitronenschale

½ TL Zitronensaft

1 Zimtstange

1 Sternanis

Die Feigen mit 4 EL Einweichwasser und den restlichen Zutaten in einen kleinen Topf geben. Sanft zum Kochen bringen und ohne Deckel 20–25 Minuten köcheln lassen, bis die Äpfel weich sind, aber noch ihre Form halten. Sternanis und Zimtstange herausnehmen.

Paprika-Oliven-Tapenade
ERGIBT EINE MITTELGROSSE SCHÜSSEL

Tapenade ist wie Hummus und Babaganoush eine wichtige Grundzutat für jedes großartige Picknick und für sommerliche Brotaufstriche und das Herz jeder Canapé-Platte. Als Pastasauce, dünn auf Kräcker gestrichen oder als Dip zu Rohkost bringt sie Frucht und Salzigkeit. Außerdem hat sie einen intensiven Geschmack, den wir so von »rein Pflanzlichem« nicht erwarten – aber da macht Tapenade so schnell keiner etwas vor.

90 ml natives Olivenöl extra

2 rote Paprikaschoten, entkernt und grob in Streifen geschnitten

80 g schwarze Oliven, entsteint

½ Handvoll frischer Oregano oder 1 TL getrockneter Oregano

2 EL feine Kapern, abgetropft und gewaschen

½ Handvoll frische Petersilie, gehackt

Schale von ½ Bio-Zitrone

1 große Knoblauchzehe, geschält

50 g sonnengetrocknete Tomaten

1 EL Zitronensaft

Meersalz (falls benötigt)

1 große Prise frisch zerstoßener schwarzer Pfeffer

½ EL Olivenöl bei hoher Temperatur in einer kleinen Pfanne erhitzen und die Paprika 10 Minuten darin anbraten, dann herausnehmen und abkühlen lassen. Das Öl aufbewahren.

Oliven, Paprika, Oregano, Kapern, Petersilie, Zitronenschale, Knoblauch und getrocknete Tomaten im Mixer bei Intervallschaltung zerkleinern und nach und nach Zitronensaft und das restliche Öl einträufeln. Die Sauce sollte gut vermengt und glänzend sein. Probieren und nach Geschmack Salz, Pfeffer und Zitronensaft einrühren.

In einem sterilisierten Schraubglas hält sich die Tapenade im Kühlschrank mehrere Wochen. Vor dem Gebrauch auf Zimmertemperatur kommen lassen.

Spinat-Pistou
ERGIBT EINE MITTELGROSSE SCHÜSSEL

Pistou schmeckt köstlich zu Kürbis-Gnocchi (s. S. 190). Haselnüsse verleihen der Sauce ihren klassisch süßen und sanften Geschmack. Sehr lecker ist sie auch mit Brennnesseln und Bärlauch.

100 g Haselnüsse
100 g Spinat- oder Brunnenkresseblätter
2 große Handvoll frische Basilikumblätter
3 Knoblauchzehen, zerdrückt
Saft von 1 Zitrone
abgeriebene Schale von ½ Bio-Zitrone
1 große Prise Meersalz
2 große Prisen frisch gemahlener schwarzer Pfeffer
75 ml natives Olivenöl extra

Die Haselnüsse in einer kleinen Kasserolle bei mittlerer Hitze 5–7 Minuten rösten und dabei ständig in Bewegung halten, bis sie aromatisch und süß duften. Anschließend im Mixer 30 Sekunden zu groben Splittern zerkleinern. Die restlichen Zutaten mit Ausnahme des Öls zugeben und bei laufendem Motor das Öl nach und nach einträufeln lassen, bis eine dickflüssige Sauce entsteht. Zwischendurch mehrfach die Wand des Mixers sauberschaben. Falls nötig, mit etwas Öl verdünnen. Nochmal mit Pfeffer und Salz abschmecken und auf die Seite stellen.

Pistazien-Koriander-Pesto
ERGIBT EINE KLEINE SCHÜSSEL

Es ist schon ein bisschen frech, diese Sauce ohne Käse Pesto zu nennen, aber ich hoffe, das Ergebnis überzeugt Sie. Eigentlich ist sie auf Toast schon eine volle Mahlzeit, schmeckt aber auch köstlich zu Nudeln oder Kartoffelpüree – oder zu Gegrillten Chorizo-Pinchos (s. S. 260).

(Forts.) ➡

3 Handvoll frische Korianderblätter
1 große Knoblauchzehe, geschält und zerdrückt
115 g Pistazien, 1 Stunde eingeweicht und abgetropft
½ TL getrocknete Minze
Saft von 1 Limette
2 TL frisch abgeriebene Bio-Limettenschale
100 ml natives Olivenöl extra
1 Handvoll sonnengetrocknete Tomaten, grob gehackt
1 große Prise Meersalz und schwarzer Pfeffer

Koriander, Knoblauch, Pistazien, getrocknete Minze, Limettensaft- und -schale im Mixer pürieren und nach und nach das Öl einträufeln lassen, bis eine dicke, stückige Paste entsteht. Die Tomaten einrühren und mit Salz und Pfeffer abschmecken.

Cremiges Pesto
ERGIBT EIN GROSSES GLAS

Wer warm genug wohnt oder ein Gewächshaus hat, sollte auf jeden Fall Basilikum ziehen. Es ist ein heiliges Kraut, das duftet, sich leicht aus Samen ziehen lässt und im Sommer wunderbar gedeiht. Wenn man regelmäßig Blätter von der Pflanze zupft, wachsen sie sofort nach. Selbst die Töpfe aus dem Supermarkt halten sich recht gut und lange, wenn man immer nur einige Blätter davon nimmt. Dieses Pesto macht man am besten einen Tag im Voraus, bevor man es unter Pasta oder Gemüse rührt oder auch über eine Ofenkartoffel träufelt. Erdnüsse sind ein guter Ersatz für Pinienkerne und kosten nicht die Welt. Versuchen Sie es ruhig – Ihre Freunde werden keinen Unterschied bemerken!

150 g Seidentofu
2 große Handvoll frische Basilikumblätter
½ Handvoll frischer Schnittlauch, fein geschnitten
85 g Pinienkerne (oder 100 g blanchierte/gehäutete Erdnüsse)
2 Knoblauchzehen, geschält und zerdrückt

(Forts.) ➡

2 EL Hefeflocken (s. S. 30)

75 ml natives Olivenöl extra

Alle Zutaten im Mixer zu einem Pesto mit feinen Stückchen zerkleinern. Das Öl nach und nach einträufeln und zwischendurch die Wände sauberkratzen. In einem sauberen Glas hält sich das Pesto im Kühlschrank bis zu 5 Tage.

Kürbis-Oliven-Butter
ERGIBT EINE GROSSE SCHÜSSEL

Man könnte meinen, Veganer vermissten Butter, aber das stimmt nicht. Man findet sich halt schnell in einer kreativen Nische und dort tauchen dann Butterrezepte auf. Das ist keine Butter, das ist besser! Erstens ist sie leuchtend orange, außerdem enthält sie keine bösen Fette, sondern viel mehr Nährstoffe. Sie ist im Kühlschrank und der Tiefkühltruhe gut haltbar und wird gekühlt fest. Sie schmeckt eigentlich zu allem. Wer seine Butter ungesalzen mag, lässt einfach die Oliven weg.

1 kleiner Speisekürbis, geschält, entkernt und gewürfelt

2 EL fruchtiges Olivenöl

1 kleine Zwiebel, fein gewürfelt

1 große Knoblauchzehe, geschält und zerdrückt

3 EL Mandel-, Cashew- oder Erdnussbutter

2 EL fein gehackte grüne Oliven

1 EL weiße Misopaste

1 TL Meersalz

Den Kürbis 25–30 Minuten über sprudelndem Wasser dämpfen, bis er weich ist. Abtropfen und auskühlen lassen. Dabei trocknet er ein wenig.

Das Olivenöl in einem Topf erhitzen und die Zwiebel 5 Minuten darin andünsten. Dann den Knoblauch zugeben und dünsten, bis er weich ist. Anschließend alle Zutaten im Mixer glatt pürieren und abschmecken.

Die Butter schmeckt warm oder kalt auf frischem Brot oder auch als Dip.

Koriander-Kürbiskern-Topping
ERGIBT EINE KLEINE SCHÜSSEL

Dieses tolle Topping für Suppen und Salate lässt sich auch wunderbar in Eintöpfe rühren und verleiht ihnen mehr Gehalt. Besonders in mediterranen Suppen oder Eintöpfen ist es sehr zu empfehlen. Es passt aber auch zu Currys. Mit ein wenig Öl erhält man ein geniales Dressing. Es hält sich in einem luftdicht schließenden Behälter im Kühlschrank sehr lange. Da es intensiv ist, sollte es eher zurückhaltend verwendet werden.

3 EL Korianderkörner, geröstet

½ TL Meersalz

1 große Knoblauchzehe, geschält und zerdrückt

5 EL Kürbiskerne, geröstet

2 EL fruchtiges Olivenöl

Korianderkörner und Salz im Mörser oder Mixer zermahlen, dann den Knoblauch zugeben und alles zu einer Paste mixen. Die Kürbiskerne zufügen und weitermixen. So lange weiter zerkleinern, bis die Samen ihr Öl abgeben. Dann nach und nach das Öl einträufeln, bis eine glänzende, leicht stückige Paste entsteht.

Pinienkern-Parmesan
ERGIBT GENUG FÜR EIN TOPPING

Viel näher kann eine vegane Version echtem Parmesan kaum kommen. Geröstete Pinienkerne sind so wertvoll: Fett und ölig verwandeln sie sich zermahlen in etwas ganz Besonderes. Es lohnt sich, die Rezeptmenge einfach zu vervielfachen und eine große Menge zuzubereiten, denn das Topping hält sich mehrere Tage und wird nur noch besser. Großzügig verwenden!

4 EL geröstete Pinienkerne

1 EL geröstete Sesamsamen

1 große Prise fein abgeriebene Bio-Zitronenschale

(Forts.) ➡

1 EL Hefeflocken (nach Belieben) (s. S. 30)
1 Prise Meersalz

Alle Zutaten in den Mixer oder Mörser geben und auf Intervallschaltung oder von Hand zu einer fein krümeligen Masse verarbeiten, die an fein geriebenen Parmesan erinnert.

Tofu-Kräuter-Feta
FÜR VIER

Unheimlich vielseitig und voller Proteine und Nährstoffe ist das Einzige, was Tofu fehlt, ein kräftiger Eigengeschmack. Aber das lässt uns die Möglichkeit, beim Würzen dieses Bohnenquarkwunders so richtig kreativ zu werden. Dieses einfache Rezept verwandelt Tofu in eine Köstlichkeit. Jeder Veganer sollte es kennen. Das Ergebnis ist eine Art Feta, den man zum Beispiel für Salate nutzen kann. Wer keine Kräuter mag, lässt sie einfach weg.

240 g fester Tofu, gut abgetropft
1 EL Zitronensaft
½ TL Meersalz
1 Knoblauchzehe, geschält und zerdrückt
2 TL fruchtiges Olivenöl
1 EL sehr fein gehackter frischer Schnittlauch
½ EL sehr fein gehackter frischer Dill
1 EL sehr fein gehackte frische Petersilie

Ein Drittel des Tofus mit allen übrigen Zutaten im Mixer glatt pürieren. Den Rest des Tofus mit den Händen in Feta-ähnliche Stücke brechen und in der Tofu-Kräuter-Masse wenden.

Probieren und nach Geschmack würzen, dann über Nacht marinieren, damit sich der Geschmack voll entfalten kann.

Bezugsquellen für Bioprodukte

Die meisten unserer Zutaten kaufen wir in unserer nächsten Umgebung. Wenn wir online oder per Telefon ordern, ist es uns wichtig, wo wir unser Geld ausgeben: Bei wem kaufen wir und wofür gibt derjenige das Geld aus? Ich glaube, das ist eine der einfachsten und effektivsten Methoden, die Welt, in der wir leben, ein wenig besser zu machen. Geben Sie Ihr hart verdientes Geld den »Guten«.

Die wichtigsten Biosupermärkte (online oder vor Ort kaufen):

Alnatura
www.alnatura.de

ebl Naturkost
www.ebl-naturkost.de

Bio Company
www.biocompany.de

Basic
www.basic-bio-genuss-fuer-alle.de

Denree
www.denree.de

Naturata
www.naturata.de

www.solidarische-landwirtschaft.org
Verzeichnis für Bio- und Ökoläden sowie Bioprodukte etc.:

https://bioverzeichnis.de/biolaeden-5/]

Aber natürlich sind für jeden Veganer, ob nun angehend, gelegentlich, hin und wieder oder überzeugt, die wichtigsten Lieferanten:

Die lokalen/regionalen Biobauernhöfe

Lernen Sie Biobauern in Ihrer Umgebung persönlich kennen – es gibt bestimmt ein paar. Unterstützen Sie sie, indem Sie Ihr Obst und Gemüse dort kaufen. Regionales Obst und Gemüse sind die Grundpfeiler jeder gesunden, vielseitigen und ethischen Ernährung. Daher sind Bauern die Grundpfeiler unserer Gesellschaft! Oder noch besser: Bauen Sie selbst Obst und Gemüse an. Das ist dank Kleinzüchtungen für den Balkon und Gemeinschaftsgärten (Urban Gardening – https://anstiftung.de/urbane-gaerten/gaerten-im-ueberblick) auch in Großstädten möglich. Saisonales Obst und Gemüse halten den Körper das Jahr hindurch in Bestform. Schon Hippokrates sagte: »Lass die Nahrung deine Medizin sein und Medizin deine Nahrung!«

Bioläden oder Reformhäuser

Sie waren von Anfang an Anlaufstelle für Veganer und Vorreiter, wenn es um Biowaren, Nachhaltiges und Fairtrade-Waren geht. Meist bekommt man dort auch eine freundliche Beratung, was hilfreich ist, wenn man frisch gebackener Veganer ist und nach all den schönen Zutaten sucht, die in diesem Buch vorkommen, von preiswerten Vollkorn-Lebensmitteln bis zu seltsamen asiatischen Gewürzen und Saucen.

Ich empfehle außerdem, regelmäßig im Wald, an Hecken, an der Küste und an Feldrändern nach Essbarem zu suchen – das sind unsere kostenlosen und natürlichen Supermärkte.

Register

Ganz viel Liebe!

Die meisten Menschen tragen einen Roman in sich, bei mir war es ein Kochbuch! Der Geburtsprozess dieses Stücks Veganismus war von Chaos und Überraschungen geprägt. Die Gelegenheit ereilte mich wie ein leuchtend grüner, veganer Blitz. Und das geschah so: Wir schreiben den weinseligen Neujahrsabend 2011 im Haus meiner Cousine in Durham. Ihr Ehemann Mick (die treibende Kraft hinter meiner erstaunlichen Medienkarriere) filmt mich, wie ich koche und über Linsen und Ähnliches schwadroniere, und als Nächstes finde ich mich in London wieder und koche eine gotteslästerliche Version eines Kitchuri für supernette TV-Leute (Hallo, Jo!). Und dann mache ich plötzlich eine TV-Sendung namens »Meat vs Veg« (Fleisch gegen Gemüse) mit dem fleischigen Mike Robinson (was einen Riesenspaß gemacht hat), das dazu führt, dass ich den großen Rob Allison (großartiger, großartiger Typ und Koch) treffe, der meinen Namen bei den Leuten von Penguin fallen lässt, und »Zack!« schreibe ich ein dickes veganes Kochbuch und erfülle mir einen Lebenstraum, von dem ich noch nicht einmal wusste, dass ich ihn habe!

Dieses Buch war eine wahnsinnige Reise, wie die größte und bunteste Hausaufgabe, die ich je bekommen habe. Es hat sich zu einer Herzensangelegenheit entwickelt und zuallererst muss ich meiner Lebens- und Wegbegleiterin Jane Legge, meine unsterbliche Liebe und Dankbarkeit, für unfehlbare Unterstützung, Geduld, Inspiration und das gemeinsame Lachen danken. Ohne dich, »Honeypie«, säße ich noch immer Kokosnuss essend an irgendeinem Philippinenstrand und würde Jung lesen (lass uns bald mal wieder hinfahren!). Jane hat das Beach House aufgebaut, wo wir nun mit dem coolsten Tier der Welt leben, Buster, einem ungezähmten Russisch-Blau-Kater, unter anderem auch bekannt als Punk Boy.

Während der Arbeit an diesem Buch war ich in Indien unterwegs und hatte selten Internet, Strom oder auch nur eine Küche, in der ich die Rezepte ausprobieren konnte, die mein Leben und die reichen Erfahrungen widerspiegeln, die ich auf meinen Reisen auf den unausgetreteneren Wegen dieser Erde gemacht habe. Alte Lieblingsgerichte haben ihren Weg ebenso auf diese Seiten gefunden wie Dinge, die ich gerade zu Mittag gegessen habe. Dieser Prozess war völlig neu für mich und so gilt ein großer Dank Jonathan (meinem Literaturagenten und nettem Kerl) für seinen weisen Rat an jeder Wegkreuzung, an Lindsey dafür, dass sie die Idee für dieses Buch Realität hat werden lassen (während sie ein Kind bekam!), und an Tamsin (großartiger Redakteur und einer der Penguin-Gang), der es mit seiner strahlenden, positiven Energie geschafft hat, mir [Food & Harmony – Kreative vegane Küche] aus den ungezähmt enthusiastischen Rippen zu leiern.

Dank gilt auch Paul Gayler und Denis Cotter, die mich stets inspiriert und auf der Suche nach immer leckereren veganen Gerichten vorangetrieben haben. An alle veganen Köche der Erde: Ihr seid eine enorm kreative und leuchtende Kraft! Danke auch an all die glorreichen Köche, für die ich über die Jahre gearbeitet habe. Wenn ihr mich schlecht behandelt habt: Danke! Wenn ihr mir gezeigt habt, wie man eine schlampige Mehlschwitze macht: Danke! Ihr habt mich zu dem haarigen Hippiekoch gemacht, der ich heute bin.

Vor allem haben die wunderbaren Köchinnen Frances und Sophie unablässig daran gearbeitet, dass diese Rezepte gelungen sind. Frances (Rezepttesterin *extraordinaire*) bot einen kühlen nichtveganen Blick auf alles und schaffte es, in Wiltshire geräucherten Tofu aufzutreiben. Sophie (Hauswirtschafterin und so viel mehr) besorgte die Zutaten und war bei chaotischen Fototerminen der ruhende Pol. Beide haben mich am Laufen gehalten und mit ihrem außergewöhnlichen Talent und organisatorischem Können diese Seiten bereichert.

Großer Dank gilt Al, einem unheimlich talentierten Visionär auf dem Gebiet der Food-Fotografie. Und natürlich Sarah, die mit Herz und Seele an diesem Buch gearbeitet und alle meine Ansprüche umgesetzt und es kohärent, praktisch und zugleich atemberaubend gemacht hat. Ich habe so vielen von der Penguin-Gang zu danken – ich hoffe, ihr wisst, wer gemeint ist. Ich war in den besten Händen und ihr habt alles so leicht und mühelos erscheinen lassen, was es bestimmt nicht war.

Dank auch an meine Familie, die immer ein Quell der Liebe und der Unterstützung war und mir die Freiheit gegeben hat, die Welt zu erkunden. Dank an Familie Legge, die mich im Blue House und in ihre so offenen Herzen aufgenommen hat, die Sojamilch kauft, wenn ich zu Besuch komme, und meine verrückten Kochabenteuer seit dem ersten Tag unterstützt.

Danke an die Menschen, die die Rezepte getestet haben: Fey in den roten Tälern von Murcia und ihre Chicas-Gang, Dan in Balham dafür, dass er sich für meine Irrungen und Wirrungen interessiert hat, Narendra für die Kontrolle der Curry-Abteilung und dafür, dass er nicht ausgerastet ist, als ich die Lieblingsrezepte seiner Oma »veganisiert« habe, und an all meine Freunde rund um den Globus – ich liebe euch und hoffe, euch bald wiederzusehen.

»Ganz viel Liebe« auch an all die Food-Blogger rund um den Globus, die den Beach House Kitchen Blog (http://beachhousekitchen.com) unterstützen – ihr seid Juwele! Peter Harris für seine Bücher über Tofu und Yoga und für seine Freundlichkeit. Danke all den wunderbaren Menschen im Trigonos Retreat and Education Centre (wo ich im Sommer arbeite), die mir die Gelegenheit geben, mit ihren tollen Produkten zu experimentieren.

Danke an John, Paul, George und Ringo aus naheliegenden Gründen.

Danke an Alan Watts, Terence McKenna, Lao Tzu, Buddha, Neil Young, P. B. Shelley, Theodore Roethke, Indien …

… Gandhi, Martin Luther, Aung San Suu Kyi, den Dalai Lama und all diejenigen, die Frieden der Gewalt vorziehen und die nach einer harmonischen Koexistenz aller Lebewesen auf unserer schönen Erde streben.

Namaste und Frieden.

Lee X

PS: An all diejenigen, denen ich jetzt vergessen habe, zu danken: Danke!